聚美优品方程式

林画 ⊙ 著

价值40亿美元的创业真经

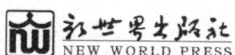

图书在版编目（CIP）数据

聚美优品方程式：价值40亿美元的创业真经／林画著．
--北京：新世界出版社，2016.7
ISBN 978-7-5104-5586-5

Ⅰ．①聚… Ⅱ．①林… Ⅲ．①化妆品-电子商务-商业经营-中国 Ⅳ．①F717.5②F713.36

中国版本图书馆CIP数据核字（2016）第121318号

聚美优品方程式：价值40亿美元的创业真经

作　　者：林　画
责任编辑：张杰楠
责任校对：宣　慧
责任印制：李一鸣　黄厚清
出版发行：新世界出版社
社　　址：北京西城区百万庄大街24号（100037）
发行部：(010) 6899 5968　(010) 6899 8705（传真）
总编室：(010) 6899 5424　(010) 6832 6679（传真）
http://www.nwp.cn
http://www.nwp.com.cn
版权部：+86 10 6899 6306
版权部电子信箱：nwpcd@sina.com
印　　刷：北京亚通印刷有限责任公司
经　　销：新华书店
开　　本：710mm*1000mm　1/16
字　　数：230千字　　　　印张：17.75
版　　次：2016年7月第1版　2016年7月第1次印刷
书　　号：ISBN 978-7-5104-5586-5
定　　价：36.80元

版权所有，侵权必究
凡购本社图书，如有缺页、倒页、脱页等印装错误，可随时退换。
客服电话：(010) 6899 8638

前言　缔造一个美丽奇迹

2014年5月16日，聚美优品在美国纽约证券交易所（简称纽交所）正式挂牌上市，股票代码为"JMEI"，开盘报价27.25美元，较发行价22美元上涨23.86%，市值约38.695亿美元。

截止到上市前，在聚美优品的高管团队当中，担任公司董事长兼CEO的陈欧持股40.7%，联合创始人戴雨森持股6.3%，董事陈科屹持股10.3%，整个高管和董事会团队持股比例为57.5%，此外，红杉中国、险峰华兴、徐小平分别持有聚美优品18.7%、10.3%和8.8%股权。根据开盘价计算，31岁的陈欧身价达到15.75亿美元，成为纽交所成立200多年以来最年轻的上市公司CEO。而各投资人也赚得盆满钵满。

只用4年时间，聚美优品就从零走到了美国纽交所上市这一步，不得不说这是一个奇迹。

2010年3月，陈欧的游戏内置广告模式宣告失败，他决定用最后剩下的30万元"赌一把"——尝试化妆品团购业务。于是，聚美优品的前身团美网上线，成为中国第一家化妆品团购网站。凭借当时中国国内刮起的一股团购热，这次意外转型大获成功，因此陈欧彻底关掉原来的网页游戏内置广告业务，于2010年5月全力转向化妆品电商业务。

2011年7月，聚美优品在地铁平面广告媒体上推出新一季的广告，采用了"双代言"的创意策划，即聚美优品的代言人不止韩庚一人，聚美优品帅气时尚的CEO陈欧也成了另一位"神秘代言人"。一边是人气正旺的偶像不遗余力地"为美丽代言"，一边是意气风发的创业精英铿锵有力地"为自己代言"，两位"水瓶王子"的强强联手，联袂代言，引发年轻群体的关注热潮，陈欧的"我为自己代言"也成为热门话题，引起社会广泛讨论。一时间，聚美优品声名大噪，销量更是直线上升。

2012年11月，"陈欧体"横空出世："你只闻到我的香水，却没看到我的汗水；你有你的规则，我有我的选择；你否定我的现在，我决定我的未来；你嘲笑我一无所有，不配去爱，我可怜你总是等待；你可以轻视我们的年轻，我们会证明这是谁的时代。梦想，是注定孤独的旅行，路上少不了质疑和嘲笑，但，那又怎样？哪怕遍体鳞伤，也要活得漂亮。我是陈欧，我为自己代言。"这段触动人心的广告词迅速爆红网络，给陈欧和聚美优品带来了知名度的巨大提升："陈欧体"这个关键词的搜索量达到四五万，陈欧的搜索度也将近五万，接近行业一线明星的程度。

同时，聚美优品的流量也直接翻了几倍：2012年12月销售额突破3亿元，2012年全年销售额25亿元，增长速度超过中国历史上任何一家电子商务网站，在同行业中保持着绝对领先的地位。

2013年3月，聚美优品的3周年庆在3天的时间里创造了10亿元的销售额，这是电商行业的一个奇迹，更刷新了天猫在2012年"双十一"促销活动当天的百度搜索指数，成为2013年最闪亮的开年大促活动，连锁带动了整个垂直美妆电商市场的全面爆发。据不完全统计，聚美优品3周年庆大促销短期内带动了近30亿元的美妆市场销售。

2014年5月，聚美优品在美国纽交所正式挂牌上市，在当时资本市场暗淡的情况下,凭借连续8个季度赢利的耀眼成绩,获得资本方的青睐。

但对于聚美优品来说,上市不是终点,而是新征程的序幕。

2014年,"跨境贸易电商"成为互联网热点之一,跨境电商企业也迎来发展之年。聚美优品自然也不甘错过跨境电商这股浪潮,于2014年9月推出了海外购频道——极速免税店,目标是颠覆海淘,称霸海外购市场。

纵观聚美优品的成长历程,我们发现,聚美优品快速成长的原因主要有以下3个:

1. 专注消费者体验

消费者才是衣食父母。聚美优品永远秉承"消费者第一"的原则,一切以用户体验为先。用陈欧自己的话来说,就是:"作为一家针对消费者的电商公司,我们对消费者好,消费者就会对我们好,这也是我们长期生存的根本和股价稳定的基础。对用户体验的投资和专注,最终都会反映在我们的业绩里,我们也会得到资本市场的长期认可。"

2. 追求长期价值

比起短期利润和规模,让行业更加良性发展,才是一家领袖企业的长期社会价值。作为化妆品电商行业的领导者,聚美优品追求的不只是简单的利润,而是整个化妆品电商行业的变革。

与其他行业不同,化妆品电商是一个天生被质疑的行业,如何能够让消费者完全地相信聚美优品和化妆品网购,是聚美优品一直在努力解决的问题。聚美优品的上市,也是为了解决这个问题,因为上市就意味着公司经营会变得透明,如此一来便可以建立消费者的信任;当然上市更意味着公司拥有更雄厚的经济实力,从而能够更有力地推动整个化妆品电商行业的变革，比如进一步整合供应链关系，签下众多国际知名美妆品牌的中国代理权，同时推行防伪码体系到全行业，实现真正让消费者放心的化妆品网购。

3. 不断创新

互联网营销的精神内涵是创新，公司要想更好地生存下去，就只能不断地创新，因为这是一个创新鱼吃保守鱼的时代，如果没有敢为天下先的持续创新精神，等待企业的就只有平庸和死亡。中国电子商务的竞争是非常惨烈的，而要在恶性竞争、同质化竞争日趋激烈的环境中做大、做强，聚美优品唯一的选择就是对品牌营销和用户体验进行持续创新。

聚美优品正是凭借以上3点，缔造了一个"美丽"的奇迹。

Part 1
深挖女人经济，领跑中国美妆垂直电商领域

第一章　把品牌商的品牌当儿子养

"百团大战"，凭化妆品团购异军突起 / 004
只卖美妆产品中最畅销的20% / 008
用时尚杂志的方式卖美妆 / 011
把品牌商的品牌当"亲儿子"养 / 015

第二章　自建防伪体系，做"最干净的电商"

正品鉴定中心，让真假不再难辨 / 019
给每一件商品披上"保险"衣 / 021
防伪码体系，是变革行业的野心 / 024

第三章　新趋势不断产生，一定要占领先机

"手媒体"时代，决胜移动客户端 / 029
没有自己的DNA，是玩不过别人的 / 032

开设线下实体店，不为挣钱只为宣传 / 036
押宝海外购业务，启动增长新引擎 / 040

Part 2
用户体验是电商得以长期生存的根本

第一章 创新用户体验，真正做到个性化服务

"喜从盒来"：给用户一份未知的惊喜 / 046
体验经济时代，开启免费试用模式 / 048
《美卡》杂志：用文化创新用户体验 / 052

第二章 高标准服务就是最好的信任营销

引导女性消费，包装是无声的推销员 / 055
"首席执行客户"时代，用口碑进行消费导购 / 058
拆封30天无条件退货，打造顶级信任体验 / 061

第三章 电商火拼，物流服务是关键

启动分仓计划，仓储物流全线提速 / 065
升级仓储物流体系，让货物和订单流动起来 / 069
开创"合作自建物流"的新模式，实现轻资产化 / 073

Part 3
大玩娱乐营销，带动电商营销的全新突破

第一章　无娱乐，不营销

娱乐节目＝免费的曝光机会 / 078
只上收视率较高的节目 / 081
节目播出后，必须进行复盘讨论 / 084

第二章　一直被模仿，从未被超越

营销是考验智商的东西 / 088
钱少，就必须花出新意，花出效果 / 091
用一个话题去引爆传播点 / 095
玩转自媒体营销，让用户尖叫 / 099

第三章　将娱乐营销进行到底

联袂一线明星，举办美妆风尚大典 / 103
时尚美妆杂志《Beauté》：打造自己的媒体资源 / 106
投资网络"神片"，创新才是娱乐营销成功的关键 / 109
抓住韩剧，离目标消费群更近一步 / 113

Part 4
讲究精准花钱，开创不烧钱的电商新模式

第一章 保持自我质疑，才能不断突破

每天担心公司明天会死掉 / 120
自己不革命，就会被别人革命 / 123
人一旦钱多了，智商就会下降 / 127

第二章 拒绝人才泡沫，好钢用在刀刃上

鼓励优秀，理解平庸，苛责不靠谱 / 132
"好基友一辈子"是个大陷阱 / 135
"一强扶百弱"让企业受惠 / 138
天上掉下来的不如土里长出来的 / 141
虽然成长很快，但营养供应始终跟得上 / 143

第三章 聚美优品为什么能成功？因为没钱

把每一分钱都花出效果 / 146
"投资回报率"一刻也不能忘 / 149
低费用率是电商的撒手锏 / 153

Part 5
有效化解危机，成功上演"王者归来"

第一章　跨越滑铁卢，迎来涅槃重生

创意靠头脑，但运营需要时间 / 160
过去了就是"门"，没过去就成了"槛" / 163
那些杀不死你的，只会让你更强大 / 167

第二章　断臂转型，上演"王者归来"

壮士断臂，是伤痛也是成熟 / 171
走自己的路，无惧"股市秃鹫"围猎 / 175
应对"前员工"爆料，沉默不如反击 / 180
可以被击倒，但绝不能被打败 / 183

附　录

聚美优品大事记 / 188
聚美优品高管精彩讲话 / 193
　　2010年中国首次团购网站诚信建设峰会演讲 / 193
　　2011年第三届效果整合营销高峰论坛演讲 / 195

2013年创业邦年会暨创业邦100颁奖盛典演讲 / 198

2013年第三届中国电子商务与物流企业家年会演讲 / 200

2014年美国纽交所上市演讲 / 208

2014年聚美优品上市后发出的内部邮件 / 211

2014创新中国 NEXT 大会演讲 / 213

2014年福布斯中国第二期云集演讲 / 224

2014年《创业刊》专访：另类电商的成功之路 / 229

2014年《创业刊》专访：创造和用户间的情感联系 / 235

2014年《创业家》专访：做自有品牌，永远要比别人快 / 239

2014年《创业家》专访：爆仓之战 / 245

2014年《芭莎男士》品位成功年度人物颁奖盛典演讲 / 250

2014年第九届中国网上零售年会演讲 / 253

2014年首届中国电子商务跨界产业峰会演讲 / 256

2014年针对聚美优品第三方售假事件的微博发文 / 260

2014年第四届中国电子商务与物流企业家年会演讲 / 263

2015年针对"聚美前员工"爆料事件的微博发文 / 269

2015年"聚美前员工"事件后稳定军心的内部邮件 / 270

哪怕遍体鳞伤，也要活得漂亮。

Part 1

深挖女人经济,领跑中国美妆垂直电商领域

聚美优品的诞生,是因为陈欧敢于做美妆电商这个很多男士不愿从事的行业;而聚美优品的飞速成长,则是因为聚美优品立志做一家以"真"为使命的电商。为了完成这个使命,聚美优品推出了"30天无条件退换货"、中华财险全程承保、真品联盟防伪码体系、5000万元打假基金等堪称业界高服务标准的八大保真措施,力图变革整个电商美妆行业。

第一章　把品牌商的品牌当儿子养

"百团大战"，凭化妆品团购异军突起

　　2010年国内网络购物市场最火爆的话题是什么？答案不是"淘宝"，不是"秒杀"，而是"团购"。百度数据显示，2010年以来，团购搜索指数出现猛增的态势，上半年日均检索量88150次，下半年日均检索量高达911005次，猛增了9.3倍。

　　团购这个词，是由group purchase翻译而来的，意即"团体购物"，指认识或不认识的消费者联合起来，加大与商家的谈判能力，以求得最优价格的一种购物方式。根据薄利多销的原理，商家可以给出低于零售价格的团购折扣和单独购买得不到的优质服务。随着互联网时代的到来，团购作为一种新兴的电子商务模式迅速地发展起来。

　　第一个把团购变成电子商务模式的人是美国团购网站高朋网（Groupon）的创始人安德鲁·梅森。高朋网最早成立于2008年11月，是一家以网友团购为经营卖点的网站。"高朋"为英文单词coupon的谐音，意为优惠券。高朋网最初的模式是每日一单，帮助本地商家出售优惠券。作为一个开放平台，任何人都可以在上面发起活动，但只有当参与人数达到一定数量时，活动才生效。对商家和消费者来说，高朋网所提供的是一种双赢的服务，给人们带来了方便和实惠，因此，团购的概念很快渗透到人们的生活中。当地媒体获悉后对高朋网进行了大量报道，越来越多的人开始在高朋网购物。同时，公司员工也从自己的亲人朋友中招募到了很多商户，公司规模迅速扩

大。在公司上线后的短短6个月时间里,高朋网先后进驻波士顿、纽约和华盛顿,被称为史上发展最快的公司。因看中高朋网的个性化服务,雅虎负责并购战略的企业开发部门主管安德鲁·西格尔曾提出以30亿~40亿美元的高价收购高朋网,但高朋网显然对自己很有信心,对雅虎的收购要约说了"不"。

高朋网的快速成功,让美国刮起了一股团购热潮,众多团购网站如雨后春笋般迅速崛起。当时在美国斯坦福商学院就读的陈欧也感受到了团购这一巨大的市场热潮,但他并没有动心,在他看来,"在中国一定要做有门槛的东西,做没门槛的东西,最后你会发现一分钱赚不到,而且大家都会死得很惨。还有一个原因是移动互联网,现在中国很多公司都被挤压到应用层上。虽然有成功的案例,但说实话,大部分人是没有很强的话语权的"。因此,他一心想做一个有门槛的项目,最终他选择的归国创业项目是在社交游戏中内置广告。

凭借过去的企业经营经历及在此过程中获得的良好信誉,陈欧争取到了徐小平18万美元的投资,在徐小平提供的一套位于海淀黄庄的租金低廉的房子里,成立了Reemake游戏广告公司。

可惜,"理想很丰满,现实很骨感"。陈欧选择的游戏内置广告模式,在国内遭遇了严重的水土不服。几个月之后,公司账面上就只剩下30万元人民币,员工纷纷出走,原来的20多人最后只剩下了4个人——陈欧、戴雨森、刘辉和一个负责行政的员工。那年冬天的一个夜里,陈欧喝过酒,回想回国创业这几个月来的遭遇,独自躲起来,狠狠地哭了一场。

哭过一场后,陈欧的脑子变得异常清醒——公司必须转型,做能够赢利的项目,才能活下去。转型做什么呢?戴雨森提议做社区网站,但这个提议遭到了陈欧的否决。尽管公司的3个创始人都是学计算机出身的,实施起来的技术难度不大,但陈欧并不看好这个项目,因为做社区网站需要花很长的时间来培育市场，就凭他们手中的30万元现金，可能根本撑不到网站成功的那一天。

做什么赢利快呢？陈欧脑海中灵光一闪，他想到了高朋网。

2010年2月，抱着扩展人脉、便于融资的想法，陈欧申请了亚杰商会的摇篮计划，并顺利地通过了雷军的面试，成了雷军的学生。雷军曾经告诉过陈欧选择创业项目的3点注意事项，让他觉得受益匪浅：要做一个市场足够大的东西，而不是自己喜欢的东西；正确的时间做正确的事；早期低成本高速扩张。在陈欧看来，团购正好符合条件。

对于极度需要赢利的陈欧团队来说，团购可以说是当时最好的商业模式：用户增长快、商业模式清晰、现金流不容易断。每单团购上线时，顾客一下单，网站就会即刻收到顾客的付款，而为了控制商户的服务质量，团购网站通常只会预付20%～50%的货款，剩余的款项则在30天以后汇给商家——这意味着团购网站的账户里始终存有现金。

考虑到陈欧几人当时的情况——资源有限，再加上当时综合生活服务类团购网站的同质化已经很严重，再涉足其中，获得胜算的把握很小，陈欧他们不得不避开正面战场，从细分领域进入，最后选择了做化妆品团购。

"相比马化腾创造了即时通讯时代，马云缔造了电商神话，我们不可能有当时的机遇再做一个非常大的东西了。但也许聚美有可能把握住时尚美丽的时代，这个机会，我觉得还是有的。"之所以选择做化妆品团购，陈欧的考虑是：

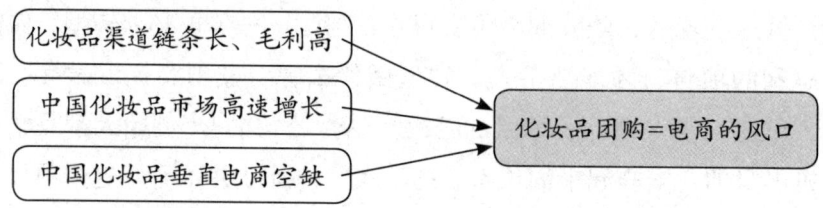

（1）化妆品渠道链条长、毛利很高，高出服装行业毛利一倍，高端化妆品更高，而且利用网络渠道可以进一步降低成本。根据行业经验，化妆品代理的毛利率在20%左右，独家代理毛利率在50%左右，自有品牌毛利率甚至能达到70%，高毛利加上高重复购买率和低退货率，使得美妆成为非常适合网购的品类之一。

（2）化妆品市场高速增长。随着人口结构的变化、收入水平的提升以及化妆品使用习惯的培育，国内美妆市场有望持续快速增长，到2018年市场规模将达到4318亿元。巨大的市场空间和快速增长的规模，为行业参与者提供了大量的机会。

（3）中国是全球第三大化妆品市场，但国内化妆品B2C市场一直缺乏一个知名的垂直类网购品牌，只要有足够的颠覆空间，就可能成为化妆品行业的"凡客"。

2010年3月，陈欧最终说服了戴雨森和刘辉，公司开始尝试向化妆品团购转型。因为只有30万元的流动资金，陈欧他们不敢完全停掉原来的游戏广告业务，只能花两天的时间突击做了一个网站，对应风头正劲的美团网，取名"团美网"，甚至连支付的接口都没有，就推出去了。在产品方面，陈欧则找来了做过多年化妆品采购的朋友"江湖救急"。

在运营模式上，陈欧他们选择模仿高朋网——每天做一件产品的团购。团美网的第一款团购商品是化妆棉。之所以选择化妆棉这种美妆周边产品来打头阵，是因为陈欧觉得化妆棉单价较低又不涉及真假问题，既不会占用太多成本又不容易出现质量问题。

因为没有钱为网站做广告，戴雨森就注册了100多个小号去一些热门论坛进行宣传推广，之后大家就守在电脑前观察有没有人去点击。如果有人购买，就把单子加上去。没想到还真有人被吸引过来，在网站上线的第二天就有人下了订单。经过一个多月的试验，尝到甜头的陈欧果断地关掉了原来的网页游戏内置广告业务，全力转向化妆品电商业务。靠着口口相传，5个月内，团美网的注册用户就突破了10万。2010年9月，团美网正式更名为"聚美优品"，取"聚集美丽，成人之美"之意。在不到一年的时间里，聚美优品的总销售额突破1.5亿元，并在2011年3月16日获得红杉资本千万美元级别的投资。从此，陈欧带领聚美优品开始了狂飙突进的旅程。

只卖美妆产品中最畅销的20%

聚美优品最开始的运营模式仿照美国高朋网，每日只卖一件团购产品，依靠品牌正品最低五折的优惠价格，吸引大量消费者进行消费。为了获得货源，聚美优品选择买断代理商的货物存进自己的仓库，再以限时售卖的模式卖出。

然而，随着国内团购市场竞争的日益激烈，陈欧发现，每日一件产品的团购模式已无法吸引更多的消费者，无法获得更大的网站流量。而电子商务又恰恰是一个规模越大，竞争力越强的行业。

于是，聚美优品开始将每日一件产品团购的模式调整为每日多件产品团购的限时特卖模式，也就走向了从团购转型为B2C商城的发展道路。

在团购产品的选择上，聚美优品一直坚持一个原则：只卖市场上最畅销的那20%的化妆品。

为什么只卖市场上最畅销的那20%的化妆品呢？

聚美优品的答案是：二八定律。

二八定律，也称80/20定律、帕累托法则（定律）、不平衡原则等，被广泛应用于社会学及企业管理学中，EMBA、MBA等主流商管教育均十分重视二八定律对企业管理的启示及对管理者组织决策的影响并教授相关课程。

最早提出二八定律的人是意大利经济学者帕累托。1897年,帕累托偶然注意到19世纪英国人的财富和收益模式有一个很有意思的现象:大部分的财富流向了少数人手里。同时,他还从早期的资料中发现,在其他国家,这种微妙关系也一再出现,而且在数学上呈现出一种稳定的关系。帕累托从大量具体的事实中发现:社会上20%的人占有80%的社会财富,即:财富在人口中的分配是不平衡的。同时,人们还发现生活中存在许多类似的不平衡现象。

在零售业的品类管理中,自然也存在二八定律:20%的商品贡献80%的营业额,另外80%的商品则只能贡献20%的营业额。这20%的商品就是指那些为顾客所欢迎并愿意购买的商品,即畅销商品。

那什么是零售业的品类管理呢?就是指消费品制造商或零售商以品类为业务单元的管理流程,通过消费者偏好研究,以数据为基础,对一个品类做出以消费者为中心的决策。在品类管理的经营模式下,零售商通过POS系统掌握消费者的购物情况,供应商则收集并分析消费者对于商品的需求,再共同制定品类目标,如商品组合、存货管理、新商品开发及促销活动等。

在品类管理的基础上,又衍生出了品类优化管理。品类优化管理是20世纪90年代流行于美国零售业的一种新型管理方式,是"高效消费者回应"(Efficient Consumer Respond)策略中重要的一环。

众所周知,尽管市场上商品的种类繁多,但并非所有商品都是消费者所喜欢的。各品牌的销量将依赖于各自的产品质量、市场支持和产品的知名度。品类优化管理通过对不同品牌产品的绩效评估,充分满足消费者的需求,为消费者提供最佳的商品选择。品类优化管理能够大大减少脱销现象的发生,使商品的供应及时、有序,最大限度地方便顾客的购买。

更重要的是，品类优化管理有利于管理人员准确、全面、实时地把握每一种单品销售业绩的细节，为科学决策提供支持；有利于对销售业绩排名位于前列的单品实施重点管理；有利于根据实时、准确的销售信息及时调整单品结构和商品配置；有利于开发和采购对顾客有价值的商品以降低商品脱销风险；有利于压缩库存，排除滞销商品并且提高库存的保障程度，加快商品库存周转率；有利于根据单品销售中的物流成本信息优化物流作业，降低单品的物流成本。

在陈欧看来，大多数B2C电商的品类管理一味追求品类的大而全，全然不顾后台管理能力能否承受、客户体验是否良好，因而很容易出现问题。所以，聚美优品选择走品类少而精的路线——品类管理主要以明星产品搭配其他产品进行销售，但产品线覆盖高、中、低各个市场，这样网站后台供应链的管理复杂度也会降低，从而可以抽出更多的精力去做服务。

为了更好地引导用户购买，聚美优品在网站美妆全品类细分和优化上更是不遗余力。

（1）在"限时特卖"频道品类优化方面，聚美优品采取了更易于理解的传统细分标准来进行用户导购，具体分为护肤、彩妆、套装礼盒、全身护理、食品、香水、美妆工具、保健品八大品类，并以"淘便宜""淘实惠"作为该频道产品品类体验的关键。

（2）对于重点精耕的"聚美商城"频道，聚美优品则在每一个美妆大品类导购栏里根据用户购买需求及品牌消费偏好进一步细分为"产品分类""产品功效"和"热门品牌"，保证了用户能够在最短的时间里找到自己"想要的"和"喜爱的"。另外，聚美商城频道的"本周热买""新品上架""网友好评"和"防晒精选"（应季）也给聚美优品的品类体验增色不少。

（3）针对购买力较强的用户，聚美优品推出了奢侈品频道，既能更好地满足用户的多样化需求，同时还给用户带来更多的惊喜。

用时尚杂志的方式卖美妆

爱美、时尚、求新是女性的普遍心理和追求，这种心理和追求在化妆品的消费行为中表现得非常明显。凡能增强女性美的产品，永远是女性追逐的目标。因此，以"创造美"为价值的化妆品对肌肤的保养与修饰，往往能够让女性更为靓丽自信，从而营造出一个潜力巨大的消费市场。

根据弗若斯特沙利文咨询公司的报告，中国化妆品行业在过去几年里稳定增长，零售总额从2010年的225亿美元增长到2013年的365亿美元，年复合增长率为17.5%，2018年有望上升到713亿美元，年复合增长率将达到14.3%。

2013年中国在线B2C化妆品销售额达到37亿美元，并且有望在2018年增长到156亿美元，从2013年算起年复合增长率将达到33.2%。在线B2C化妆品销售在中国整个化妆品零售总额中所占的比重，也从2010年的1.3%增长到2013年的10.2%，并且有望到2018年进一步增长到21.9%。

而在2014HB全球美妆峰会暨中国首次化妆品消费认知调查报告发布会（该发布会由《健康与美容》杂志承办，即Health and Beauty，因此冠名"HB"）上，有关方面专家更是表示，10年间，我国化妆品市场规模年复合增长率平均达到10.8%，成为全球增长速度最快的市场之一。中国已成为全球最大化妆品市场之一，化妆品年销售额达2000多亿元，约占全球化妆品市场的8.8%，仅次于美国。

由此可知，中国美妆行业呈现上涨趋势，而且用户需求十分旺盛。中国电子商务研究中心监测数据也显示,单看淘宝平台,化妆品目前已是仅次于服装和数码产品的第三大品类,销量巨大。身为美妆电商龙头企业的聚美优品的营收额也从2011年的0.92亿美元飙升至2013年的8.17亿美元,上涨近8倍。

分析新生代市场监测机构的中国市场和媒体研究数据发现,中国消费者的美妆消费已经发生了明显的变化。这种变化主要体现在3个方面:

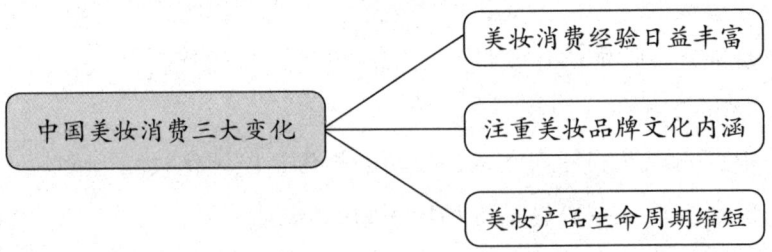

(1)消费者对美妆产品的消费经验越来越丰富,感性认识越来越强。

(2)消费者在选择美妆产品时越来越注重品牌的文化内涵,以及使用产品时的内心感受。

(3)消费环境的改变导致美妆产品的生命周期缩短。

由此可见,和大部分日常消费品侧重"功能性消费"不同,美妆产品更多的是在满足人们"情感消费"的需求。因此,美妆产品的主要成本通常存在于营销环节,对于这种相对独特的商品属性和消费心理,需要专业的团队和特殊的模式来运营。

而聚美优品在产品设计和营销策划上,具有极强的创新力,它抓住了特殊品类用户特殊的消费心理进行策划营销,并配合特卖模式,限时向用户推荐折扣商品,刺激用户消费。这就是聚美优品首创的"以时尚杂志的方式限时售卖化妆品"模式。

这种限时售卖模式有一个好处，就是运营商只需要在特定的时间内保持行业内价钱最低即可，无须保持全年最低价，以避免消费者因比价而停止购买。它采用的是饥饿营销策略，卖的是稀缺性。

之所以采取"以时尚杂志的方式限时售卖化妆品"模式，是因为聚美优品曾做过一次用户调查，发现聚美优品的核心用户集中在20~29岁。这部分用户当中很多是刚刚进入美妆护肤领域的，不那么精确地知道自己需要什么，更需要根据推荐来决定购买。

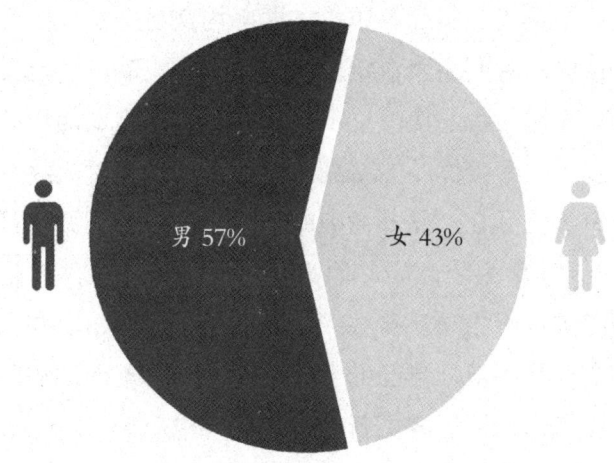

美妆领域消费者性别分布

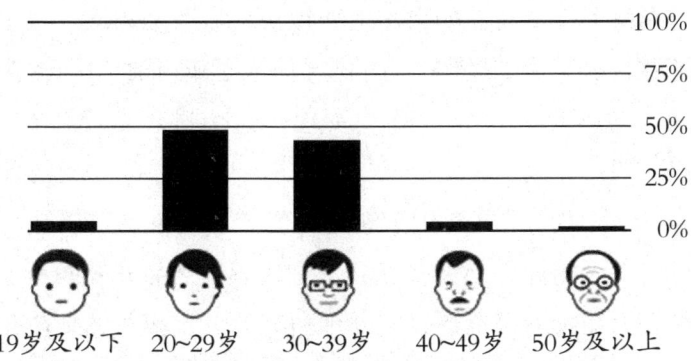

美妆领域消费者年龄分布

聚美优品首创的"以时尚杂志的方式限时售卖化妆品"模式和唯品会的闪购模式类似，也是每天向用户推荐一定数量的商品，通过折扣、文案策划和口碑激发用户消费热情。

聚美优品成立的时间并不长，早期吸引了大批年轻用户。这类用户普遍还没有形成对高端品牌的忠诚度，对新品的接受程度较高，很容易在折扣、文案、口碑的驱动下冲动消费，使美妆特卖模式成为可能。尽管聚美优品网站每日推荐的商品中，位于顶部的多属于中高端品牌，但从聚美优品实际客单价（即平均交易金额）及商品分布来看，网站销量仍然主要靠大众定位的商品销售拉动。这也反映了聚美优品的销售对高端品牌的依赖度不是很高，只是借助高端品牌吸引流量。在此基础上，聚美优品的新品孵化能力已经相对成熟。

于是，聚美优品在产品开发战略上做出了以下的调整：

（1）每天推出多款商品。因为每个人的身体条件都是不同的，所以各自的需求也不相同。有些人的皮肤是干性的，有些人的皮肤是油性的，每个人需要根据自己的身体条件去选择不同的皮肤保养品。因此，聚美优品每天精选或更新超过100个SKU（Stock Keeping Unit，最小库存单位，简称SKU），通过特卖模式推荐给用户。

（2）每类商品的上架时间持续3天以上。为什么做出这一安排呢？这是因为一件新商品如果一上架很快就撤下来的话，很多人也许就不知道这件新商品的存在，而要想让人了解并知道这件新商品，是需要一个过渡期的。相关调查发现，这个过渡期维持在3天以上最为恰当。

（3）工作日每天更新几款商品。新产品的推出可以让一家企业的业绩得到更大的提高。聚美优品正是认识到产品开发的重要性，所以才不惜人力和物力等资源，不断地研究并开发相关的新产品，以满足市场的需求。

凭借"以时尚杂志的方式限时售卖化妆品"模式，聚美优品在4年的时间内实现了爆炸式增长：2010—2013年营业额分别为0.92269亿美元、3.27225亿美元、8.16570亿美元，营收背后是用户数和订单数的大幅增长，2010—2013年实际购买客户人数分别为130万人、480万人和1050万人；重复购买客户占比分别是53.8%、56.3%、62%。

为了满足用户消费目的性相对明确的购物需求，聚美优品又添加了"美妆商城"板块，使用户可以根据商品、功能、品牌等多维度进行搜索。2013年，聚美美妆商城总计提供超过10200个SKU，2012年和2011年时分别为4600SKU、800SKU，可以看出，聚美商城的美妆商品丰富度正在快速提升。

此外，为了抓住年轻女性用户主体的多层次需求，聚美优品参照唯品会的闪购模式，开始交叉销售服装、鞋包等商品，但和唯品会闪购模式不同的是，聚美优品主要通过与第三方商家合作进行售卖，商品不需要入库。仅在2013年，聚美优品就和第三方商家合作策划了9100场特卖活动。

把品牌商的品牌当"亲儿子"养

聚美优品早期的发展主要依靠低价促销，这虽然为聚美优品赢得了一定市场，但由于利润薄，反而成了影响聚美优品发展的桎梏。这时，身为聚美优品领头人的陈欧意识到，电商企业要想赢得发展，光靠低价营销远远不够，应该注重提升产品品质。

对于一家美妆电商来说，提升产品品质最好最快的方法就是和优秀的美妆品牌合作，而且是独家合作。在陈欧心目中，对于聚美优品来说，最理想的商业模式是类似香港莎莎网那样的渠道商，他说：

"聚美要做的还是渠道商，自有品牌只是提升毛利率的辅助工具。未来，我们会和更多的品牌商合作，而不是去打造聚美优品本身的品牌，聚美的价值还是在于推荐。"

陈欧认为，前几年消费者对网购化妆品不够信任的时候，渠道品牌价值大于商品品牌。随着电子商务逐渐成熟，商品品牌成长并赢利的机会已经到来，而品牌竞争更多的是市场份额的竞争。因此，陈欧将聚美优品未来的发展思路定位为：与更多的品牌合作，做双方共同持有的商品，由聚美优品享受利润，品牌商享受品牌效益。用陈欧的原话来说，就是："等于品牌商把市场费用补贴给聚美优品，这样双方达到一个共存，并非只做自有品牌把别人赶走才能存活。"

在刚开始尝试与品牌商进行洽谈时，聚美优品因为自身实力还不够强大，吃了不少闭门羹。不过，这一情况很快就发生了改变，看到聚美优品快速成长的销售业绩后，许多国际知名品牌商纷纷主动来找聚美优品要求进驻。

其实，中国美妆市场线上线下的形势变化，早有可参考的先例。全球最大的美妆零售门店丝芙兰成立之初也曾饱受品牌商白眼，很难获得雅诗兰黛、倩碧等高端品牌的供货，不得不依赖于非一线品牌填充货架。但在"用脚投票"的消费者面前，高端品牌开始重新评估与丝芙兰合作的必要性。几年内，随着丝芙兰门店遍布世界，绝大多数高端品牌都开始向丝芙兰供货。丝芙兰目前已代理从经典到新兴的近300个品牌的两万多种产品，成为全球最大的化妆品销售网络之一。如今的聚美优品也像丝芙兰一样，凭借日益增长的线上销售成绩，赢得了越来越多知名品牌商的青睐。

为了保证合作品牌商的销量，聚美优品甚至要求自有品牌不能上首页推荐位，这些位置都是留给合作品牌商的，就像聚美优品高级副总裁刘惠璞所说的那样:"我们把自有品牌当'干儿子'养,把品牌商(的品牌)当'亲儿子'养。"

比如,聚美优品签约中国台湾地区的"我的心机面膜"后,就进行了大力度的推广宣传,这样虽然使聚美优品自有品牌面膜的销量受到一些影响,但聚美优品方面依然很高兴,因为心机面膜本身就有很强的品牌影响力,它的销售额增长了,也就将这个品牌的粉丝群体吸引到了聚美。品牌商与聚美优品合作以后,发现聚美优品的投入主要在营销上,而不是拼命打折,打价格战。因为品牌的新用户不是靠打折而是靠营销吸引来的,品牌的价值没有被破坏,合作就真正实现了双赢——聚美优品开心,品牌商放心。

聚美优品要做的是一个美妆生态系统,由一个卖货平台变成一个品牌管理平台。其核心就是帮助品牌商在中国市场培育品牌,包括新品推出、用户调研、品牌营销,绝不是仅靠打折走销量。只有你爱惜品牌,品牌才愿意嫁给你,一心一意地和你做生意。像屈臣氏那样,看上去只是个专营店,看不见的是背后有一群渠道人员不断跟品牌商接触,并签订各种战略引进协议。屈臣氏引进的品牌介于超市品牌和专柜品牌之间,创造了很多神话,它把有些品牌培养成超级品牌后,自己不但获得利润,还获得了新用户,这是双赢。

正是这种"把品牌商的品牌当'亲儿子'养"的态度,让聚美优品赢得了品牌商更大的信任。一般大品牌一年推十几个新产品,卖得好的就三四个,而聚美优品基本都能拿到首发。

对于品牌,聚美优品有自己的一套选择标准,其中最重要的就是以下两大原则:

首先,品牌具有一定知名度,产品有一定优势,销售额要达到一定数值。

其次,品牌已经持续经营5年以上。

当品牌满足这两个条件后,聚美优品的买手团队才会对产品进行考核打分,考核范围包括质量、外包装、市场卖点、每年的新品开发速度、毛利、配合度、供应链强度等方面。而且这个考核是长期的,一旦产品在某个方面得分变低,聚美优品在与品牌商沟通未果后,就会果断放弃这个产品。比如,曾经有个英国美妆品牌,聚美优品引进后卖得很好,但是该品牌的供应周期是6个月,而且拒不调整供应周期以适应中国消费者的使用习惯,聚美优品就终止了与该品牌的合作。

聚美优品在美国上市后,更是注重在品牌推广和品类扩张方面发力,并严格控制品质,树立了美妆电商行业服务标准,对消费者的吸引点正逐步从低价促销转向丰富库存和品质保证上,同时,主流大品牌的陆续签约授权也将推动以正价销售的美妆商城快速发展,而限时特卖将更多服务于新品和中小品牌的推广需求,能够更好地满足各层次消费者的个性化需求。

第二章　自建防伪体系，做"最干净的电商"

正品鉴定中心，让真假不再难辨

近几年来，中国化妆品网购市场虽然迅猛发展，但是以次充好、贩卖假货或水货、售后服务差等问题仍然屡见不鲜，并且至今仍然没有完善的法律来预防这些问题的发生。

作为中国最大的美妆电商，聚美优品认为自己有责任帮助消费者轻松鉴别正品。为此，聚美优品在2012年12月12日推出了正品鉴定中心，针对多个热门美妆产品推出了专柜正品视频高清拍摄，内容包括产品外观标识的详细鉴别、产品试用的特质体验等，力图为消费者提供最详尽的正品辨别指南。

众所周知，越是畅销的产品越是容易滋生仿造品，比如，俗称"倩碧小黄油"的倩碧润肤露因为深受消费者喜爱，每两秒就能卖出一瓶，因而市场上出现了众多该产品的仿冒品。因此，"倩碧小黄油"的鉴定视频在聚美优品正品鉴定中心一直稳居"单品热搜榜"前列的位置。

其实，鉴别化妆品的真伪，关键不只在于产品质量，还在于产品外包装的细节。以美国产的倩碧润肤露（有油版）这款产品为例，喷嘴、泵头及泵芯处的做工细节，就是鉴别真伪的重要依据。正品小黄油的喷嘴较短、较细，而仿造品小黄油的喷嘴相对长一些，粗一些。正品小黄油的泵头明显粗大，结构精细，做工复杂，而假的小黄油则泵头细小，结构简单，做工粗糙。小黄油的泵头属于特殊工艺制造，都是经过非常复杂的工序制造而成的，仿造品的泵头只是单纯地仿造了正品的外观，在技术和工艺方面无法和正品相比。

此外，聚美优品还成立了"化妆品鉴定达人集中营"，长期向用户征集化妆品鉴定文章，对每位投稿的用户都会赠送聚美优品10元现金券一张，对稿件被录用的用户还赠送价值超过200元的化妆品一份。这些举措大大激发了广大化妆品鉴定达人的投稿热情，使得聚美优品正品鉴定中心的内容很快丰富了起来。

聚美优品还携手北京工商大学合作推出了化妆品色谱测试。北京工商大学是目前国内少数几家具有化妆品专业和化妆品研究中心的院校，曾承担过多项北京市科委和卫生部关于化妆品的科研工作。

什么是色谱测试呢？这是指利用色谱鉴定化妆品真伪的检测解决方案。在检验过程中，专业人员将样品按照不同的系数分配，并把具体数据以图谱形式呈现出来。比较参照品色谱图和库存产品色谱图，若二者峰形和峰值大致相同，则代表库存产品质量合格，反之则不合格。这样的检测方法，能准确辨析真伪，得到了业内认可。

最初，北京工商大学的测试实验室每月只针对12%的聚美优品第三方美妆产品商户进行色谱随机抽查测试。但从2014年6月起，聚美优品扩大了随机抽查的样品范围，第三方商户抽检范围从12%扩大到67%以上，覆盖了美妆第三方平台中17%的库存产品。在最近的一次测试中，没有发现假冒伪劣产品。

2014年7月，为了更好地应对电商行业第三方平台货品质量风险，聚美优品宣布将在网站主页设置色谱检测专题页面，内容包括化妆品鉴定方法、高效液色谱测试介绍以及月度审核报告等，页面上线后消费者将可查看参与检测的所有商品数据。聚美优品还同时宣布每月定期发布第三方商户美妆货品月度色谱检测报告，并由北京市朝阳区公证处对抽样检测全过程进行监控，以保证测试结果真实，具有法律效力。

在与宝洁公司洽谈合作的过程中，聚美优品高层对宝洁先进的研发中心赞叹不已，并逐渐意识到，宝洁的实验室保证了其国际领先的研发能力，而聚美优品从中借鉴的经验是，自己的实验室和科研队伍可以更好地保障商品的质量与安全。

考虑到目前聚美优品的色谱测试仍局限于国内现有实验室的设备与人员，并等待排期，色谱检测范围与频度都难以迅速提高，聚美优品高层很快在自建实验室这件事上达成一致，以便更快地加强色谱检测的力度与范围。为此，聚美优品将不惜重金购置设备并招聘相关技术专家，以实现收货——选样——送检——鉴定一站式完成。

给每一件商品披上"保险"衣

"假货"质疑，一直都是化妆品网购市场面临的最大问题。而从长远来看，中国化妆品网购市场要从根本上杜绝假货，实现"天下无假"的正品网购大愿，一方面需要政府相关部门加强监管，另一方面化妆品网购行业的从业者也需要通过实际行动来切实维护消费者的消费权益，促进行业的健康发展。

聚美优品成立之初的宗旨是——无须解释，用正品说话。在陈欧看来，好东西自己会说话，因此聚美优品最初遭受"假货"质疑时往往选择不解释。但后来，他逐渐意识到这个策略有偏差，如果聚美优品在一开始遭受"假货"质疑时就站出来解释，公布公司"保障正品"的做法，也就不会遭受质疑了。

为什么会存在关于"假货"质疑呢？聚美优品高级副总裁刘惠璞总结了3个主要原因：

（1）聚美优品通过奇迹般的迅速发展，坐上了中国化妆品闪购电商一哥的交椅，也动了太多人的奶酪，遭受攻击在所难免。

（2）聚美优品的化妆品价格相对低廉，而一般高端品牌化妆品的专柜价格较高。这种价格上的差距使得很多人怀疑聚美优品销售"假货"，但"价廉"一定等于"货假"吗？这个问题其实困扰着整个电商，面对这种质疑，聚美优品采取的做法是公布供应链，解释聚美优品是因为廉价带来了规模，因为规模带来了更加廉价。

（3）用户对网购化妆品不信任。这种不信任是对电商的不信任，而不是针对聚美优品，曾经发生过多次用户购买真品后却怀疑是假货，但检测后又确定为真品的事件。

事实上，聚美优品的供应链受到供应商以及公司其他部门的轮值检查，比如聚美优品今天销售了1000瓶欧莱雅，欧莱雅公司马上就能知道仓库里是否发出了1000瓶商品，这些数据是透明的。但对于消费者来说，这些数据并不能完全消除他们对网购化妆品的不信任心理。

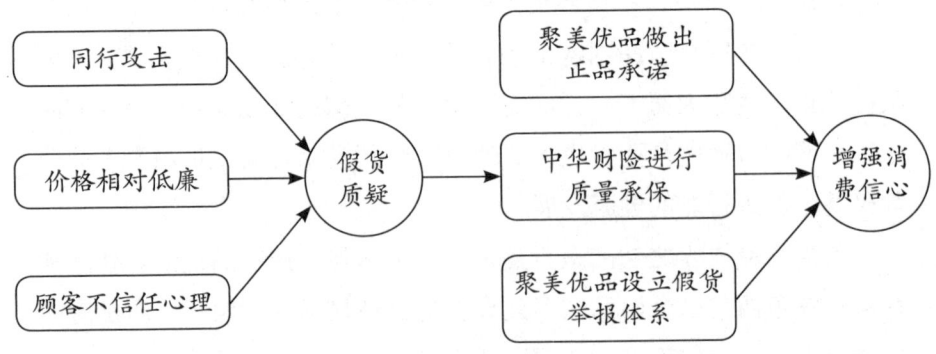

如何才能消除消费者对网购化妆品的不信任心理呢？聚美优品认为，仅聚美优品单方面做出正品承诺是不够的，还要找一家权威的机构来做聚美优品正品承诺的见证人才行。最终，聚美优品选择了中华财险作为担保人，即聚美优品销售的所有商品均由中华财险进行质量承保。在签订赔付前，保险公司先要彻底把聚美优品销售假货的情况排除,才会和聚美优品合作,然后面对用户进行赔付。

因此,消费者收到在聚美优品购买的商品时,包装内部都附有一张保险卡,上面有保险名称、保单号、被保险人和受益人的详细信息。这一保险为产品质量保证保险,其中被保险人是聚美优品网站,受益人是产品购买者。

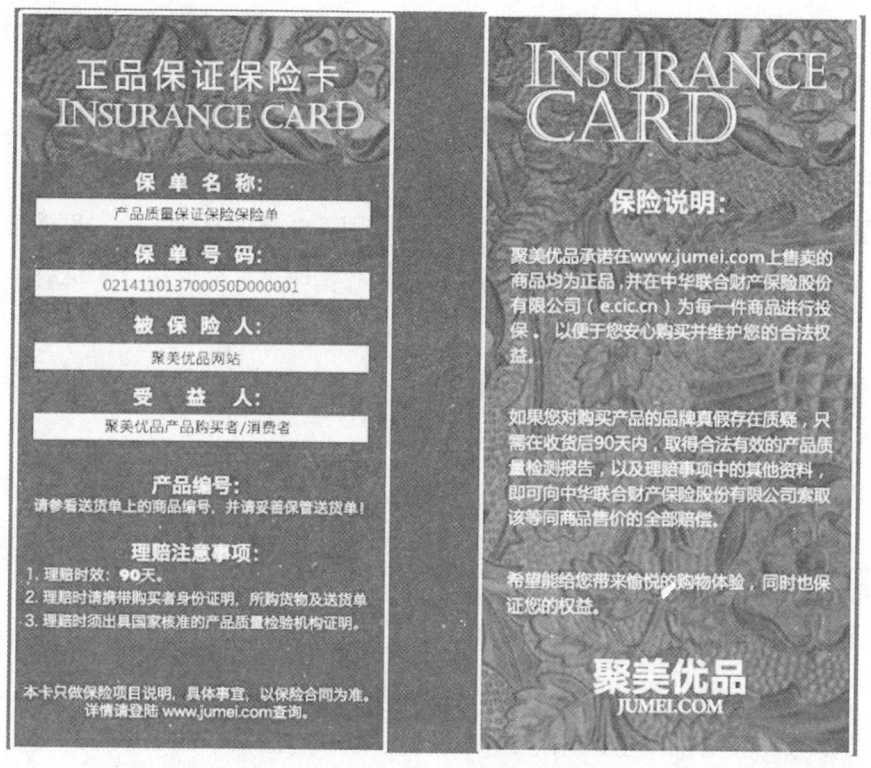

如果消费者对在聚美优品购买的商品质量有任何疑虑,可以在收货之日起90天内,拨打聚美优品客服热线;若消费者在聚美优品购买的产品存在质量问题,聚美优品将与中华财险共同承担全额赔付。

尽管为所有商品投保这一举措,会大大增加聚美优品自身的运营成本,但陈欧认为这一切都是值得的,因为聚美优品的核心价值必须建立在诚信的基础上,而欺骗是无法支撑几千万用户的信任并使聚美优品成为一家伟大的公司的。

况且，在化妆品领域，消费者更关心的是正品、真品，而不是价格。所以，尽管聚美优品和资生堂、佰草集等品牌合作时，部分商品是以原价销售的，但销量从来不会因为价格较高而减少，这很好地证明了一点：消费者更认可好产品、好服务，而不是纯粹的低价格。

此外，为了进一步增强消费信心，确保消费者权益，聚美优品还设立并规范了假货举报体系，用户购买商品后一旦发现是假货，可以拨打客服电话进行投诉。聚美优品会立即启动应对机制，不仅马上进行理赔，同时将追溯源头，并联合工商等部门坚决打击，绝对不手软。聚美优品的这一系列打假举措，不仅引发业界的高度关注，同时还为全行业深入推进美妆正品网购的诚信新政指明了方向，树立了标杆。

防伪码体系，是变革行业的野心

从2010年聚美优品创办开始，就不停有人问陈欧一个问题："你卖的化妆品是真的吗？"这个问题始终困扰着陈欧，也困扰着整个电商美妆行业。

2012年6月12日，网友姑苏毛十七在天涯社区以"聚美优品前员工"的身份爆料称，聚美优品售卖的化妆品90%都是假货，所谓的大牌化妆品其实都出自广东某山寨基地。为了增加帖子的可信度，姑苏毛十七还在帖子中陆续贴出部分聚美优品所售化妆品的采购单。这些采购单显示，多个国际大牌化妆品的采购价低得让人心惊。而姑苏毛十七自称从2011年年初至2012年5月任职于聚美某品牌化妆品渠道开发一职，因而能够了解到这个内幕。

这个帖子迅速成为网上转发和议论的热点，也让那些喜欢从网上购买化妆品的女孩子胆战心惊。

尽管聚美优品方面进行了有力的澄清，但这篇帖子依然造成了极坏的影响。由于网络销售化妆品原本就存在不易被人们信任的特性，此次事件之后，针对聚美优品的工商投诉暴增。因为化妆品厂商和聚美优品处于线上线下渠道的暧昧关系，没有一家化妆品厂商愿意站出来替陈欧说话；竞争对手更是乘机对聚美优品"落井下石"，极力打压聚美优品。这种孤立无援、被动挨打的状况让陈欧火气冲天，他一度想要与姑苏毛十七展开网上论战，幸好徐小平制止了他。

然而，在2013年消费者权益保护日前夕，姑苏毛十七的这个帖子又被翻出，让人们对聚美优品商品的品质再次产生质疑。为此，2013年5月，姑苏毛十七不得不连续两次在天涯发帖向聚美优品公开道歉："我很后悔，在网上发言前没有考虑到对该公司造成负面影响的问题。"

2013年7月12日，针对姑苏毛十七诋毁聚美优品的案件，苏州工业园区人民法院一审宣判：被告人毛某某被判处拘役6个月，缓刑6个月，罚金1万元人民币。这是电商行业第一起因造谣诽谤而追究刑事责任的案件。一年后，姑苏毛十七制造的这场聚美优品假货风波最终落幕。

但质疑聚美优品的声音并没有消失，因为化妆品销售天生就是一个容易被质疑的行业。对于消费者的质疑，陈欧认为最好的解决方法是："第一时间响应，快速回应消费者质疑，联合品牌给他解释。这个行业是一个很痛苦的行业，一开始就注定受到质疑。但是我们用与品牌全面合作，去保证消费者体验，对于消费者的每个疑问一定不躲避，坚决负责。消费者如果不相信解释，我们随时提供30天无条件退货。"

而为了彻底消除消费者对化妆品的质疑，聚美优品做出了一个大胆的举措：力推一套防伪码体系，即通过成为品牌的中国区代理，确保每一件进入聚美优品的库存产品,都自带一个基于二维码的防伪码,且这个防伪码只能使用一次,扫描后便作废,以免被假货链条二次利用。当消费者购买了聚美优品的相关产品时,可随时随地扫描二维码,即时进入真品防伪码联盟,通过唯一的防伪码来核对产品的真假。由此,聚美优品就从机制设置上净化了电商环境,打消了消费者对假货的疑虑。

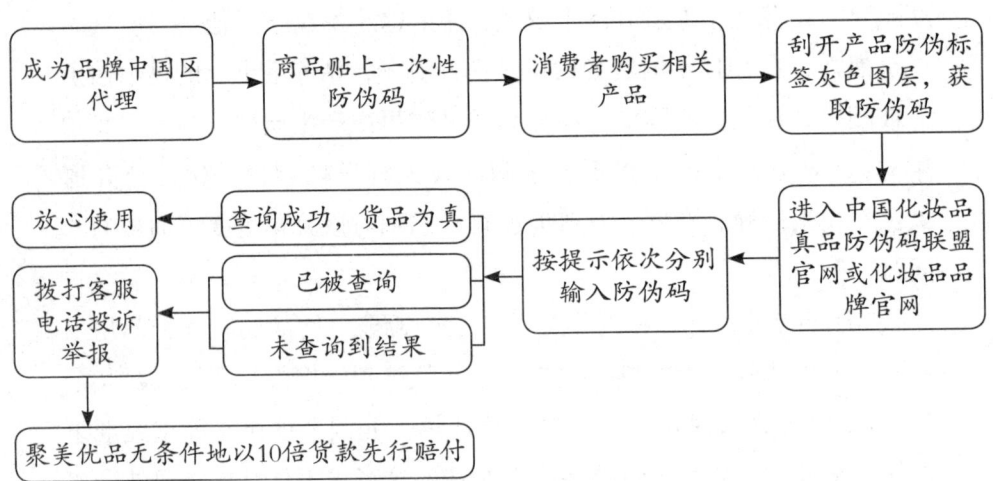

在陈欧看来,"化妆品电商是天然不被信任的,聚美要获得百分之百的信任很困难。所以我们要从行业层面上去改革,而不只是自证清白"。

然而,要说服化妆品品牌加入聚美优品的防伪码体系,并不是一件容易的事。尤其是每个国际化妆品品牌既有管线上的部门,也有管线下的部门,每个人负责不同的渠道,而且销售渠道之间会有冲突,很难全面推动。为了改变这一现状,聚美优品不得不对不守规则的品牌商采取强硬手段——逼着品牌商贴防伪码。2013年8月1日,聚美优品以各种补贴手段促使品牌商粘贴防伪码,对于那些不妥协的品牌商,聚美高层多次出面严厉警告:"品牌商如果不按要求贴上防伪码，就不能参加聚美优品的促销。"

因为必须粘贴防伪码的规则，聚美优品不得不放弃了与几个著名化妆品品牌的合作。这不仅对那些拒绝合作的化妆品品牌商冲击很大，对聚美优品的冲击也很大，是一个双输的局面。但如果不这样做，聚美优品根本没法推动新规则的建立。

2013年8月，在中国消费者协会、中国质量万里行的监管下，聚美优品联合美宝莲、兰芝、高丝、相宜本草、佰草集等60余家知名美妆品牌，成立化妆品行业真品联盟，共同签署《中国化妆品电商真品联盟自律倡议书》，并推出首个化妆品防伪码体系，正式吹响真品联盟集结号，开启化妆品电商自发组织维护诚信经营新模式。从2013年8月1日聚美优品的店庆开始，真品联盟品牌在聚美平台销售的每一件商品都将贴上特制的唯一防伪标签。这种联合行业上下游封闭式打假，从源头上杜绝了假冒伪劣产品流通的可能，让假冒伪劣产品无处藏身。

发布会上，陈欧代表真品联盟各成员向广大消费者郑重承诺，发出了"五坚决"行业自律强音：

（1）坚决抵制知假售假，保证100%销售真品，维护消费真品权利。

（2）坚决抵制只重售前，不顾售后，提倡为消费者权益护航，保障消费者权益绝不受损。

（3）坚决抵制从不明渠道窜货，提倡从品牌方直接采购，保障品牌商真品价值。

（4）坚决抵制渠道之间恶性竞争、互相诋毁，提倡电商平台共同规范市场、互相尊重，共同促进行业良性发展。

（5）坚决抵制对收售假货行为不作为的品牌，号召真品联盟共同打击假货。

为了推动防伪码的应用，聚美优品还投入5000万元打假基金，支持防伪码体系建设，全力支持美妆打假。每个加入打假防伪码体系的化妆品品牌，在聚美优品官网上每销售一件产品，补贴2元钱，而一旦贴有防伪码的产品质量出现问题，聚美优品将以10倍货款无条件地对消费者先行赔付。

对于聚美优品来说，推出防伪码体系需要承受的各方面压力都很大，可谓是一场破釜沉舟的战争。如果该做法成功，聚美优品就将成为众多化妆品电商中的佼佼者，一洗被诋毁售假之耻；但如果输掉这场战争，许多知名化妆品品牌商将弃聚美优品而去，选择淘宝或者京东。信誉的建立并非易事，商家与消费者初步形成信任之后还需要长期的维护，这是一个更艰巨的任务。中国化妆品电商真品联盟已取得初步的成功，在聚美优品上市过程中形成了不小的助力，但它仍需要经受时间的进一步考验。

第三章　新趋势不断产生，一定要占领先机

"手媒体"时代，决胜移动客户端

手机是什么？最初，它不过是一部可携带的电话，现在却变成了一台小型的个人电脑，人们可以用它来读书、看报、看电视、玩游戏、购物……有调查显示，每个中国人平均每天摸手机150次。

当移动互联网的大潮汹涌而至时，手机就变成了一个自媒体，"人人都是发布者，个个都有麦克风"，博客、微博、微信及各类手机客户端的盛行宣布了"手媒体"时代的来临。而身处互联网浪尖的电商，敏锐地嗅到新的商机：随着手机移动业务技术的突变，顾客都聚集在手机移动端，谁能够抢占这个市场，把店开到顾客的手机上，谁就是赢家！

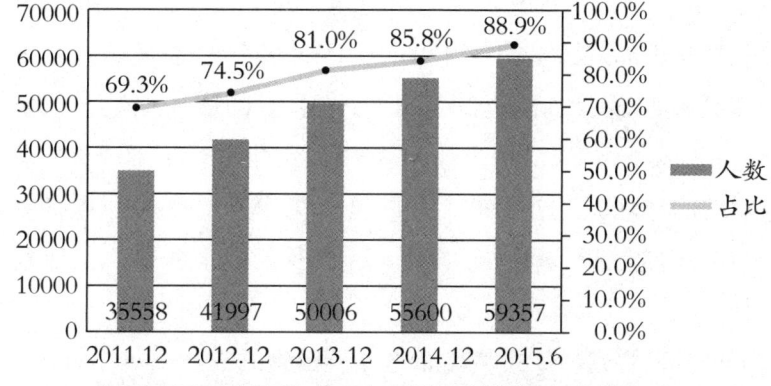

中国手机网民规模（万人）及在整体网民中的占比

美国第二大支付网络万事达卡做了一项调查，结果显示，59.4%

的中国网上购物者喜欢用手机网购，而非个人电脑，这充分证明了移动电商已成为电子商务的主要形态。

于是，电商们开始了移动端的新一轮"军备竞赛"。早在2012年，京东、当当网等国内大型电商就纷纷发力移动客户端，开启手机移动端入口之争。

作为国内美妆电商的老大，聚美优品自然也不甘心错过移动端这趟"快班车"，于是在2012年5月正式推出了聚美优品手机客户端。和京东、当当这些品类大而全的综合性电商相比，"小而美"的聚美优品在移动端的发力上具有两个明显的优势：

（1）行业的优势。中国化妆品年销售额增长仍然大于中国经济增长速度，是中国消费增长最快的行业之一，拥有巨大的消费潜能。

（2）商业模式的优势。聚美优品采用的是有选品、有推荐、库存产品不断更新的商业模式，非常适合移动端购物习惯，因此，当聚美优品手机客户端的安装量达到一定规模，移动端销售占比超过PC端是轻而易举的，并且长期来看，大部分订单将产生于移动端。相比之下，京东、当当、淘宝在PC端的搜索模式，平移到移动端之后效率衰减，移动端产品形态需要做出更多创新。

据聚美优品在2014年4月份向美国证券交易委员会提交的首次公开募股报告显示，截至2014年第一季度，移动端销售额已达到平台总成交额的49%，这个比例在2012年年底仅有10.8%，移动端交易规模的年增速达近300%，重复购买率逾80%，居电商行业第一。一年多的时间，就已经翻了4倍之多，半个身位都置于移动电商之中。

如此不菲的成绩，聚美优品是如何做到的呢？

（1）聚焦女性用户。聚美优品移动端的用户主体为18～30岁的时尚年轻女性，围绕女性群体的特质，聚美移动端在界面开发上注重

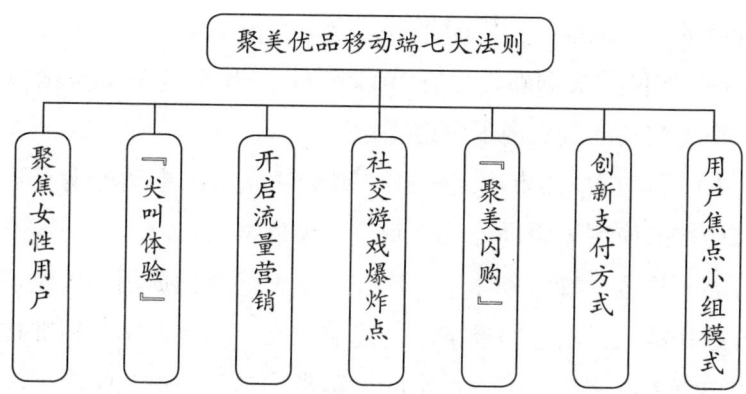

细腻的情感化设计，为用户带来积极的情绪体验。

（2）提出"尖叫体验"的概念，快速地推陈出新，为用户的购物体验保鲜。"10点品牌团""准点换新""8点夜市"等移动业务的开发以时间节点和品类细分有效培养用户按日访问的习惯，并通过促销活动、优惠券发放等手段增加消费，让用户获得更多移动端特权红利。

（3）开启流量营销，发挥了更强的黏性效应。比如广东地区的移动用户可以免流量逛聚美，这不仅帮助用户解除了流量高耗的困扰，也使得聚美优品在广东地区的销量显著提高。

（4）抓住社交平台的游戏爆炸点，在最热门的社交游戏中潜移默化地渗入聚美元素，为聚美优品手机客户端导流。比如，聚美推出的"聚美版2048""亲河马抢红包"等一系列游戏在微信朋友圈传播分享达500万余次，提升了品牌亲和力和流量转化率。

（5）开启充满娱乐化基因的"闪购模式"。比如"聚美闪购"每30秒放出唯一一款超低价商品，但限定只有白金、钻石会员可直接入场，其他级别的会员则需要通过游戏抢入场资格。与传统的PC端闪购模式不同的是，"聚美闪购"是主流电商里第一家融合玩连连看等小游戏的新闪购模式，旨在让购物行为游戏化，给用户紧迫感和成就感，集结了用户碎片化时间与游戏化体验的双重形式，不仅迎合了会员资格的"稀缺性",同时彰显了会员身份铭牌。

（6）支付方式创新,早在2013年9月,聚美优品就与微信"联姻",率先在移动端实现了微信支付。

（7）开启用户焦点小组模式。聚美优品每周主动邀请五六名用户对移动端的使用体验进行"挑刺",再依据用户需求,持续不断地精心打磨手机客户端服务体系。比如,聚美优品根据用户的建议在移动端推送功能上做出了精准推送的优化改良,结果显示：精准推送带来的用户订单比非精准推送带来的订单平均提升超过20%。

正是因为善于利用移动端在碎片化时间管理、精准定制、社交分享等方面的天然优势,通过游戏娱乐弱化促销的"死循环",满足用户多样化的服务体验需求,增强用户的愉悦感,聚美优品移动端的业务量才能够迅猛增长,帮助聚美优品在电子商务移动化浪潮中抢得先机,并获得高速发展。

没有自己的DNA,是玩不过别人的

2012年11月20日,聚美优品高级副总裁刘惠璞在微博上宣布："河马家系列面泥将在12月震撼上市。其实有些家族成员已经出厂了,例如河马妈热能红泥,但是……最大牌的河马哥超级宇宙无敌绿泥还没有出厂,所以全家人都在等它一个,汗颜！"

2012年12月4日,刘惠璞再次在微博上宣布："聚美优品首款全自有品牌河马家面泥已经全线出货,预计在12月12日上市。对于这款产品我一点儿都不担心它卖不好,因为,爱我的人会买它敷脸,不爱我的人会买它砌墙……这得买多少瓶啊！！3款首发面泥均走美妆最新概念,希望大家喜欢。"

2012年12月12日,河马家系列面泥在聚美优品正式发售,当天就突破了100万元销售额。在聚美优品投资的《女人公敌》微电影上线开播后，剧中被反复提及的河马家面泥更是被一抢而空，销售额突破5000万元。可见，作为聚美优品自有品牌的新成员，河马家面泥获得了市场的普遍肯定。

河马家面泥是聚美优品发力自有品牌战略的一次成功尝试，对此，聚美优品CEO陈欧曾说："因为你不能一直卖别人的东西，有自己的东西会让你活得更好。一是利润率更高，二是供应链可控。"

早在2011年11月，陈欧就产生了做自有品牌的想法。那时候的聚美优品因为双代言广告大获成功，积聚了一大批狂热忠诚的粉丝，再加上各大化妆品电商之间价格战的白热化，自有品牌的推出也就势在必行。

聚美优品提出的自有品牌战略，是通过与独家品牌、独立厂商等进行合作，打造符合聚美优品用户特点且在聚美优品独家销售的自有品牌。在聚美高层多次讨论后，这个开发自有品牌的重任落在了刚加入聚美优品的世纪佳缘前副总裁刘惠璞身上。

在刘惠璞看来，这正是锻炼自己和施展才能的大好机会，这下他终于有自己的一块业务了，而且还是全新的领域，是聚美之前没做过的事，当然也是刘惠璞没做过的事——这种挑战性让刘惠璞从骨子里感到兴奋。对于做自有品牌，陈欧也没什么经验，他只是给了刘惠璞一个非常简单的目标："找一家大型的化妆品企业，帮我们做产品，告诉它不预付订金，到库以后45天卖完了跟它结账。"

听了陈欧这个要求，刘惠璞感到压力巨大，他心想："化妆品的生产周期一般是45天，加设计周期就是90天，再加45天账期，就是135天，OEM（Original Equipment Manufacturer，即定牌生产或授权贴牌生产，指一家厂商根据另一家厂商的要求，为其生产产品和产品配件，既可代表外委加工，也可代表转包合同加工。以下简称OEM）厂商都不认识我，我怎么办？"

但难度再大,刘惠璞也只能硬着头皮上。这可是他进入聚美优品之后接受的第一个正式任务,是他将来在聚美优品立足的基础,只许成功,不许失败。

于是,刘惠璞开始找企业谈合作,但他的运气实在是太差了,由于那段时间很多电商企业的资金链都断了,许多化妆品企业的资金也变得十分紧张。刘惠璞记得有家企业因为某电商公司拖欠货款,老总都下课了。可想而知,"空手套白狼"的刘惠璞在化妆品企业那儿没少吃"闭门羹"。有一次,一家OEM厂商只派一个没有权力的部门经理跟刘惠璞聊,谈完条件后就把他请走了。那里是郊区,他一个人徒步走了40分钟才打到车。可见,那个时候没有多少化妆品企业知道聚美优品,愿意合作的企业更是少之又少。

最终,刘惠璞凭借不懈的努力,赢得了一家化妆品厂商的青睐。刘惠璞回忆说:"那段时间,我几乎把广州、上海一带的大型化妆品企业跑遍了。也没别的办法,我是销售出身,就'画饼忽悠',说未来前景有多大,明年又要做几千万,以后做到几个亿的代工单子全给你,对方听晕了也就答应了。"

不过,尽管这家化妆品厂商答应与刘惠璞合作,但对方出于谨慎,不愿意投入太多资金,只同意同时开线做两三款产品。这个速度对于聚美优品来说太慢了。刘惠璞只好找到陈欧,说:"我们没什么知名度,也没人认识我,不给订金恐怕难做。"陈欧知道这件事办起来有多么艰难,眼看事情成功有望,于是很痛快地批给刘惠璞1000万元的启动资金。有了这1000万元,刘惠璞很快就和化妆品厂商谈好了合作事宜。

2012年3月初,聚美优品的自有品牌上线,几个月后销售额突破千万元,很多新商品拿过来一天就卖掉了。刘惠璞回忆说:"一家化妆品企业的老总不相信,亲自来公司看,回去后就唉声叹气,念叨自己做品牌没机会了，还是老老实实做OEM生产吧。"

要想在日益激烈的电商大战中生存下来，差异化经营是唯一的出路，而做自有品牌则是一个很好的差异化经营策略。就如陈欧在接受一家媒体采访时说的那样："我们的目标不一定是中国的亚马逊，但可以是一个品牌。比如，聚美优品有一天会像屈臣氏一样，里面卖的不仅有别人的品牌，也有自己的品牌。另外，这些年积累的一些用户评论、用户口碑信息，令聚美成为一个最专业的社区类电子商务网站，并在化妆品的专业性方面拥有很强大的优势。而且有些东西是只有我们有的。

"我举个例子，比如说自有品牌，有些产品是我自己做出来的，聚美有的牌子，可能京东没有。这就是差异化，不能和它卖一样的产品。你一定要差异化，不能按它的规则玩游戏。越早按它的规则玩游戏，越早把自己玩死。我现在得建立我自己的规则，举个例子，当所有的B2C或化妆品B2C什么都卖的时候，我只卖一件产品。这就是颠覆行业规则，打法不一样。只卖一个产品，但我这个货是最详细、最专业、花最多时间准备，而且很便宜，送货很快。当别人对这个产品产生信任的时候，它就是有竞争力的——在某个点上，从某个方面来说，聚美优品针对市场就有了自己的优势了。

"如果你在这个行业里面，没有你自己的DNA，你最后是玩不过别人的。"

聚美优品之所以坚持做自有品牌，除了要做差异化经营外，还因为电商做自有品牌一定比传统渠道快。比如聚美优品2012年的单品销量冠军。其实当时很多化妆品企业都在开发这个产品，而传统渠道的步骤往往比较烦琐：设计开发，生产，请代言人，做市场投放，招商，经销商上架、培训，最后投入市场。这么一系列程序走完，6个月的时间就过去了，一半的时间浪费在铺货、培训销售人员和渠道招商上。而电商就不一样了,既不需要销售,也不需要渠道管理维护,速度也就大大加快。比如,曾经有个传统化妆品品牌,开发某防晒系列产品,一不留神铺货慢了,就错过了旺销季节,销量自然很是惨淡。这种情况在电商那里不会出现,一夜之间,千万用户就能看到新产品,这是传统渠道根本做不到的。

更重要的是,电商真正有利润的东西在于新概念和新产品。新生事物面世会引起用户的兴趣,用户会因为新需求购买,而不是靠折扣。新产品打开市场靠的是产品特性、营销卖点,但成熟产品只能靠价格战,也就是打折。据行业爆料,化妆品电商平台的利润最好的也就维持在10%左右,但是化妆品自有品牌的毛利率能达到40%~50%。为了避免被价格战活活打死,提高利润空间,推出个性化产品,建立自有品牌必定是电商行业的主流趋势。

因此,聚美优品与化妆品厂商这种合作模式具有明显的双赢效果:化妆品厂商在不同渠道推出不同的产品,可以避免卷入价格战的恶性竞争(价格战会使产品偏离本身价值,对厂商也是一种伤害),而聚美优品也可以保证一定的利润空间。针对具有年轻、热衷时尚与旅游这些特质的聚美优品用户量身打造的产品,既能够提供比普通产品更好的体验,也能保证一定的销量,还可以避免自身无品牌支撑的劣势,消除消费者的质疑。

开设线下实体店,不为挣钱只为宣传

2013年12月23日,聚美优品首家线下实体店在北京前门大街正式开业,营业时间为每天9:30~22:00。

从店内布局来看,聚美优品的实体店共分为上下两层,采用品牌专柜方式进行产品展示,而且都是当场销售。一层为香水区,品牌包括巴宝莉、范思哲、普拉达等；二层为彩妆、护肤品区，专柜包括佰草集、欧莱雅、玉兰油、薇姿等。

聚美优品的线下实体店有一个明显特征：尽管店里布局就是一个个品牌专柜，但这里售卖的大多数产品的价格都低于商场专柜。聚美优品对部分产品做了比价，例如一款兰蔻肌底液的价签上会注明"专柜价780元，聚美价619元"。可见，价格依然是聚美优品旗舰店的一个主打优势。

2015年3月6日，聚美优品位于王府井步行街的第二家线下实体店开始试营业，与前门店相比，王府井的这家线下店在服务方面进行了升级，主要提供3类服务：

（1）精选产品推荐购买服务，即展示护肤、彩妆、香氛、洗护等品类的精选产品，通过推荐引导消费者购买。

（2）专业美妆护理服务，即为顾客提供皮肤分析和咨询、清洁和护理皮肤、做整体彩妆造型、美甲以及身体护理等服务。

（3）O2O（Online To Offline，是指将线下的商务机会与线上的互联网结合，让互联网成为线下交易的前台。以下简称O2O）体验。该店最大的特色就是引入聚美优品的跨境业务——极速免税店的商品作为实物展示，并可提供试用。这种线上线下结合的O2O模式，无疑将对聚美优品的极速免税店起到最大的宣传作用，并加深用户体验。

在陈欧看来，聚美优品开设线下实体店的原因主要有3个：

（1）提升用户体验，增强用户对聚美优品的信任感。电子商务开设门槛太低，消费者对于线上购买的化妆品有种天然的不信任，再加上化妆品又是一种极度需要用户体验的产品，所以必须开设线下实体店，通过与消费者的直接交流，提升用户体验。

（2）更好地宣传和推广聚美优品这个品牌。在城市中心地带开设聚美优品的线下实体店，可以借助人流量大的区位优势，大大拓展用户群体，起到良好的宣传和推广品牌的作用。

（3）顺应O2O这个电商必然的发展趋势。在传统零售拥抱互联网的背景下，大型电商企业的线下布局也开始提速，O2O几乎成了垂直电商的唯一出路，开设线下实体店也就成了发展的必然。

而聚美优品开设线下实体店的好处，陈欧认为有3个：

（1）更好地增进用户体验。

聚美优品开设线下实体店的好处之一在于增进用户体验，因为O2O模式的核心就是线下体验、线上交易，特别是在美妆行业，用户的体验就更加重要。聚美优品开设线下实体店就是为了让消费者试用产品，与产品近距离地接触，跟销售人员进行面对面的沟通，从而更好地实现线上购买。

（2）提升品牌形象，增加消费者的购物信心。

聚美优品开设线下实体店的好处之二在于提升品牌形象，增加消费者的购物信心。化妆品产业鱼龙混杂，真假难辨，水货、仿货层出不穷，而开设实体店有助于正品的品牌宣传，可以让品牌商接触线下消费者，增强消费者的购物信心，并促进线上消费的转化，一旦此类消费者对聚美优品品牌产生信任，就不会轻易转投他家。

（3）拓展旗下产品的销售渠道，拓宽产品消费者范围。

聚美优品开设线下实体店可以吸引35～50岁的较少进行网上购物的消费人群，对于其网络平台更加持久的发展和上市后的营销策略的制定有很大的好处。

然而，伴随着聚美优品线下实体店的建立，相关的争议也是不绝于耳。在价格方面，线下实体店的价格怎么设定才能与线上不冲突，开设实体店的巨额运营费用对于刚刚赢利的聚美优品会不会是一笔沉重的负担？面对质疑，陈欧表示，聚美的线下店并不以赢利为目的，更多的作用是宣传与推广，价格与线上持平或略低于线上，聚美会在O2O的道路上坚定地走下去。

当然，任何事物都存在两面性，聚美优品开设线下实体店有种种的好处，但也存在很明显的弊端，那就是成本不可控、运营风险大。对此，陈欧坦言道："从线上转到线下，最为重要的挑战是运营成本，主要包括房租和人力成本。尽管线上、线下产品的渠道是相同的，但线下门店的整体运营与线上分开，（线上、线下的运营是）彼此独立的。"陈欧同时解释说，正是因为"线下实体店的流通成本确实很高，且易与线上产生价格冲突，因此不能承担实体销售功能，只作为体验店使用。而在成本上，可以将它视为广告费用的一部分，因此产生大量成本也无所谓"。

刘惠璞也表示："化妆品电商到了瓶颈期。随着技术、人员、服务等成本的提高，电商产品的廉价优势在减小。而传统品牌也在加强线上渠道建设，在用户服务、体验等方面也比电商强很多。电商如果想创造自己的价值，必须突破原有的模式，不应该再靠打折、促销的方式获得用户信赖。电商的终极目的是提高用户服务质量，还原用户线下的购买体验。"

其实，对于O2O的营销效果，陈欧自己也没有十足的把握："O2O是否能够兼顾线上和线下，我觉得还是一个很大的问号。"虽然他清楚让用户"立即"购买是很重要的，这也就是传统销售所说的"不能让用户离开柜台"，但他同时认为一旦用户回归理性，那么其实人们生活中80%的东西都是不需要的。因此，作为销售者，一定要让用户在一种非常开心的状态下产生购买欲望，并立即购买，"而O2O营销似乎给了用户太多犹豫的机会，用户在回归理性、不断比价过程中容易丧失购买欲"。这是陈欧最担心的一点。

为了避免线下实体店不可控的运营成本对聚美优品未来的发展产生阻碍，聚美优品正在尝试借助移动设备等新科技产品还原用户体验，如以皮肤测试器代替美容顾问。刘惠璞认为："虽然机器和人提供的服务有很大区别,但这也是我们提高的空间,我们为用户做得太少了,还有很多事情可以做。"

从行业角度分析,由于竞争对手的不断增加,厂商的成本可压缩空间和利润空间都趋于零。这时,"产品与客户共鸣""制造让客户难忘的体验"成为电商企业的制胜法宝。一家电商企业能够生存,唯一的原因就是顾客乐意购买它的产品。这正应了那句话:"你让顾客满意,顾客才会让你满意;你满足了顾客的需求,顾客自然会满足你的需求。"从这个意义上说,提供超一流的产品和服务就是满足顾客的需求。

可见,聚美优品清醒地认识到了:作为一家针对消费者的电商企业,专注用户体验,才是公司得以长期生存的根本和股价稳定的基础。就如陈欧自己所说:"对用户体验的投资和专注,最终都会反映在我们的业绩里,我们也会由此得到资本市场的长期认可。"

押宝海外购业务,启动增长新引擎

近年来,虽然中国出口增长停滞不前,但跨境电商的发展十分迅猛。什么是跨境电商呢?跨境电商,全称是跨境电子商务,是指分属不同关境的交易主体,通过电子商务平台达成交易、进行支付结算,并通过跨境物流送达商品、完成交易的一种国际商业活动。

据艾瑞咨询集团发布的统计数据显示:2011年中国跨境电商交易额为1.6万亿元,2012年上升至2万亿元,2013年达到3.1万亿元。3年中,交易额年均增幅为30%,占中国贸易总额的12%,其中近90%来自在线出口商,远远高于线下传统外贸交易。而中国电子商务研究中心监测数据显示,2014年上半年我国跨境电子商务交易总额高达3万亿元左右。

中国跨境电商的迅猛发展,离不开国家政策的大力支持。据艾

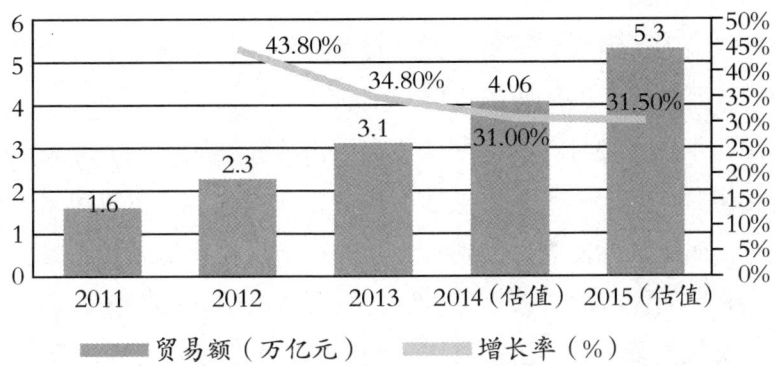

数据来源：国家统计局、商务部公开数据

2011—2015年中国跨境电子商务交易总额

艾瑞咨询出具的《2014年中国跨境电商行业研究报告》显示，在2004—2007年，跨境电商尚处于政策萌芽期，行业制度还在规范之中；在2008—2012年，国家陆续颁布10项政策，涉及监管、支付结算和试点等方面，显示出国家对于电商行业发展的重视；而从2013年至今，又集中发布十余项政策，呈面状铺展，行业内相关的一些流程制度已经趋于成熟和完善。同时，国内消费者对海外商品需求度更是直线上升。进入2014年，"跨境贸易电商"成为互联网热点之一，跨境电商企业也迎来发展之年。

2014年，是亚马逊这个全球电商巨无霸进入中国的第十个年头。也是在这一年，它在中国市场上转守为攻，全面进驻上海自贸区，通过跨境通这一平台，绕开进口贸易代理商，省却了国内分销渠道，直接面对消费者，摆出了准备大干一场的架势。与此同时，身为中国电商领头羊的阿里巴巴在上市之前，推出了由旗下两家美国子公司共同打造的购物平台11Main，正式发力美国市场，挑战亚马逊。

同样在2014年上市的国内最大美妆电商聚美优品，自然也不甘错过跨境电商这股浪潮，提出了"极速免税店"的概念。聚美优品宣布"极速免税店"计划的时机选得十分巧妙，当时的聚美优品正处在舆论的风口浪尖：因为被爆第三方平台业务售假，导致连续几个月业绩下滑，从而遭遇美国律所的集体"围殴"。

2014年12月15日，身为聚美优品CEO的陈欧在微博中发表了一篇力挽狂澜的长微博——《你永远不知道，陈欧这半年在做什么》，这篇微博在回应被诉传闻，为聚美优品的市值恢复近10亿元人民币的同时，也为聚美优品的"极速免税店"打了一次绝佳的广告：

"跨境电商，对我们绝对是个利好，通过海外直采，我们不但能够对货品来源有100%的信心，还能给消费者接近免税店的优惠价格。保税区的存在，也让我们的消费者，不再因为跨境的糟糕物流烦恼。很快，我们就会把免税店直接搬到你的手机上，打开聚美的手机客户端，你就可以享受最好的购物体验。"

聚美优品"极速免税店"的口号是："飞"一般的免税店购物体验。为了达到这个目标，聚美优品"极速免税店"着重在4个方面发力：

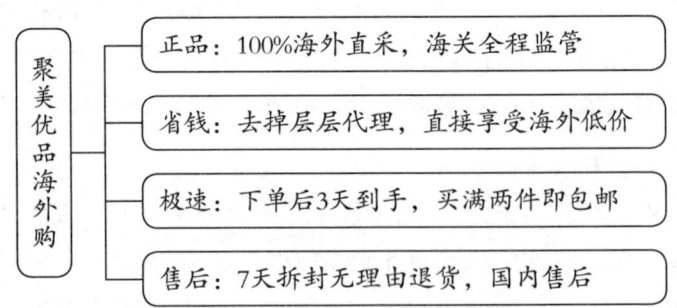

（1）正品：海外直采，海关监管。"极速免税店"的商品全部从海外品牌官方厂家或具有官方授权的贸易集团那里直接批量采购，所有商品从海外发货后直接进入海关监管的仓库——保税物流中心保存，保证商品来源。

（2）省钱：海外价格，人民币支付。"极速免税店"因为直接从品牌官方厂家或官方授权贸易商直接采购，去掉了层层代理的费用，让消费者能够直接享受海外价格，并且直接通过支付宝支付人民币即可。如果商品在海关处产生税金，也将由商家承担。

此外，"极速免税店"的商品也同样享受满299元包邮或同时购买两件商品即可包邮的政策，即使不满足包邮条件也仅需5元邮费，因系统拆分订单产生的邮费则全部由聚美优品承担。

（3）极速：闪电发货，国内物流。针对传统海淘海外发货时间长、容易丢失、运费昂贵的缺点，聚美优品"极速免税店"采用与政府部门合作的模式，商品经过政府相关部门查验后直接通过国内物流发货，保真省钱的同时至少为消费者节省了7~20天的收货时间。用户在聚美优品"极速免税店"下单后，商品将在2~6个小时内包装出库并提交海关查验，通常72小时内即可过关转由国内快递送货。从下单到收货，仅比国内商品延长3天左右。聚美优品还规划将与广州、深圳、上海、天津等地的保税区合作，打造最快海淘物流速度。

（4）售后：7天包退，国内售后。对于"极速免税店"的商品，除母婴用品等特殊商品外，都承诺提供"7天拆封无理由退货"服务。用户将商品退回聚美优品设立在国内的退货点后，聚美优品将为用户报销10元运费，并将从商家的货款中直接划出相应的数额赔偿给用户。

进入2015年，陈欧更是大胆放言："好货，极速，免税，这就是我们存在的价值。今年公司在物流和税收上补贴10亿元，也要称霸海外购市场。"聚美优品的10亿元补贴将用于两个方面：一是争取将3日到货提升到两日到货；二是将跨境货品补贴到低于免税店甚至品牌所在地价格。聚美优品此举的目的，是希望以海外购这种能够控制品质的模式，替代原有第三方平台销售的模式，完成化妆品的全部自营转换，并加强防伪码体系建设，彻底解决一直困扰美妆电商行业的"假货"问题。

Part 2

用户体验是电商得以长期生存的根本

作为一家针对消费者需求提供服务的电商,聚美优品清楚地认识到:消费者才是聚美优品的衣食父母,我们对消费者好,消费者就会对我们好,这也是聚美优品长期生存的根本和股价稳定的基础。因此,聚美优品必须永远秉承消费者第一的原则,一切以用户体验为先。而对用户体验的投资和专注,最终都会反映在聚美优品的业绩里,帮助聚美优品得到资本市场的长期认可。

第一章　创新用户体验，真正做到个性化服务

"喜从盒来"：给用户一份未知的惊喜

陈欧很喜欢电影《阿甘正传》中的一句经典对白："Life is like a box of Chocolates. You never know what you're gonna get.（生活就像一盒巧克力，你永远不知道下一个你会拿到什么。）"阿甘这种对生活充满美好期待的生活态度，确实让他邂逅了许多未知的惊喜。

受《阿甘正传》这句话的启发，聚美优品启动了一项"未知的惊喜"战略——于2011年12月1日，在全行业独家首推"喜从盒来"试用装预订活动。在用户预订后，聚美优品会在活动指定时间内，随机挑选4～6件精致美妆产品快递给用户进行试用。

聚美优品精心策划的"喜从盒来"具备4个特点：

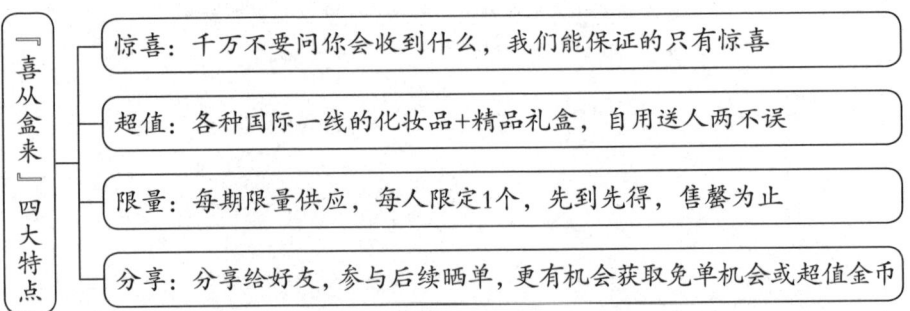

（1）惊喜：千万不要问你会收到什么，我们能保证的只有惊喜。

既然"喜从盒来"的主题是"未知的惊喜"，那么神秘就成了聚美优品最大的宣传点。

"千万不要问我们你会收到什么，因为我们也无从知晓。你收到的，也许是一款心仪已久的香水，也许是一瓶惹来闺密各种羡慕嫉妒恨的顶级面霜，或者你收到的不是你想要的产品，但你一定会获得一份惊喜！生活就是这样，不是吗？"

这段为"喜从盒来"撰写的广告词充满了对女性消费者的人生关怀，"我的神秘礼物，永远相信不完美的完美"的口号更是激起了女性追求完美的渴望。

（2）超值：各种国际一线的化妆品+精品礼盒，自用、送人两不误。

无论是最开始的49.9元，还是后来的88元、99元，聚美优品"喜从盒来"活动的预订价从来没有超过百元人民币，巨大的价格优惠和国际一线品牌的诱惑力，瞬间抓住了无数女性消费者的心。

（3）限量：每期限量供应，每人限定1个，先到先得，售罄为止。

"喜从盒来"的限量供应，其实就是饥饿营销。众所周知，饥饿营销是经过小米手机验证的一种成功的营销模式，是指商品提供者有意降低产量，以期达到调控供求关系、制造供不应求的假象、维持商品较高售价和利润率的目的。作为雷军的学生，陈欧自然也深谙此道。

刚开始，聚美优品的所有用户都可参与"喜从盒来"活动，而随着参与用户的急剧增多，聚美优品不得不对用户参与资格设立门槛，即发放活动邀请码。在每次"喜从盒来"活动开始的前一天，聚美优品会发放数量有限的活动邀请码：PC端的用户可扫描"喜从盒来"活动页面右下方的二维码，获得活动邀请码；手机端用户可在聚美优品手机客户端输入手机号，领取活动邀请码。拥有活动邀请码的用户，可以在"喜从盒来"活动正式开始前一个小时提前入场抢购特权，"喜从盒来"活动正式开抢时，虽然没有活动邀请码的用户也可入场疯抢，但这时，大牌礼盒已经所剩无几了。

（4）分享：分享给好友，参与后续晒单，有机会获取免单机会或超值金币。

用户收到盒子后，可以在每期活动规定时间内，通过聚美优品规定的几个途径晒单。聚美优品审查晒单后，会对每个符合条件的晒单用户给予奖励：最初是免单，后来是发送聚美金币一枚。

聚美优品规定的晒单途径主要是两类：

一类是站外途径，即用户在各大社区或论坛（人人、开心、豆瓣、美丽说、蘑菇街等）进行晒单。

一类是站内途径，即用户在聚美优品口碑中心发布标题带"喜从盒来"字样的口碑报告，并在内容中附上用户之前晒单的链接。对于晒单的内容，聚美优品做出了3点要求：

（1）描述真实，介绍详尽。

（2）图片清晰，图片数量不少于4张，多拍细节。

（3）描述突出个人风格。

为了获取免单机会或超值金币，参与活动的用户纷纷通过各种途径晒单，使得聚美优品的知名度迅速扩大。

在业内人士看来，电子商务网站在经历高速发展之后，突破与创新常作为衡量一家企业生命力的重要指标。作为异军突起的化妆品电商领军人物，聚美优品独家推出的"喜从盒来"活动，无论从形式到内容都令人耳目一新，说明其发展的后续潜力无限，动力十足。

体验经济时代，开启免费试用模式

在电商行业同质化竞争日益激烈的今天，以试用模式为主打的消费者体验经济开始大行其道，互联网行业也在其中，而电子商务领域尤擅此道。

所谓体验,就是企业以服务为舞台、以商品为道具,围绕着消费者的需求,创建值得消费者回忆的活动。对于消费者来说,商品、服务是外在的,但体验是内在的,存在于个人行为之中,是个人在形体、情绪、知识上参与的所得。在约瑟夫·派恩的理论中,体验是使每个人以个性化的方式参与消费,在消费过程中产生情绪、体力、心理、智力、精神等方面的满足,并达到预期或更为美好的感觉。有科学数据证明,"比起产品,体验会让人们更快乐"。

随着生活质量的提高,现代人消费的观念不再停留于获得更多的物质产品及产品本身,而是注重对商品象征意义、功能的追求,即人们更加注重通过消费获得个性的满足。企业要想在市场上立于不败之地,必须根据消费者需求的新特点,引导和创造满足个性需求的市场。于是,体验营销应运而生。体验营销,就是企业以满足消费者的体验需求为目标,以服务产品为舞台,以有形产品为载体,生产经营高质量的体验产品的一切活动。随着"体验"变成可以销售的经济商品,"体验消费"旋风开始席卷全球产业。

商业社会正在逐渐走向体验经济时代,拥有敏感商业嗅觉的陈欧自然察觉到了市场的这一变化,因此决定加入体验经济的浪潮。2012年10月,聚美优品在口碑中心开通了一个全新的频道——"Free派",目的在于打造一个国内首屈一指的女性品牌试用平台,不仅满足众多爱美女性的体验需求,同时也体现作为千万用户信赖的女性限时特卖商城的聚美优品一直追求用户体验至上的宗旨。

其实,早在聚美优品创建之初,就有很多用户向聚美优品提出需要试用化妆品等要求,但聚美优品当时觉得自身品牌及平台不够成熟,所以没有给予回应。到了2012年10月,经过两年的飞速成长,聚美优品认为时机到了:从最初的化妆品每日一购到目前产品单位库存达到数万,上千个知名化妆品品牌入驻,今日的聚美优品已经有足够多的产品提供给消费者,而参与试用的用户也足够多,有助于收集到更多真实、专业的反馈,于是聚美优品顺势推出了"Free派"频道。

聚美优品"Free派"频道主要有两个活动,一是"达人尝鲜会",二是"微信Free派"。

1. 达人尝鲜会

达人尝鲜会是仅限聚美优品口碑达人申请的美妆新品免费试用活动。成为口碑达人的用户通过关注小美官方网站、口碑中心或小美微博,可在第一时间获得最新活动消息,在活动页面点击"免费尝鲜",填写资料并提交,即可参加。

而要成为聚美优品口碑达人,必须具备以下的条件:

(1)热爱聚美优品:这是成为聚美优品口碑达人的基本条件。

(2)必须是狂热的美妆分子:保养达人、彩妆天后、晒货狂人、敢当新品试用的小白鼠、经常为闺密无私提供扮靓心得、朋友圈中公认的美妆顾问……只要有一项符合,就是聚美优品要找的达人。

(3)必须热爱分享,乐于建议:独乐乐不如众乐乐,沉默的人是可耻的,因为口碑达人肩负着给聚美的万千女性用户提供专业权威建议的责任。

(4)热衷写口碑报告:口碑达人的最低标准是要在聚美口碑中心发布过不低于20篇的精品口碑报告。

当用户成为聚美优品口碑达人后,将享受以下9项特权:

(1)专属标志:达人独家专属的身份标识,帮你赢得更多跟随的粉丝。

(2)微博宣传:有机会获得聚美优品官方微博的不定期强档宣传、推荐。

(3)达人聚会:聚美优品将定期组织线下的达人聚会,让大家面对面地交流美妆心得。

（4）贴心礼物：达人生日时聚美优品将送出贴心美妆礼品。

（5）TOP3评选：每个月发布口碑报告和精品口碑报告最多的前3名（共计6人）将免费获得丰厚奖品。

（6）美妆发布：有机会参加聚美优品和其他品牌的美妆新品发布会。

（7）专场秒杀：有机会参与每月不低于3场的达人独享秒杀活动（每场1个产品）。

（8）优先试用：有机会获得未上市产品的独家优先试用机会。

（9）晒单活动：不只是口碑达人，所有发布口碑的用户都可以参加晒单活动，每月一到两期，有机会赢取更多好礼。

当然，聚美优品口碑达人在享受聚美优品提供的9项特权的同时，也必须履行以下4项义务：

（1）月精华口碑数：每月发布不低于3篇的高质量精品口碑报告。

（2）口碑报告传递：传播口碑报告到其他女性社区。

（3）带动社区互动氛围：积极回复他人对达人发布的口碑报告的评论。

（4）配合活动参与：积极参与口碑中心组织的站内、站外各类活动，并发布相应的美妆口碑报告，转发微博或论坛帖子。

2. 微信Free派

微信Free派是仅限聚美优品微信用户申请的美妆品免费试用活动。用户通过微信扫描二维码或查找微信号jumeivip，关注聚美优品微信，在对话框中输入"Free派"进行简单答题，便可获得免费试用资格，在用户的微信黑钻卡中同样会显示最新的试用信息。

与达人尝鲜会一样，微信Free派也设置了一些门槛：

（1）黄白金钻专享Free派：只有黄金、白金、钻石等级会员可以参加的试用活动。

（2）普通会员Free派：所发布口碑报告数量达到指定要求，任意等级会员都可参加的试用活动。

（3）手机客户端用户专享：只有在聚美优品手机客户端下过单的用户才能参加的试用活动。

聚美优品的Free派新品免费试用活动，其实是一种免费式营销，这是管理学大师史光起先生创建的一种营销理念与操作方法。免费策略是先免费提供商品，而后通过这件商品的二次消费或提供的服务获利。因为消费者不用付一分钱就可以得到商品，看起来商家似乎亏了本，其实这正是免费模式的优势所在：消费者认为赚到了，兴高采烈，而事实上商家赚得更多。就像阿里巴巴创始人马云说的那样："免费是世界上最昂贵的东西。"

《美卡》杂志：用文化创新用户体验

2010年9月9日，团美网正式更名为"聚美优品"，并启用顶级域名jumei.com，从团购模式顺利转变为B2C模式。聚美优品的寓意，是"聚集美丽，成人之美"。

对于此次转型，陈欧的解释是："聚美优品始于化妆品团购，已经服务了数以万计的用户。而我们的目标不止于此，聚美给用户带来的不只是产品，而是一种向往美丽的生活方式。相信在我们的不懈努力下，聚美优品会成为中国女性的时尚美丽消费圣经，帮助更多女性变得更加美丽自信，提升自我价值。"

电商行业日益激烈的价格战表明，尽管低价仍然是吸引用户关注的第一要素，但是单纯的低价无助于用户忠诚度的提升。靠低价策略吸引而积累起来的用户缺乏忠诚度，价格战虽然能在短期内给网站带来流量，但物流及售后服务不到位，用户体验跟不上，消费者最终还是会选择离开。

对于一家针对消费者需求提供服务的电商公司而言，专注用户体验，才是公司得以长期生存的根本和股价稳定的基础，就像陈欧说的那样："对用户体验的投资和专注，最终都会反映在我们的业绩里，我们也会由此得到资本市场的长期认可。"

对电子商务网站来说，改善并优化用户体验就是为用户提供更好的内容架构和互动平台，并以更专业化的、更让人信赖的方式在正确的时间与用户进行有效沟通。

在优化用户体验方面，聚美优品一直在进行着创新和改进。对于整个销售环节而言，聚美优品依靠口碑中心帮助用户选择产品，依靠品牌授权保障正品低价，依靠聚美优品恒温库房和快速物流保障产品投送，最后用户可以通过聚美优品的微博或者微信等平台来交流和反馈使用心得。

随着社会生活水平的提高，人们日益注重生活品质，在这样一个社会消费观念转型的大趋势下，以文化和体验为导向的顾问式营销必然会逐步取代现有的以产品和价格为导向的推介式营销。电商企业要想在未来有所作为，除了认清用户需求外，还需要在品牌文化传播与引导上下足功夫，并实现用文化贩卖品牌、用文化创新用户体验的新型营销模式。

显然，聚美优品充分认识到了用文化创新用户体验的重要性，并于2011年5月推出了每月一期的电子时尚杂志《美卡》。与聚美优品的化妆品品牌旗舰战略一样，《美卡》杂志也采取了明星合作的方式：每期均推出一位明星作为封面人物，让这位明星分享自己的生活态度、美容经验等。

《美卡》杂志的内容主要是美妆产品推荐和护肤建议。其内容形成过程是：特别聘请的专业人员精心挑选出聚美优品网站上的当季热卖单品，经过严格测试和认真比对，针对不同人群的肤质特点，给出客观公正的美妆购买建议和专业详尽的护肤指导。杂志还会刊登用户的美妆体验，每期都有最真实的产品使用心得分享。

聚美优品的用户通过阅读《美卡》杂志，就能了解到很多美妆品牌的背景故事、产品测评、试用报告等信息，获取彩妆课堂、流行趋势、时尚搭配的知识，并能参与会员互动的活动，而杂志精选的内容、最新的潮流资讯，以及真实详尽的美妆产品试用报告，都引发了用户的大肆追捧。

其实，早在聚美优品网站上线之初，陈欧他们就发现许多产品自带的使用说明书并不能满足用户的需求。用户希望了解更多与美妆产品相关的信息和更翔实的产品使用技巧，而这些恰恰是聚美优品合作品牌及供应商所不能提供的服务。为了更好地满足用户的需求，聚美优品最终推出了面向爱美人士的《美卡》杂志。

《美卡》杂志作为产品体验和用户感受的精选集，不单单是品牌和产品传播的媒介，更是引领用户消费习惯、提供专业美妆指导的服务指南。从这个意义上来说，聚美优品向用户贩卖的不只是产品，还是美丽的解决方案。

第二章 高标准服务就是最好的信任营销

引导女性消费，包装是无声的推销员

在网络购物兴起前，人们接触到的包装主要是产品包装。企业在进行产品包装设计时，通常从保护性功能、便利性功能和销售性功能3个方面进行考虑。

在这3个功能中，销售性功能可谓是考虑的重中之重。企业普遍认为"包装是无声的推销员"，坚信"广告负责把顾客吸引到商店里，包装负责把顾客兜里的钱掏出来"，因此对包装设计中的图形、色彩、文字及各元素的构成形式特别重视。其中，包装表面的装饰设计更是成了设计的中心，个性化设计、情感化设计、系列化设计、展示设计、吸引眼球设计等，就成为设计师的追求和诉求目标，总希望自己的设计能在众多商品中"跳"出来，吸引顾客眼球，促成购买行为。

在网络购物兴起后，人们开始接触到另一种包装——快递包装。电子商务的迅猛发展带来了快递行业的快速发展，越来越多的包裹邮件需要通过快递物流从商家转送到消费者手中。而快递物流不同于传统物流：传统物流通常是大宗、单一物品的集合运输，然而快递物流更多的是小件物品的混合运输。目前，快递物流的操作方式还处于人工转运转送的初级阶段，且周转的环节一般不少于5次搬运，故在操作运行过程中，不同程度的破损时有发生，导致客户直接拒收或退货，还有可能引起经济方面的纠纷。这其中就有包装工作不到位的问题，足以说明包装在电商物流中有着举足轻重的作用。

因此，与产品包装更注重销售性功能不同，快递包装更重视保护性功能。这带来了新的问题：快递包装的销售性功能相对来说被忽视了。众多的网购网站、快递公司的包裹包装大多千篇一律，基本没什么变化，自然也不可能起到很好的宣传作用。

对于擅长品牌营销的聚美优品来说，忽视快递包装的销售性功能，是相当愚蠢的行为。因为对于电商而言，用户体验往往起着至关重要的作用。如果说以前用户追求的是产品质量的出色和产品价格的低廉，那么未来用户还将注重服务与细节。懂得关怀用户，懂得传递品牌文化的企业会更有发展前景，而快递包装就是把这一切传递给用户的绝佳媒介。

为了让快递包装发挥"无声的推销员"的功效，聚美优品专门定制了一种粉色的快递包装。之所以选择粉色，是因为聚美优品的主要消费人群是女性，而女性天生喜爱粉色。

2007年，《最新生物学》杂志曾报道：人们对不同颜色的偏爱很大程度上取决于性别，女性喜欢粉色，而男性喜欢蓝色。这是英国纽卡斯尔大学的神经系统科学家赫伯特博士对208名20～26岁的年轻人进行颜色偏好调查后得出的结论。

在赫伯特博士的调查中，参与者通过快速地移动鼠标，在电脑显示器中选择喜爱的颜色，包括色调、饱和度和亮度等。结果发现女性对颜色区域的偏好非常明显：女性最不感兴趣的是黄色和绿色区域，最感兴趣的是微紫色和微红色区域。而把女性喜欢的这两种区域的颜色混合就会得到淡紫色或粉红色。每个被调查者都会进行3次不同的测试，两周以后再进行一次重复测试。调查结果显示，男人和女人都喜欢蓝色，但是女性更喜欢红、蓝搭配，或者是红、紫搭配的色彩，最后合成的颜色就是淡紫色或粉红色，男性更倾向于蓝、绿搭配的色彩。而且，将针对中国人和英国白种人的调查结果进行比较后，发现这两种人有着相同的颜色爱好，由此可见不同人种对颜色的喜爱不受地域和文化的影响。

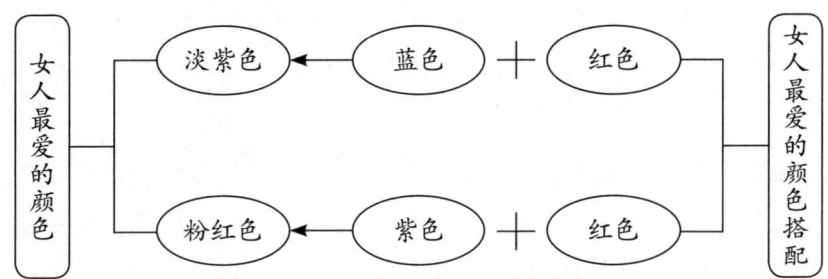

聚美优品的粉色包装盒不只赢得了用户的喜爱，还从众多的快递包装盒中脱颖而出，极大地提高了人们对聚美优品的关注度。就像陈欧说的："在公司前台或者学校门口，看到成堆的粉色箱子，这本身就是一种口碑。"

当然，聚美优品也没有忽视快递包装的保护性功能：

（1）选用了更为厚实的5层纸箱，体重70千克的男性站在上面也不会导致纸箱变形。

（2）将每一样化妆品都用防挤压、防摩擦的气泡塑料膜包裹得严严实实。

（3）在包装内放入气泡袋，使包装内没有空隙，确保商品不会在运输过程中被摔碎。

（4）用聚美优品专用封包袋封好包装盒。

只有这样严密的快递包装，才能确保用户拿到货物时包装仍然完好，避免出现洒、漏、压扁等现象，从而减少包装破损导致的售后问题。

"首席执行客户"时代，用口碑进行消费导购

进入21世纪，社交媒体迅速兴起，让用户评论和产品口碑变得更加透明，更加具有影响力。而随着微信、微博等社交新媒体的盛行，网络世界信息飞速传播，可以令品牌一夜间声名大噪，或一夕间身败名裂。

在电子商务环境下，信息传播速度越快，口碑营销就显得越发重要。企业可以不打广告，但是一定要有口碑；可以利润低，但一定要有影响力。据有关机构统计，80%的消费者对口碑的信任度远超过其他的信息来源。

可见，如今的消费者已不再"任人摆布"，他们通过社交媒体等渠道来表达和分享个人需求，能够更好地掌控自己的消费行为。他们已成为企业产品设计、研发、销售、服务，甚至企业战略的"决策者"。这一切都迫使企业改变与客户互动的方式：由"以客户为中心"转向"客户主导型企业"。而当IBM在《2013年IBM全球首席高管调研报告》中第一次提出"首席执行客户（Chief Executive Customer，简称CEC）"概念时，也就正式拉开了"首席执行客户"时代的序幕。

对于电子商务行业而言，消费者的信任一直是软肋。只有良好口碑才能够赢得回头客，形成品牌忠诚度。产品的品牌是有形的，而信誉品牌却是无形的，是"众人的口碑"，是社会的普遍认可。所以，每位消费者都有可能在潜移默化中成为品牌产品的销售员，成为"首席执行客户"。因此可以说，对电商企业来说，谁能在品牌口碑上更有所作为，谁就能在"首席执行客户"时代赢得更多的市场先机。

作为国内最大的美妆电商，聚美优品在营销过程中十分注重口

碑营销对于企业品牌塑造所起到的作用，为此在2011年4月特别推出了"口碑中心"频道，消费者可以通过这个平台分享产品使用经验与心得。每一篇口碑报告，都将成为消费者购买美妆产品的重要参考。"口碑中心"一上线，就激起了消费者极大的口碑推荐积极性，当月口碑报告就达到了10000篇。

其实，早在2011年参加第三届效果整合营销高峰论坛时，陈欧就已经认识到了口碑对电商发展的重要性。他在谈及电商投资回报率时表示，投资回报率是公司综合能力和运营维护价值的体现。聚美优品在保证产品优质的同时，通过品牌让消费者认可并消费，通过好的服务形成好的口碑，通过好的口碑再形成好的销量。

然而，尽管大多数电商都把"用户至上，服务第一"挂在嘴上，做起来却不都是那么一回事。而聚美优品不仅说得好听，更用实际行动表明了他们的态度。聚美优品从一开始就做口碑中心、线上口碑维护、用户之间口碑传播，为其后续发展提供了极大的助力。

聚美优品的成本核算之所以能在电商中做到最便宜，就是因为其大多数用户都是直销和搜索过来的。就像陈欧所说："我们可能在推广上并没有花很多钱，但是仍有很多用户从朋友那里听说聚美。""只要你的服务超越消费者的期待，你的口碑就会被传播；但如果你的服务达不到消费者的期待，就会有恶性传播。女性常做的事就是传播，你（的产品）有新意，你（的产品）便宜，你的东西好，她都会传播。"

确实，真正的服务是做出来，而不是说出来的。聚美优品真正热卖的产品都是靠口碑传播，而不是靠营销得来的。而且，正是因为有了口碑中心这一社区化平台，聚美优品才能够更好地整合用户需求和供应商资源，从而更贴心地服务聚美优品的老用户和新会员，让老用户和新会员都主动地以自己的亲身经历、愉悦体验去宣传聚美优品，并吸引他们的亲朋好友前来购买。

如果消费者是"铁",那么企业的口碑就是"磁石"。对聚美优品而言,吸引消费者关注的方法有很多,比如真品防伪码(支持品牌官网验证)、30天无理由退货(除部分特殊商品外,只要你不满意,即可无条件退货)、美妆满两件或满299元包邮、闪电发货等,但这些只是消费者选择购买的理由,并不能促使他们真正成为聚美优品的口碑中心。

为了引爆用户口口相传的传播效应,聚美口碑中心还通过精心推出《聚美鉴定》(为热衷网购的美妆达人提供权威讲解,凭借庞大产品库网罗国内外各大品牌热卖单品、正品专柜高清实拍、包装质地全细节展现)和《达人秀场》(会员消费现身说法)两档热门口碑栏目,以及"喜从盒来"等有奖试用活动来调动用户将自己的使用心得、品牌体验以"口碑报告"的方式分享出来的积极性,进而借助他们的消费经历影响其他持观望态度的用户及老用户身边的潜在客户。

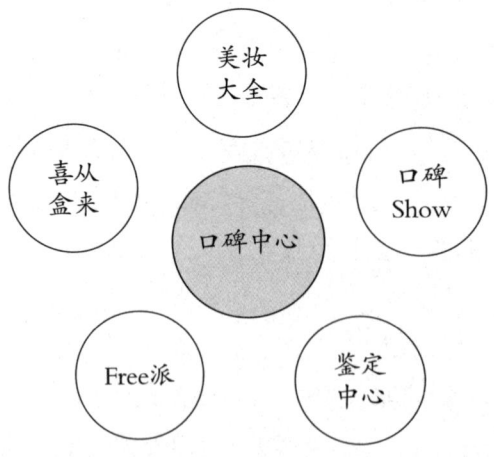

此外,聚美优品在"用口碑进行消费导购"上可谓不遗余力,不仅在口碑中心首页醒目的位置设有"美妆大全""口碑Show""鉴

定中心""Free派""喜从盒来""我的闺房"等人性化板块，而且在焦点位置还推出了"小美推荐（今日精选美妆报告）""缤纷活动（品牌商的促销活动）""晒单排行榜（口碑贡献榜、口碑精华榜、精华点评榜）"几大热点导购板块。正是这种自主式的消费证言和口碑，让聚美优品最终培育出了自己独特的"磁性"，让消费者主动慕名而来。

陈欧所想的一点儿也没错："电商企业只有深入了解用户的消费心理，换位思考，尽善尽美地做好产品口碑和品牌服务，这样才能吸引用户、留住用户并实现用户转化。我们也有了更多的理由去相信，口碑体验或许会成为聚美优品再次领跑B2C行业的最大助力！"聚美优品高度重视用户体验，不断增强用户间的分享交流，满足用户的需求，竭力为消费者创造一个放心、优质的消费氛围，这就是聚美优品拥有良好口碑的来源。

拆封30天无条件退货，打造顶级信任体验

在网上购物日益盛行的今天，退换货服务质量的优劣逐渐成了电商服务的重中之重。有调查数据显示，如果对某B2C商家的退换货服务不满意，30%的消费者表示不会在该家网站再购买，63%的消费者则表示会减少在该网站的购买频率。

在陈欧看来，一些电商企业服务不到位的原因主要有两点，一是实力有限，加上盲目的价格战，使其承受不起售后服务的超高成本；二是只想到B2C市场捞一把就走，不想久留。但对于聚美优品而言，服务不但不是瓶颈，而且还是开拓市场及信任营销的利器。所以聚美不仅建立了优秀的客服团队和完善的售后服务体系，并且把良好的售后服务落到实处，真正让用户们受益。

众所周知，化妆品行业的特点是毛利高、货源杂、高仿假货多。因此，早在公司转型做化妆品团购时，陈欧心里就十分清楚：要想让公司获得更好的发展，一定要给消费者100%的正品保证。在他看来，要给予消费者足够的信心，不仅要求聚美优品组织起专业的团队做好验货工作，更要大胆地向用户承诺30天无条件退货。因此，在2010年4月，聚美优品率先推出30天无条件退货、全程保障、100%正品的政策，树立了行业标杆。

2011年6月，聚美优品更是挑战自我，推出化妆品业界最高的售后政策——拆封30天无条件退货，即开封后可以退、使用后可以退、过敏后可以退、无理由退货的超高标准退货承诺，而且聚美优品还承诺"承担退货运费"，并贴心附加搜索功能、口碑中心、电子杂志、微博投诉等机制。总之，只要消费者有疑虑，即使已经拆封试用的化妆品也可以由基层客服直接为消费者办理退货，意在打造用户的顶级信任体验。这个疯狂的想法是陈欧提出来的，而且陈欧还把批准退货的权力直接交给基层客服。

聚美优品的退货规则和其他"30天退货"规则的区别

聚美"30天拆封无条件退货"规则	其他"30天退货"规则
√开封后可以退	×开封后不可以退
√使用后可以退	×使用后不可以退
√过敏后可以退	×过敏后不可以退
√无理由退货	×需出示质量检测报告才可以退
√聚美优品承担退货运费	×往往需要消费者承担退货运费

"估计没有一家电商企业能做到这个地步——化妆品类拆封以后就报废了，我们做出一个别人看起来很疯狂的政策。"陈欧心里也很清楚这么做存在很大风险，但他觉得更重要的是："这在中国整

个化妆品电子商务领域从来没有过,我们就想打破这个传统,因为在美国,即使消费者用完产品之后依然可以退货,只要不满意就可以退货。"

听到陈欧这个疯狂的想法时,戴雨森的第一反应是"这很酷",接着,他就开始担心这项政策在实际操作过程中可能会存在很大的风险。然而,为了在用户体验方面赢得口碑,这一政策还是在聚美优品推行起来,而事实证明,"它对用户体验提升的帮助确实很大"。

出乎意料的是,这个政策并没有给聚美优品带来他们预想的那种巨大风险,聚美优品的退货率一直保持在1%左右。事实证明陈欧的预测是对的,那种把化妆品买了倒出来,然后把盒子退回来的用户,毕竟是极少数。"可能有人会这样做,但是从比例上我们觉得,大部分的消费者是善良的,是真来买东西的。而且我们对自己的货品质量保证有信心。"可见,在陈欧眼里,这些个别不正常的退货不过是提供优质服务所必须付出的成本。

戴雨森也为这个结果感到欣喜:"我们第一个做了30天拆封无条件退货。比如,你在聚美买了一盒面膜,10片你用了8片,觉得不好,拿两张退给我们,我们退全款。虽然运营成本会增加,但长远来看,得到的口碑传播收益远远大于成本的投入。"

不得不说,陈欧确实花了大量精力在了解用户需求上:了解他们的习惯,知道他们关注什么、需要什么,花大力气提高用户满意度。陈欧清楚地知道,尽管化妆品销售的常规是假一赔三,但是真的有假货的时候,商家就会推脱责任:"请你验货以后我们再赔偿。"但对于消费者来说,这个验货不现实,去质监总局验货的费用不菲,而且耗费的时间成本也很高。在陈欧看来,"消费者需要的只是退货,需要销售商退还他的钱。他不会给你闹事的,他只是对有些货不信任,不信任很正常"。

《中国首次化妆品消费认知调查报告》显示，32%的受访者曾遇到化妆品不良反应；而超过一半的消费者，在遇到化妆品不良反应后，选择"自认倒霉"；22%和18%的消费者，分别选择"找商家理论"和"找消协投诉"，只有不到5%的消费者认为出现化妆品不良反应事件，应向食药监管部门投诉。

究其原因，在于化妆品品类的特殊性。市场上销售的化妆品确实存在真货假货混杂的问题，消费者原本就对化妆品质量存有疑问，因此只要货品和他想象的不一样，比如气味或颜色和他想象的不一样，就产生怀疑。"在你的公司做大，形成品牌之前，它肯定有一个信任度的问题的。"陈欧说。在了解消费者的心理后，陈欧做出了一个大胆的决定："消费者所有的风险，我们来扛着，不给消费者任何风险让他们去扛。这样时间长了，公道自在人心。真正买过你的产品的消费者多了，他说你好，传播开之后，所有的负面消息、所有的质疑都会迎刃而解。"陈欧一直相信，"只要对消费者认真，消费者就会选择你……当你允许用户'无条件'或'无理由'退货的时候，往往会发现我们的用户变得更加讲道理了"。

对于那些拆封后被退回的商品，聚美优品设置了严格周全的退单管理制度：

（1）建立专门的退货收货处理组，所有退货商品都会经过人工仔细检查，独立分离处理，严格管理，绝不允许退货商品混入正常商品中二次出售。

（2）如果退货商品已经被用户开封或使用，聚美优品会视开封使用程度，销毁商品或针对内部员工降价销售。

（3）如果退货商品被认为存在质量问题，经聚美优品查验核实后，会回收该批次所有商品并向供应商退货。

第三章　电商火拼，物流服务是关键

启动分仓计划，仓储物流全线提速

2012年，互联网的普及使得我国网络购物用户规模迅速扩大，电商企业的发展因此突飞猛进，但同时也有新的问题日益凸显出来——物流业的发展水平已经远不能满足电子商务的需要，成了整个电子商务生态链上饱受诟病的"短板"。

一项调查显示，电商企业收到的投诉有80%来自物流配送环节，很多时候商品退换都是由于送货员不负责任或不当服务造成的。这主要是因为当时的第三方物流整体服务水平不高，管理落后，遇到重大节日或各电商举办大型促销活动时，其送货速度、退换货效率和服务态度就难以获得强有力的保证，而这些将对消费者的购物体验带来直接的影响。要保证并提升用户体验，电商就必须在建立分仓或在自建物流上有所突破，这正是越来越多有雄厚经济实力的电商企业主动加入到自建物流大潮中的一个重要原因。

2012年的艾瑞咨询数据显示，从2011年起用户选择网购的首要因素中，价格的占比相较前一年已有所下降，而物流等服务的影响增长了6.4%，达25.7%。可见，物流配送既是B2C企业与用户之间的桥梁，也是电商营销的终端，将直接影响用户对于B2C企业的体验。也就是说，物流已经紧随价格成为各大电商巨头火拼的重要筹码，物流服务会成为各大平台的终极战场。

于是，电商的物流战火在2012年全线点燃。

2012年5月28日，阿里巴巴集团旗下B2C平台天猫宣布与国内9家快递公司EMS（全球邮政特快专递）、顺丰、申通、圆通、中通、韵达、宅急送、百世汇通、海航天天达成战略合作，将逐步实现物流数据分享，天猫承诺在当年年底之前为9家快递企业实现50亿元以上的业务总量。与此同时，京东商城、凡客诚品也向国家邮政总局递交了全国性"快递业务经营许可"申请，并获得了经营牌照，这意味着电商正式涉足快递业务。

聚美优品市场部负责人表示："价格、物流、服务是目前驱动电商行业快速发展的三驾马车，如果说价格曾是推动电商行业发展的第一引擎的话，那么物流和服务则是厚积薄发的长久动力。

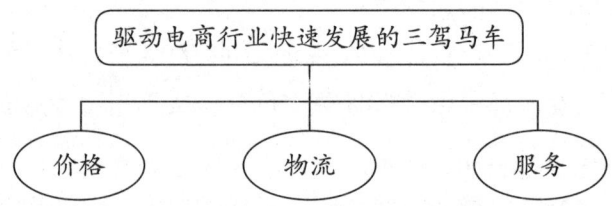

"电商体验最好的服务其实是在物流配送环节，另外，随着促销活动的常态化及销售额的一再飙升，这必然会对我们的仓储和物流系统提出全新的要求，而要更好地优化供应链、提升物流配送效率，在全国范围内建立分仓势在必行。"

身为美妆电商领导者的聚美优品深知物流的重要性，尤其是美妆行业对物流有更严格的要求，因为大多数化妆品不能走空运，导致货物从北京仓发往上海、广州地区的用时较长，这严重影响了聚美优品用户的收货体验。出于改善用户体验的目的，聚美优品积极地加入了这场物流火拼。在2012年4月启动分仓计划后，聚美优品在上海、广州、成都等重点城市建立分仓，加快全国市场扩张，在仓储物流方面开始全线提速，以便为用户提供更加快速、更加便捷的物流配送体验。

聚美优品十分重视仓储系统建设，在基础设施的细节上追求精益求精，如采用高强耐磨环氧地坪避免灰尘污染，恒温恒湿保持美妆活性；在仓储管理上苛刻要求，入库、上架、盘点层层把关，在库货品摆放严格统一标准，仓内所有区域严格遵守5S标准（取整理、整顿、清扫、清洁、素养的日语发音首字母而得），保证仓内整洁高效。高标准的设施和制度带来的是业内领先的物流效率——99.993%的一次配货准确率，平均6小时发货覆盖全国，遥遥领先行业平均水准。

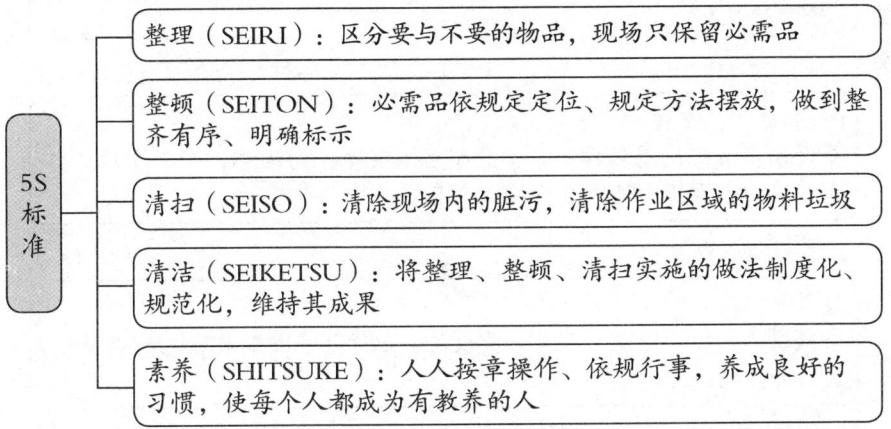

位于上海、广州、成都的几个分仓投入运营后，每天有超过1000名员工两班作业，在这些重点城市，聚美优品基本能做到白天的订单付款成功后6小时内发出货物，部分用户从线上下单到接到货物的时间甚至不超过12个小时。

在升级了ERP（Enterprise Resource Planning，企业资源计划）系统后，聚美优品还做出"平均6小时发货；最短1.5小时，隔夜12小时发货"的闪电发货承诺。

聚美优品是如何做到这一承诺的呢？聚美优品在自己的网站上给出了一份2小时闪电发货的流程单（从用户付款成功的那一刻开始计时，到快递提货结束）：

2小时闪电发货流程单

00:00 用户付款
采用电商界领先的企业资源计划和仓储管理系统,订单付款后库房即刻开始处理

0:20 打单
使用顶级高速打印机,打单速度高达7.2万单每小时,精确度达到99.9999%

0:30 拣货、配货
全面采用条形码周转作业,全仓配备数百个手持终端,确保仓库工作人员在数万货品中迅速准确拣取商品

1:00 验货
条码校验、称重检查、人工三重校验,配货包装准确率高达99.993%,大幅领先行业平均水平

1:30 出库
按笼车进行高频提货,直对快递公司,发货升降月台保证包裹不落地,第一时间出库

2:00 快递取货
主流快递驻守,每天24小时快递公司不间断提货。白天订单付款成功后,最短1.5小时发货;所有订单不超过6小时

  聚美优品凭借自建物流和分仓的优势,进一步拉大与细分市场对手间的差距,从而实现品牌的全国扩张及重点市场精耕细作的营销布局。

升级仓储物流体系，让货物和订单流动起来

现代化物流企业的商业模式建立在总体物流成本的基础之上，这就要求现代物流企业在整合流程以及控制静态库存方面做得非常出色。于是，仓库管理就成了非常重要的执行环节。精确地了解库存商品信息对于企业来说至关重要，因为这是实现合理库存甚至零库存的重要保障。

作为一家仅仅成立4年就能在美国纽交所上市的年轻企业，聚美优品创造了电商界的诸多奇迹，其较高运营效率和服务用户的能力也获得了业内一致认可。这其中，物流仓储成功运营的作用不可不提。

为了从源头上确保产品质量，聚美优品的美妆产品全部来源于品牌合作、专柜购买和聚美海外购，而且所有的化妆品都必须经历入库检查，这就给运营中心带来了很大的考验。为了给消费者提供最好的购物体验，入库的产品除了由合作品牌商直接贴上防伪码之外，还需要经过聚美优品的抽样色谱实验的检验，但这些并没有影响聚美优品在发货速度上的不断提升。

聚美优品是如何保证自身发货速度不断提升的呢？答案就是整体升级仓储物流体系，让货物和订单流动起来。

在聚美优品遭遇"301"爆仓危机后，陈欧请来了原本在亚马逊负责物流工作的副总裁周涛，任命他为聚美优品物流副总裁，而周涛一上任就开始对聚美优品原有的物流系统进行大刀阔斧的改造。

周涛发现聚美优品在仓储物流上最大的瓶颈在于拣货环节。为什么会出现这方面的问题呢？因为聚美优品的商品库存数据不准。找到了瓶颈，下一步自然就是想办法去解决。

周涛想到的好办法就是让流程变得标准化，但周涛并没有直接对

聚美优品原来的仓库进行大的调整，而是选择在原来的仓库旁边新建一个仓库。以北京的库房为例，当时在1.7万平方米的库房旁边刚好还有一块同样大小的空地，聚美优品便把它租下来作为另一个库房，在新库房里，根据周涛的思路，重新打造一个全新的流程。

两个库房最主要的区别就在于拣货方式。聚美优品原来那种拣货方式，更多依赖于员工：一名员工拿着一张很长的拣货单，上面只有产品名称、货运号，员工拉着的车上有一个个的小格子，每一个小格子对应一位客户的订单；员工拉着车在库房里转，最终把几十个订单的货品拣齐。如果员工对货品存储位置很熟悉，自然能很快将订单上的货物取出来，但对于新员工而言，因为他对货物存储位置不熟悉，工作效率就会大打折扣。

可见，聚美优品原来的拣货方式只适用于熟练的员工操作，而熟练员工培养起来非常困难。当聚美优品301大促时，订单的需求一下子扩大了好几倍，而聚美优品仓库中的熟练员工却没有增加，自然会出现大量拣货不及时的问题，这其实也是传统物流业的通病。

而在新库房，周涛将聚美优品原来那种摘果式的拣货方式改成了批量操作的方式，大量使用电子设备，建立了一套标准拣货流程，临时工也能自如地操作。

新库房一投入使用，新旧库房的差距就显现了出来：新库房每天最大的产能是旧库房产能的两倍多。很快，聚美优品的各个库房——北京仓、上海仓、广州仓、成都仓相继进行了改造，开始适用标准化的操作流程，聚美优品仓库总产能一下子增加了3倍。

在周涛的组织下，聚美优品物流部门和产品研发部门仅仅用了20天时间，就将其自主研发并可以不断完善的仓储管理系统推广到整个聚美优品，并将精细化管理理念植入系统当中，库存数据准确率也由原来的50%，提升至99.5%以上。

完成聚美优品全部库房的改造任务,周涛只花了不到一个月的时间——从2013年7月5日正式加入聚美优品开始算起,到8月1日他完成聚美优品所有库房的改造任务,一共才28天。

周涛是如何快速完成聚美优品库房改造任务的呢?方法很简单,就是运用"人机料法环"管理法。"人机料法环"是对企业全面质量管理理论中的5个影响产品质量的主要因素的简称。人,指制造产品的人员;机,制造产品所用的设备;料,指制造产品所使用的原材料;法,指制造产品所使用的方法;环,指产品制造过程中所处的环境。尽管聚美优品并不制造产品,但"人机料法环"管理法同样适用。

"人机料法环"管理法

人	改变职责不清、管理无序、缺乏培训的情况,做到各司其职、目标明确、异常跟踪及时
机	改变盲目投入、闲置浪费的情况,做到按需配置、时时保养维护
料	改变现场堆积大量多余耗材、无度使用的情况,做到增加频次、按需供应、可视化看板控制。高频次货物存储方式是优化仓储面积的最好方式,因为要尽量让货物和订单流动起来,尽量压缩员工操作区域,减少人员的行走(行走会带来90%的浪费)
法	改变过度崇拜、无视存在的情况,做到结合企业和客户需求、按照合理流程规划设计并不断改善
环	改变"猪圈式"的管理方式,做到5S精细化管理,即整理(SEIRI)、整顿(SEITON)、清扫(SEISO)、清洁(SEIKETSU)、素养(SHITSUKE),逐步改善库房操作环境

2013年8月,聚美优品的整个仓储物流体系开始升级,根据聚美优品业务发展需要,全国运营中心面积由4.68万平方米扩展到9万平方米。全国各运营中心规模扩大后,整个部门拥有1400余人,占聚美优品全部员工的半数以上,处理能力扩大到每天订单出库量50万单,对大规模促销应对自如。

对于未来，聚美优品的目标是：将自身的仓储物流系统建设成为全亚洲最高效的运营中心。聚美优品目前有6个运营中心：昆山、天津、广州、成都、沈阳和郑州。昆山运营中心覆盖华东、华中地区，天津运营中心覆盖华北及西北地区，广州运营中心覆盖华南地区，成都运营中心覆盖西部和西南地区，沈阳运营中心覆盖东北地区，郑州运营中心设立在保税区内，针对全国的顾客提供海淘产品服务。这6个运营中心已基本辐射全国，如果未来整体销售进一步增长，不排除还会在一些交通枢纽城市建设运营中心。

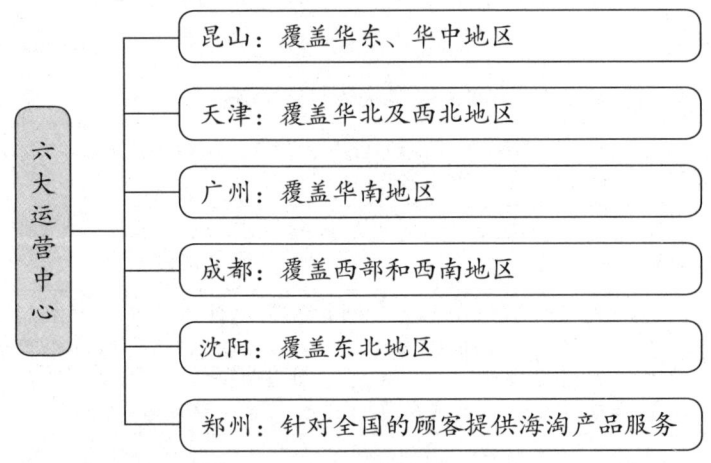

未来肯定是大系统、大物流、大数据的时代，电商将面临高投入、高产出。其中，高产出基于所谓集约化、自动化设备的引入，因为聚美优品对自动化设备非常了解，包括最先进的自动传送的流水线、可视化的信息看板、完全的电子信息看板，具体适用中并不存在瓶颈，所以聚美优品在未来需要面对的最大问题将是"高投入"，即成本问题——它的成本是不是能够满足聚美优品发货量的需求。

开创"合作自建物流"的新模式,实现轻资产化

随着竞争的日趋剧烈,越来越多的电商格外关注物流配送,并把物流配送服务作为提升用户体验的重要发力点,以赢得持续健康发展的先机。

而在十二届全国人大二次会议上,李克强总理的《政府工作报告》中也提出要鼓励电子商务创新发展,降低流通成本,促进物流配送、快递业和网络购物发展。电子商务不仅是一种业态,也是未来社会、经济发展的一个方向,对社会有利,全社会都应予以鼓励、支持。

在政府政策大力扶持物流产业的背景下,为了给用户提供更好的用户体验,各大电商纷纷开始自建物流配送。聚美优品却独辟蹊径,提出了"合作自建物流配送"的新模式,即聚美优品提供稳定的单量,合作方以自建配送的标准,使用聚美优品自主研发的配送系统、工服、三轮车、POS机,与聚美优品共享干支线运输、站点店面、快递人员等一揽子的物流相关资源。

电商物流配送三大模式优劣对比

电商物流配送模式	优点	缺点
第三方物流配送	推进速度快	无法控制服务,回款周期长,有费率成本
自建物流配送	服务可控,回款速度快	需要花费大量的人力、物力和财力,推进速度慢
合作自建物流配送	无须采购重型资产,可降低企业成本,服务可控,回款速度快	

在电商行业的物流配送环节中,存在第三方物流配送和自建物流配送两种模式。前者是指电商公司通过第三方快递公司(如"四通一

达")进行订单配送，但存在员工素质良莠不齐、低效率、高收费、快递公司运力不足等问题；后者是电商在自建配送覆盖的区域内，用本公司自有员工进行订单配送，但这种模式需要花费大量的人力、物力和财力，多数电商公司难以承担。

因此，聚美优品认为，比起自建整个物流系统，自建配送体系不仅会节省大部分的人力、物力、财力，还可以把精力更多地用在优化主营产品结构上，为消费者提供更好的购物体验。

有了"合作自建配送"的念头后，聚美优品从2014年2月开始计划与中国邮政总局建立战略合作伙伴关系。聚美优品根据互联网公司的管理模式，共享中国邮政的站点、快递员、快递车等物流资源，构建消费者物流追踪的平台，全程跟踪货品运输进度。在整个配送过程中，聚美优品的用户会享受到中国邮政提供的专属聚美优品的配送员、配送车提供的贴心服务，获得更出色的用户体验。

在聚美优品分管物流的副总裁周涛看来，"聚美优品选择与中国邮政深度合作是一个共同成长、互惠互利的过程。以后只要是中国邮政能到的地方，就会有聚美优品的身影。对于中国邮政来说，在合作中学习聚美优品的配送和服务等方面的先进理念，可以促进其转型与发展"。

聚美优品与中国邮政总局合作的自建配送模式最初在北京、上海、广州等一线城市试点运行，进而在全国范围内铺开，包括三线城市以下的七级区域划分。

为了进一步整合第三方冗余物流资源来完善聚美优品自身的物流，2014年10月28日，聚美优品又和北京日报集团发行公司签署战略协议，双方将在物流、配送、电商、大数据分析等领域展开合作。聚美优品将借助北京日报集团在北京地区的网点、设备等物流配送，实现轻资产化的自建配送。

聚美优品合作自建配送的四大好处

（1）合作共建配送的方式，采用合作公司现成的物流设施与人员，无须采购重型资产，可降低企业成本
（2）通过对配送人员进行培训，极大地提高了用户的网购体验和聚美优品的品牌溢价
（3）配送人员使用聚美优品的配送系统与POS机，有利于聚美优品更好地对配送全流程各节点进行监控，做到信息流与实物流操作一致，规范操作的同时更好地保证资金安全
（4）共建配送的方式，是以自建物流的标准进行"最后一公里"的配送，极大地提高了用户的购物体验，从而反哺网站提高订单量

而对于选择与聚美优品合作自建配送的北京日报集团来说，与聚美优品的合作，能够给北京日报集团带来稳定的订单量，帮助北京日报集团释放一部分的运营压力，同时减轻由于报纸订单量逐年递减，给报业运营配送团队造成的成本压力。

聚美优品与北京日报集团的这次物流合作战略，以北京地区作为自建配送的首个试点，随后在上海、天津、西安、成都等城市正式施行。此外，聚美优品还表示，除了合作自建模式，未来不排除开放聚美配送系统的可能，并希望与更多的传统企业展开合作，在物流上实现真正的轻资产化运营。

Part 3

大玩娱乐营销,带动电商营销的全新突破

聚美优品是一家在行业里低调,但在消费者面前高调的公司。女性经济已然成为电子商务未来的营销热点,但对于聚美优品而言,想要更好地俘获女性用户的心,就得在娱乐营销上更有作为,并让自己的产品和服务贴合女性真正的需求,这样才能够在营销方面赢得独特的优势。

第一章　无娱乐，不营销

娱乐节目＝免费的曝光机会

2011年年初，聚美优品正是青黄不接的时候，第一批天使投资已经花得差不多，红杉资本的新一轮融资还没有到位，而电子商务网站的成本主要在于购买流量，也就是投放广告以吸引顾客。

徐小平提议陈欧试一试CEO自我营销这种省钱的办法，原因是陈欧年轻、帅气，又有中国最年轻的斯坦福MBA以及海外创业的履历，符合当代青年偶像的定义。尽管陈欧在斯坦福商学院念书时也有营销课程，但他更感兴趣的是融资、企业管理，因为他从没觉得自己会去做营销，也不太愿意将自己过多地置于镁光灯下。

董事会内部第一次讨论这一提案时，大家都认为公司的CEO应该在大众面前保持低调，以便塑造一个踏实做事的形象。当天在场的徐小平也被说服了。

回到家后，徐小平左思右想，觉得不对。他曾经在新东方管理过对外宣传，聚美优品如今的争论跟新东方当年很像。新东方刚开始火起来时，谁都盯着。《时代周刊》采访俞敏洪，公司内部说要低调；《中国青年报》来采访，内部也说要低调。可后来他们发现中国互联网第一代创业者之一——张朝阳通过打造个人品牌，以极低的代价成功地提高了搜狐的知名度，这才醒悟过来，发现自我营销对企业的发展大有好处。

想到张朝阳的成功案例后，徐小平想通了问题的关键：产品与服务是公司的核心，但除此之外公司也要懂得通过营销把自己宣传出去，而管理者亲自上阵可以收到出其不意的效果。想到这些，徐小平当即拨通了陈欧的电话，鼓励他上电视，鼓励他以张朝阳为榜样去做CEO营销，"因为在创业界长得帅的不多，这么好的东西不把它卖出去，可惜了"。

对于这段经历，陈欧自己也曾在采访中有所提及："2010年做过一些采访，但是没有正式说一定要我豁出去。后来董事会进行了讨论，虽然徐小平老师希望我站出来，但也有其他投资人希望我花更多的精力在业务上。不过，徐老师说一定要发挥优势，最终我就站出来了。""现在回头看，这是聚美过去成功很关键的一步。如果没有这样强力的导师来推动，我会选择更加常规的打法，那可能聚美的成长就会是另一个故事。"

决定做CEO自我营销后，陈欧就开始研究营销策略，最终选择了娱乐营销这种方式。之所以选择娱乐营销，陈欧的解释是"省钱"。在陈欧看来，上娱乐节目将带来免费的曝光机会。

很快，陈欧就开始在天津台热播的求职节目《非你莫属》中出现。果然，第一期节目播出后，聚美优品的关注度便迅速得到了极大的提升。

2011年3月27日播出的那一期《非你莫属》，是陈欧第一次参加电视节目，节目中，一位天津口音的幽默风趣的年轻求职者张梁胜让人印象深刻，陈欧也通过努力招揽张梁胜来展现自己，因为他深知展现自己其实就是展现聚美优品。

节目一经播出，张梁胜在《非你莫属》中的幽默表现就被截为一段不足8分钟的视频在网上迅速转载，网友的评论也"海量"出现。同时，许多人也通过张梁胜第一次认识了将其收归麾下的聚美优品，这正是身为聚美优品CEO的陈欧参加《非你莫属》这个节目的目的。

第一次出战《非你莫属》就大大提升了聚美优品的知名度，这其实也在陈欧的意料之中，因为在参加节目前他已经做好了充分的准备，时刻准备抓住节目中的亮点来推广聚美优品。

抱着誓要将娱乐营销进行到底的念头，除了参加《非你莫属》之外，陈欧还参加了红遍网络的星空卫视脱口秀节目《lady呱呱》，凤凰卫视的《财子佳人》，湖南卫视《快乐女生》《天天向上》《百变大咖秀》等知名电视节目，进一步提升了聚美优品的知名度。

陈欧似乎有一种与生俱来的娱乐营销能力，他的自我营销大获成功，这让徐小平感慨万分："我鼓励他上电视，可没教他怎么上电视。"

如何在娱乐节目中增加自己的曝光机会？这是陈欧参加娱乐节目时考虑最多的问题。刘惠璞曾回忆说："陈欧实际上一直很紧张。这种紧张表现在他对一个营销点的判断：我说什么话会提升公司的声誉，我说什么话会增加用户对于聚美的好感，他是站在这个角度去考虑的，我很少考虑这个东西。""别人参加电视节目是以玩的心态去的，但陈欧绝对不是，陈欧是以真正的市场营销观念去的，他知道这是个宝藏，想尽办法展现聚美优品好的一方面。"

看到陈欧因为担任职场节目《非你莫属》的嘉宾而让聚美优品的知名度急剧攀升，天天网CEO鞠传国心里有些后悔，因为当初《非你莫属》节目组率先邀请的是他，但他考虑到自己"不爱忽悠"的性格就拒绝了。几个月后，陈欧取代他坐在了嘉宾席上，聚美优品的百度指数因此升了四五倍。因为错失宣传良机，鞠传国很是懊丧，说陈欧"没花钱做出了上百万的营销效果"。

德国某商业周刊曾经做过一项调查：64%的公司高管深信企业声誉主要来自CEO。英国也有类似的调查表明：49%的投资人认为，CEO声誉的好坏决定了企业声誉的好坏。可以说，针对CEO个人品牌，跨国企业已经形成一套完整的营销模式，并深知其中的精髓。比如，苹果公司创始人乔布斯、微软公司创始人比尔·盖茨就通过自我营销使得公司在全世界范围内声名远扬。这些成功的经验提醒了中国年轻的企业家：为了企业更快、更好地发展，CEO要敢于把自己抛出去。

只上收视率较高的节目

有媒体曾经报道：从2010年10月开始，陈欧先后参加不同媒体的70多期节目。对于这个数字，陈欧有些吃惊，不过他表示："之前我参加的娱乐节目并不多，只是关注度高而已。"

有网友列出了陈欧近年参加过的主要节目：

2010年10月 和讯科技专访

2010年11月21日 CCTV2《经济半小时》

2011年2月2日 CCTV10《创新无限》

2011年2月23日 CCTV10《创新无限》

2011年3月27日—2013年08月04日 天津卫视《非你莫属》

2011年5月6日 星空卫视《lady呱呱》（专访嘉宾）

2011年5月 天津电视台滨海频道《今天我面试》

2011年5月 凤凰卫视《财子佳人》专访嘉宾

2011年6月 优米网访谈

2011年6月28日 新浪科技"电子商务新势力"访谈

2011年8月 湖南卫视《快乐女声》

2011年10月21日 湖南卫视《天天向上》

2011年12月22日 北京电视台文艺频道《最佳现场》

2011年12月30日 CCTV2新年特别节目《高朋满座》

2012年3月28日 天津卫视《今夜有戏》

2012年12月23日 旅游卫视《公司好声音》

2013年1月31日 湖南卫视《百变大咖秀》（观"模"嘉宾，模仿吸血鬼爱德华）

2013年2月7日 湖南卫视《百变大咖秀》（观"模"嘉宾，模仿韩剧《宫》中的王子）

2013年4月10日 《老友记——青年创业白皮书》

2013年9月25日 CCTV2《中国创业榜样——走进水木清华》

2013年10月11日 湖南卫视《天天向上》

从中我们不难看出，陈欧参加节目其实具有很强的针对性。事实也的确如此，陈欧自己就曾分析过自己打造个人品牌的心得："从营销效果的角度讲，肯定还是上娱乐性质的节目好，比如《天天向上》，因为聚美优品的用户与湖南卫视的观众非常吻合。但是如果要打造CEO个人品牌，财经类和公益类节目比较适合。"说得简单一点儿，就是财经节目帮陈欧打造了个人品牌，而娱乐节目则为聚美优品带来了销量。

为了给公司带来更大的销量，陈欧不得不把自己抛出去，勇敢地密集现身于《非你莫属》《快乐女声》等热门电视节目中，他还曾与张朝阳等明星企业家一起参加著名娱乐节目《天天向上》。当然，密集现身于电视节目中不只给陈欧带来了关注的目光，还有无数的讥讽和谩骂。

在刚开始遭到网友质疑甚至谩骂时，陈欧的情绪受到了很大的影响，生活、工作都受到了干扰。但陈欧心里很清楚，为了公司的发展，他有时不得不抛头露面，他说："一个收视率数一数二的节目不能放过，因为是免费的。""在所有我出现的时间里，我面对的都是消费者，我也知道消费者能看到我。""我是CEO，我不入地狱，谁入地狱？"

陈欧仔细研究过很多靠CEO营销成功的企业案例："乔布斯和马云在公关上做得非常好，通过个人品牌成功带动公司的品牌，省了大量的钱。我们也研究他们，通过这样的方式来省钱。因为电子商务成本非常高，泡沫非常大，所以谁能够更加高效地用低成本去营销，谁就能够真正胜出。"

上电视确实带动了聚美优品流量的上升，陈欧参加的电视节目播出后，聚美优品的销量从日均50万提高到日均150万。此后，陈欧还到湖南卫视参加《天天向上》《百变大咖秀》，什么节目火就参加什么。于是，在密集参加娱乐节目一年多后，陈欧最终突破了"早期快乐，后来郁闷，再后来淡然"的心理关卡。在他看来，"你享受的是企业带来的成就感，就必然要承担舆论带来的100倍以上的压力，这是自己选择的"。他的自我营销并非没有规划，他说："为了公司，还是得牺牲自己，娱乐类节目还是要去的。如果公司到了一定阶段，作为CEO能淡出舞台退居幕后，就交给代言人去做。"

在电商推广费用高企的冷峻行规之下，创业者摇身变为明星代言人的营销方案，为聚美优品节省了很大一笔广告费。就像陈欧自己说的："真是省了不少钱，估计省了1个亿的广告费。"在陈欧看来，"媒体去关注报道这些事情，等于帮助我们做了很多营销和传播，这是有价值的。而且消费者更愿意去记住和传播一个有血有肉的企业家，而不是一个公司"。相较同行每年花费30%～40%的收入用于推广，聚美优品在这方面的支出要少得多。

更重要的是，陈欧的自我营销为聚美优品带来了巨大的销量。2011年，聚美优品营业额达到近10亿元，是2010年的15倍。而且，有一点很让陈欧感到欣慰："我的用户大部分是直接访问，不是买来的，所以聚美的用户流量构成是非常健康和良性的。"

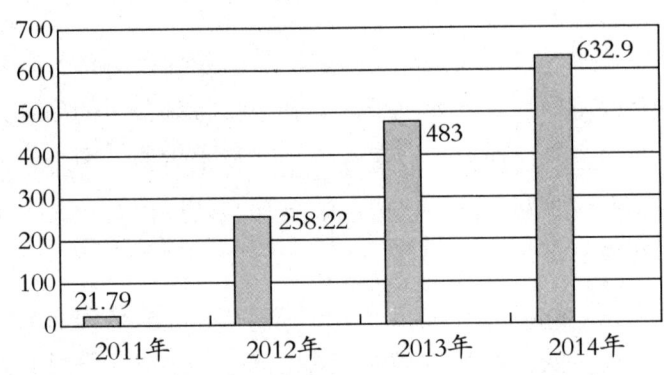

2011—2014年聚美优品销售收入情况（单位：百万美元）

对于聚美优品在短时间内实现上市的目标，陈欧自己分析道，最大的原因在于聚美优品的销量基本上全靠口碑营销和CEO营销。要知道，早在陈欧他们转型做化妆品团购之前，淘宝化妆品店和天天网、第五大道这样的化妆品B2C公司已经根植市场。而聚美优品中这帮对化妆品一窍不通的年轻人能打出一片天下，陈欧认为"与其说我们占尽先机，不如说聚美优品以团购的模式快速切入，占了阶段性的优势，后面都是靠自己的执行和营销做起来的"。

节目播出后，必须进行复盘讨论

陈欧自己曾计算过，他和曾是世纪佳缘副总裁的刘惠璞是《非你莫属》这档节目中回报率最高的嘉宾。"从百度指数上看，我上一次节目可以拉动两三千，他上一次可以拉动两千左右"，而其他嘉宾对应的数字一般是几百。每次节目播出后，聚美优品的产品销量都能上一个台阶。

陈欧就是这样，每次节目播出后都会进行复盘讨论，从中汲取经验，吸取教训，以便下一次做得更好。聚美优品联合创始人戴雨森回忆："每次上节目前陈欧总说自己睡不好，因为他会想，明天可能遇到什么样的问题，该怎么回答。节目播出后，他又会复盘讨论。他会想，我这句话说得不太到位，我下次应该这么说……他不断地进行反思，这种讨论细致到发型、衣服是否显得足够精神。"

和陈欧一起参加《非你莫属》节目的58同城CEO姚劲波对于陈欧的"复盘讨论"也有亲身体会，他发现每次录完节目陈欧总在谈论这次哪个求职者会火。在他眼里，陈欧是一个对商业热点很敏感的人，总是知道什么会火、什么不会火，总是在琢磨怎样参与到一个热点里面去。

后来加入聚美优品的刘惠璞对于这一点的感触更加深刻。最初，刘惠璞代表世纪佳缘参加《非你莫属》这档节目时，觉得上电视是个轻松随意的活儿，然而，当他代表聚美优品录制这档节目时，就发现很难再得到乐趣了。陈欧上电视是计算投资回报率的，当他用这个准则来考核刘惠璞上电视对企业的营销效果时，刘惠璞也开始不喜欢上电视了。

对于《非你莫属》这档节目，陈欧内心充满感激。有记者在采访陈欧时向他提问："《非你莫属》这档节目给您、给聚美带来了什么？"

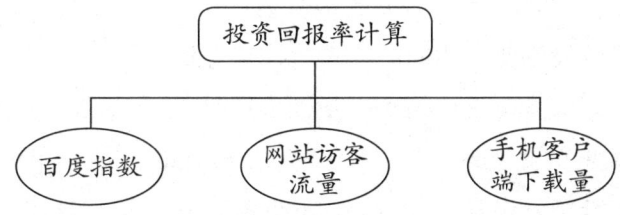

陈欧作答时，言辞之间洋溢着对这档节目的感激之情，他说："首先比较直接的是，通过《非你莫属》，我们招了很多优秀的人才。包括我们公司的一位高管刘惠璞，我们是通过《非你莫属》认识

的。他在这边做出了非常优秀的成绩，也成为我非常好的一个同事、伙伴。所以，我挺感谢这个节目的。而且这个节目的确让我们公司的知名度有了很大的提升，有很多人因此知道聚美，还有不少应聘者给聚美投了简历。我们在学校的招聘也变得更容易。去年（2011年）聚美在学校做校园招聘的时候，有1000多人到场，我觉得《非你莫属》节目功不可没。"

当被记者问及"相对于网络招聘，《非你莫属》的招聘模式如何"时，陈欧的回答也显示出对这档节目的肯定："招聘网站只能把信息放出去，但如果你是不知名的企业，别人根本就不知道，但《非你莫属》可以通过企业主的真实表现，让别人知道企业的价值观，求职者会根据企业主的表现去选择企业。所以，我觉得，观众可以通过节目知道聚美的风格，知道这是一家年轻、富有朝气、有冲劲的公司，而这在招聘网站上是体现不出来的。"

而对于《非你莫属》这档节目的一些争议，陈欧认为有争议未必是坏事，因为这可以让节目组听到，从而找到改进的方向，有争议也证明观众关注，可以促使节目组全力去学习，尽全力给电视机前的观众带来更好的节目。

"复盘"本来是股市用语，是指在静态数据下再看一遍市场全貌，针对白天动态盯盘来不及观察、来不及总结的情况，在收盘后进行回顾，分析股价变动的影响因素、产生原因，进一步了解股票市场的变化规律，从而为自己的下一步操作提供依据。

第一个在企业管理中提出"复盘"理念的，是联想创始人柳传志。他在2001年联想投资集团成立的时候，首先将"复盘"这个词运用到了他的演讲中；2006年，他在联想文化作用机制报告中明确把方法论作为联想核心价值观的一部分，"复盘"正是联想重要的方法论之一。

柳传志说过："学习能力是什么呢？就是不断地总结，每打一次仗，都要经常地'复盘'，把怎么打的边界条件都弄清楚，一次次总结以后，水平自然越来越高。这实际上算是智慧，已经超出聪明的范围。"初创科技企业钱少、人少、资源少，做出一项重大决策前要尽量"想清楚"，行业剧变频繁，更新换代快，这种情况下更需要持续不断地"校目标"，而"复盘"就是一个重要的工具和方法。

初创企业的文化基础好，当然有利于复盘方法的树立和推广；缺乏文化基础，同样也可以进行复盘，只不过首要就是CEO本人做好复盘，因为在企业初创阶段，一把手的价值观和做事风格会影响到班子成员，最终影响公司的员工。正是因为受柳传志这种复盘理论的影响，陈欧特别重视他每次参加节目后的复盘讨论，这正是陈欧在参加电视节目后能够令聚美优品迅速火起来的根本原因。

第二章 一直被模仿，从未被超越

营销是考验智商的东西

2011年，拿到投资的团购B2C公司在"海陆空"全面投放广告的时候，聚美优品却没有这样做。对于广告媒体，陈欧总是充满质疑。因为他目睹了太多公司在融资后把不入流的创意投到了不靠谱的渠道上，最后赔得一塌糊涂。很多公司拿到投资之后，总是希望靠广告快速砸死对手，在没有准备好的时候就把钱花出去了，结果钱花光了，对营销一点儿帮助也没有，反而搞得公司元气大伤。

陈欧认为，广告内容的作用远远大于载体，而创意占据一则成功广告80%的重要性。聚美优品在2011年能用仅有的地铁广告和代言人打响自己的知名度，就是因为广告的创意抓住了消费者的心，能够吸引顾客。当时聚美优品在地铁广告中的一句广告语——"女人你千万别来"让很多人记忆深刻，这种逆向思维营销恰恰击中了女性消费者在采购化妆品时的消费心理，使得聚美优品的关注度大增。

"女人你千万别来"看起来只是短短的一句话，却是聚美优品团队花几个月想出来的。陈欧认为："营销是考验智商的东西，我们对自己最了解。"聚美优品北京分公司有员工400多人，但陈欧直接带领的市场部只有六七个人，他们并没有选用任何一家广告公司进行合作，而是完全由陈欧带领年轻团队日夜挑战极限做出营销方案。有了营销方案，再找影视制作公司去执行，找电视台进行投放，聚美优品认为由公司内部负责营销方案的推进，效率更高。

在宣传代言人上，聚美优品也是创意十足——对于韩庚与陈欧的合作"双代言"，选择星座为切入点，以"两个水瓶王子碰撞能产生什么样的火花"的星座说引起女性消费者的共鸣。与此同时，陈欧知名度的迅速提高，不仅令其在《非你莫属》栏目的关注度提高，也带动了聚美优品知名度的提升。

只有好的创意还不行，还得找到好的媒体渠道，广告才能发挥出巨大的营销力量。就像陈欧说的："广告需要在合适的时候投放到合适的媒体，比如大家纷纷砸钱涌入楼宇电梯广告的时候，我们没有盲目跟进。这特别需要把工作做细。"

为了避免在广告推广上失利，陈欧总是习惯假设所有广告媒体都是骗子，假设所有的营销都是无效的，然后全力证明他自己的观点，寻找广告媒体作弊的蛛丝马迹。如果陈欧发觉自己证明不了他的"广告无效"假设，他才会考虑投放。就像他自己所说的："到今天，我们一直不投我们不懂的媒体。"

而正是陈欧对广告媒体的谨慎，使聚美优品在前进的道路上避开了无数的"坑"。陈欧回忆2013年聚美优品301活动时说："一家媒体给了我们极其优惠的价格，在这样的诱惑下，我们也曾非常心动，希望尝试一次大规模投放。但当时我很纠结，因为这家媒体一直不符合我的投放逻辑，之前也看到他们很多粉饰数据的蛛丝马迹，至少可以说，我不懂这家媒体。最后，经过3天3夜的调研，我还是没有说服自己进行投放，虽然因为毁约有些损失，但我仍然坚持只用自己懂得的媒体，用自己有信心的创意。最后，我们创造了301'陈欧体'的奇迹，当天百度指数破百万，效果大大超出预期。"

陈欧说的"自己懂得的媒体"，其实就是娱乐媒体。聚美优品在娱乐营销过程中，很好地借助了多场媒体活动的集体共振：聚美优品与韩庚签约引来无数娱乐媒体的追逐；陈欧参加收视率极高的《非你莫属》栏目，不仅提升了个人知名度，也大大增加了聚美优品的关注度。尽管在微博或是电视中不断看到聚美优品出现，但聚美优品真正的广告投入并不大。2011年，聚美优品每个月市场花费不足百万元，加上韩庚代言的费用，聚美优品的全年广告花费不超过1000万元，但在传统媒体与社会化媒体的深度合作下，聚美优品在2011年4～5月的订单量增长了150%，访问量增长了100%，转化率增长了30%。在团购增长放缓的阶段，取得这个增长速度相当不容易。这一切，都得益于聚美优品的"好创意+好渠道"的营销战略。

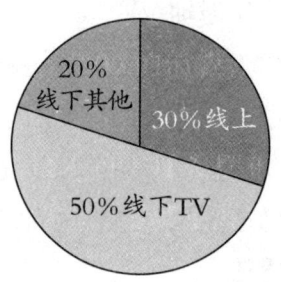

聚美优品广告预算分配

2013年聚美优品301促销活动的成功，引得众多电商企业羡慕嫉妒恨。到2014年301促销活动时，某电商巨头为了"阻击"聚美优品，甚至投入上亿元广告费。对于竞争对手的这番举动，陈欧并不欣赏，他更欣赏"花钱少，效果好"的广告推广方式。要知道，聚美优品在2013年的广告费一共只有6000万元而已，不到聚美优品销售额的1%，这种情况在整个电商行业是相当罕见的。

为什么聚美优品能做到在广告上只花1%的钱？因为陈欧非常清楚他们的素材投在什么媒体上是最有效果的，他知道聚美优品花出去的每一分钱都是有价值的。在陈欧看来，对所有媒体都应当进行效果量化监测，无法量化监测的媒体聚美优品坚决不投，而所有不对每一种媒体的广告投放效果进行分析的行为，都是"耍流氓"。

钱少，就必须花出新意，花出效果

"我是韩庚，聚美优品代言人，能被很多人爱，是件幸福的事，希望爱我的人，都能变得更美丽，但比影响力更重要的是责任，相信我们，相信聚美！我是韩庚，我为美丽代言！"

"我是陈欧，聚美优品创始人，蜗居，裸婚，都让我们撞上了。别担心，奋斗才刚刚开始，80后的我们一直在路上。不管压力有多大，也要活出自己的色彩。做最漂亮的自己，相信我们，相信聚美。我是陈欧，我为自己代言！"

2011年7月，聚美优品在地铁平面广告媒体上重磅推出新一季广告，采用了"双代言"的创意策划，即聚美优品代言人不止韩庚一人，帅气时尚的CEO陈欧成了另一位"神秘代言人"。一边是人气正旺的偶像不遗余力地"为美丽代言"，一边是意气风发的创业精英铿锵有力地"为自己代言"，两位"水瓶王子"的强强联手，联袂代言，引发年轻群体的关注热潮，陈欧的"我为自己代言"更是成为热门话题，引起社会广泛讨论。

更加吸引人的是聚美优品的广告上特别注明了随手拍摄活动：随手拍摄该广告的照片并发送到微博@聚美优品，加"随手拍聚美"标签，即可获得礼品。于是，很多网友纷纷在微博上晒出地铁广告随手拍图片，一时间聚美优品声名大噪。

其实，早在2011年4月，聚美优品一周年庆典上，陈欧就高调宣布签约人气偶像韩庚，携手谱写"美丽"新篇章。陈欧之所以签约韩庚做品牌代言人，主要是看中他个人的气质以及对自己的完美要求，这一点与聚美优品追求品质的理念很符合。当然，帅气的韩庚拥有众多爱美丽、爱时尚的粉丝，与聚美优品的广告语"为美丽代言"相得益彰。再加上韩庚和陈欧都是水瓶座，个性相近，很多想法更是不谋而合。对此，韩庚也笑称："我感觉与陈欧就像失散多年的兄弟，无论是爱好、性格、为人处世还是奋斗经历等都很像。"

而在聚美优品高调牵手韩庚代言的3个月后，陈欧才推出聚美优品的广告，可谓是"千呼万唤始出来"。对此，业内人士分析原因可能有两点：一方面，此时业内喧嚣纷杂的乱象逐渐尘埃落定；另一方面，聚美优品厚积薄发的影响日益加大，此时开始投放代言广告恰到好处。

事实的确如此，韩庚和陈欧的双代言广告一发布，聚美优品的销量就翻了好几倍。陈欧甚至自夸："这是电商圈内，继韩寒的凡客广告之后，最好的一个电商广告。""当初我力主请韩庚来代言，很多人说我们是在砸钱。他们错了，我们是没钱：因为没钱，所以才能把创意做到极致；因为没钱，所以精打细算，每分钱收到的效果都要比别人好。在预算有限的情况下，我们能买的广告位是有限的，得到的机会是有限的，所以打营销战一定要做到精准，一定要打出很好的创意……结果是，我们的宣传反而更加成功。"

陈欧原来是质疑广告的，但在与红杉资本洽谈融资事宜时，他第一次感觉到广告营销的迫切性。这笔投资已经艰难地谈了7个月，再加上竞争对手乐蜂网和其他电商的巨大压力，不打广告不发声很容易被淹没掉，他不得不赌一把广告。

刚开始，陈欧向董事会提交了一份3000万元的广告预算。董事会里倒是没人反对，但陈欧自己又担心起来：广告宣传万一没效果，那这3000万元不是白白打水漂了吗？想来想去，他最终决定把预算缩减到1000万元，那么就算这笔资金打了水漂，也不至于对公司造成太大杀伤力，至少不会让公司倒闭。

在预算这么少的情况下，广告要做得创意十足，真不是件容易的事。尽管是第一次做广告,陈欧也绝对无法容忍失败。2010年,韩寒和王珞丹引领的"凡客体"走红,成了陈欧的学习对象。他仔细研究"凡客体"的词句,最终总结出"凡客体"胜在引起共鸣,共鸣导致传播,而不是纯粹的一种促销广告。这样的广告是走心的,走心的东西才容易被人记住,容易给人好感。于是,陈欧也想写出一些自己创业的心声,他抓住了当时的几个热点:80后、蜗居、奋斗、裸婚。

同样为了省钱,陈欧决定自己写广告文案。他不允许失败,因此对广告词百般打磨,不停地修改,前前后后花了两个月的时间。有一天在摄影棚里改完,陈欧看到片子竟有种想哭的冲动。

陈欧很享受这种追求完美的过程,但他的同事们就觉得快被他折磨疯了,连刘惠璞也有些受不了。可陈欧还是觉得这版广告并不完美,总想着能不能更好一点儿。他对广告的配乐不太满意,换了几个版本还是觉得缺点儿什么。刘惠璞面对陈欧的"挑剔"都快绝望了:"就这么着了,我黔驴技穷了。"但陈欧没有放弃,甚至在半夜两点给刘惠璞打电话,让他再想想新的音乐。

"我总觉得作为CEO,这支广告失败的话,多丢人,即便投资人不会说什么,但我在团队面前的威望就没有了。"每一版广告陈欧都亲自监督剪辑,坐在剪辑师身后,"无数次改词,无数次改音乐",才把最终版熬了出来。"别人都没法想象,一个老板会干这个事情。"戴雨森说。

在陈欧的"步步紧逼"下,广告终于制作好了,但投放渠道又成了大问题。预算只有那么点儿钱,能投的渠道实在很有限,因此在投放渠道方面特别要讲究精准。陈欧研究了大量数据和成功案例,观察别人的广告,研究别人为什么成功,分析百度指数等数据和广告效果之间的关系,进而确定广告投放渠道。很快,广告在一个月内全部投完,包括地铁、公交和电视。

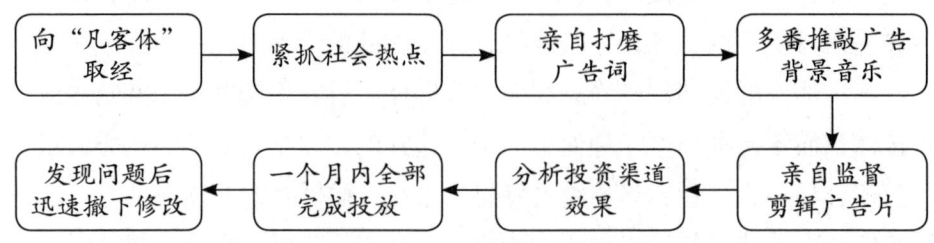

聚美优品广告精准投放流程

柚子舍CEO凌远强评价道:"对互联网的营销及执行能力,陈欧他们是排第一的。"陈欧在营销上的反应之快让他惊讶。他们曾在同一个平台投放广告,发现问题后,柚子舍会在两三周后撤下修改,而聚美优品的速度则按天算。有一次,聚美优品3天就撤下了某楼宇视频媒体上的投放业务。

陈欧的努力没有白费,由于投放渠道精准、广告创意十足,尤其是"为自己代言"引起很多网友的共鸣,网上出现了各种"陈欧体"的翻版,陈欧的名气也水涨船高。广告投放后,聚美优品的月营收从4000万元上涨到8000万元,超越竞争对手成为行业第一。

陈欧对这段经历记忆特别深刻:"当时的片子我自己看、自己剪辑,就想着尽量把词弄好一点儿,音乐弄好一点儿,(最终做出来的广告)一定是我自己觉得非常满意的作品。广告拍好了,虽然只花了1000万,但我还是害怕,如果没有效果,哪怕投资人不炒我,同事难免也会怪我,这样CEO的威望就没有了。就算到了今天,每次硬广投放前,我的压力依然很大,不能预知结果的事情就是如此,加上我自己对失败零容忍的变态要求,所以我每次投放硬广都无比谨慎……所有对自己有极高要求、害怕失败的人,往往因为谨慎,反而失败概率更小。"

在这一次广告投放之后,聚美优品就成了广告投放的标杆,很多公司都是追着聚美投放广告的：聚美在哪儿投放广告，他们也跟着在哪儿投放广告。

用一个话题去引爆传播点

2011年第一次"我为自己代言"广告的成功，让聚美优品找到了适合自己的"走心"广告风格。于是，接下来的第二次、第三次"我为自己代言"，还是延续了这种"走心"的风格。

2012年，聚美优品发布了公司最新版的励志广告《我为自己代言》，这则广告用考试录取、职场奋斗、恋爱表白等场景来讲述奋斗故事，道出当前年轻人遇到的困难，也展现了他们的理想，引起不少80后、90后的共鸣。而最后一句"我是陈欧，我为自己代言"也让网友们纷纷"陈欧附体"，不仅在网络上掀起模仿热潮，在各高校当中，也形成了"陈欧体"文化。

"你只闻到我的香水，却没看到我的汗水；你有你的规则，我有我的选择；你否定我的现在，我决定我的未来；你嘲笑我一无所有不配去爱，我可怜你总是等待；你可以轻视我们的年轻，我会证明这是谁的时代。梦想，注定是孤独的旅行，路上少不了质疑和嘲笑，但，那又怎样？哪怕遍体鳞伤，也要活得漂亮。我是陈欧，我为自己代言。"

2012年11月，聚美优品凭借创意地铁广告入围美国营销协会设立的艾菲奖"最佳创意营销奖"。业内资深人士表示，与其他电商企业简单粗犷的覆盖一线城市主要地铁、公交线路和各大换乘点的户外广告不同，聚美优品的地铁包柱展柜广告是业界在营销推广方面一次非常大胆创新的尝试。

2013年，聚美优品携手新生代偶像歌手魏晨，发布全新励志大片

《光辉岁月——我为自己代言》,这一次,"陈欧体"被谱写成歌,由魏晨倾情献唱,再次唤起年轻人的共鸣。

"从未年轻过的人,一定无法体会这个世界的偏见。我们被世俗拆散,也要为爱情勇往直前;我们被房价羞辱,也要让简陋的现实变得温暖;我们被权威漠视,也要为自己的天分保持骄傲;我们被平庸折磨,也要开始说走就走的冒险。所谓的光辉岁月,并不是后来闪耀的日子,而是无人问津时,你对梦想的偏执,你是否有勇气,对自己忠诚到底。我是陈欧,我为自己代言。"

2015年1月,聚美优品创新性地推出了为极速免税店量身定做的双广告大片,主题是"聚美极速免税店,快到想不到"。一支广告借助2014年播放的新版《神雕侠侣》掀起的"包子小龙女"话题,借"小龙女"之口嘲弄海外代购蜗牛一般的速度:"脸都大了,面膜都盖不住了。"这时,聚美优品极速免税店隆重登场:"还在苦等海外代购?聚美极速免税店,快到想不到!"这个创意十足、幽默满分的广告一推出,就引起了广泛的关注,人们纷纷讨论:"你确定这不是卖包子的广告吗?""求包子品牌赞助,分摊广告成本,2015最佳植入,帮你达到人生高峰!"另一支广告则戏剧性地化用了唐僧西游的故事:一方面,唐僧感慨去往西天为大唐名媛海外代购面膜的道路坎坷曲折——路途遥远且天气多变,产品质量难以保证;另一方面,孙悟空拿出平板电脑直接在聚美优品海外购下订单,商品很快便送到了,速度之快真是令人意想不到。

尽管这次陈欧没有再"为自己代言",但聚美优品的广告宗旨并没有改变:用一个话题引爆传播点。陈欧的贵人——天使投资人徐小平评价陈欧"为自己代言"爆红时,称赞其广告切入点非常犀利,懂得精准传播,"他跟老俞很像。老俞面对几万人发表演讲,也能迅速切中要害。陈欧也具备这种能力,即便即兴发言,也能迅速抓住本质，把产品好在哪里表达得很清晰"。

对于市场，陈欧一向拥有高度的敏感，在大量调查研究后，他发现在聚美优品购买化妆品的用户，大部分不是白富美（白富美大多喜欢去商场的专柜购买），而是中低收入的年轻女性用户。这类女性生活在都市里，收入有限，但是渴望美好的爱情，希望能够通过有限的收入打扮自己，此外，她们更需要得到社会的认同。因此，聚美优品只要能在广告上触动此类目标用户群的内心，引起她们在情感上的共鸣，就可以产生巨大反响，让用户的忠诚度在情感认同的基础上提升。

聚美优品的广告词道出了很多80后的心声。在陈欧看来，这些大多历时半年才创作出来的广告词，让他深刻体会到了"十年磨一剑"的艰难。最初，陈欧征求了很多策划公司的建议，但后来他发现，最了解公司诉求的永远是自己，于是决定亲自操刀创作广告词，毕竟聚美优品广告传递的是企业精神。不得不说，制作让自己满意的广告是一个非常痛苦的过程，想要打入客户的内心，必须先让自己感动。

由于第一版"为自己代言"广告大获成功，陈欧他们在做第二版"为自己代言"广告的时候倍感压力，因为他渴望超越，决不允许自己退步。因此，尽管他们在2012年6月即已提出第二版"为自己代言"广告的设想，但实际上到了9月才开始制作。因为抱着一定要超越第一版广告的决心，操作起来难度比上次更大，改了两个多月才成功。陈欧回忆说："当时要做差异化，拍了一个60秒广告，之前是15秒，在湖南卫视黄金档播出，紧接着引起了行业的爆发性讨论，在社交媒体上网友争相模仿传播，后来才有了'陈欧体'。反观对手，他们把很多钱变成了库存，烧了很多广告，效果也不好，而我们在库存控制和营销上效率很高，所以最后我们赢了。"

当然，这不是陈欧一个人在努力，比如，在制作广告的过程中，刘惠璞给了陈欧很多很棒的建议，带给他很多灵感。最终，聚美优品的广告词充分表达了当下许多年轻人的心声。广告中有一组画面讲的是作为年轻创业者，被很多投资人和创业前辈所不屑，需要靠双手证明自己的过程。这组画面的中心意思在于，年轻注定被质疑，直到你能够证明自己，这是陈欧的心声，也是像陈欧这样的年轻创业者共同的心声。

在不懈的努力下，广告成功了，"陈欧体"走红了，这让陈欧特别高兴："我非常欣慰，能够这样传递正能量，体现了企业的社会责任。毕竟这个时代需要更多的正能量，而每个人也需要有自己的表达、自己的梦想。"

谈起这几次广告营销的成功，陈欧说："做传播和营销的时候，我觉得最关键的是创新，要走别人没走过的路，要特殊。其次，最好是能引起消费者的内心共鸣。如果能做到这几点的话，它会特有效果。比如当初凡客的广告，韩寒代言之后可能80后觉得这是一种状态，我就是我自己。像聚美最新的广告也说不管压力多大，我也要坚持住，为梦想奋斗。很多人可以感觉到内心的共鸣。如果一个东西真的取得了消费者的共鸣，消费者会主动帮你传播，我觉得这也是聚美现在成功的一个原因。"

确实，聚美优品以"励志"和"自尊"为核心寓意打造出的"我为自己代言"广告，彻底打动了依然在打拼中的聚美优品目标用户群，让聚美优品跟"陈欧体"相关联，形成了巨大的口碑效应，新客户成本大幅降低，而老客户的忠诚度和购买频率在增加。这其实是聚美品牌营销的秘密：情感共鸣＞价值互动和传播＞营销效果提升+用户沉淀。

企业做营销时如果没有创新，不懂得用一个话题去引爆传播点，就没有人能够记住这家企业。成功的营销往往可以把公司带上一个新的高度,不管是以前的凡客找韩寒代言还是赶集网找姚晨代言,都是成功的营销,把企业托到一个新的高度。在陈欧看来,"这是很关键的,尤其是在电商公司都拼命烧钱、拼命请明星、拼命打广告的时候。谁在营销上做得更好,谁就能够走得更远"。

玩转自媒体营销,让用户尖叫

如今,"互联网思维"成了一个热门话题。互联网思维的热度迅速传递到行业的各个角落,坐在这个思维翅膀上的互联网正一路狂奔席卷着人们生活的方方面面,一时之间,似乎不和互联网沾上点儿边都成了落后商业模式的标签。

对此,聚美优品深有体会:"我们正在迎来一个消费平等、消费民主和消费自由的消费者主权时代。从电商运营本质而论,互联网思维实质上就是一种用户至上的思维。越来越多的电商把用户放在第一位,可以毫不夸张地说,中国B2C网购市场进入了'让用户尖叫'的时代。"

如何让用户尖叫?如何让产品尖叫?如何让社交尖叫?聚美优品的答案是:自媒体营销。

有数据显示,在PC时代,每人每天在线时间平均是2.8小时,而在移动互联网时代则高达16小时。微博、微信等自媒体的出现,更是进一步使得信息流的传播方式发生改变,信息传递变得更透明、更快速。自媒体也逐渐成为互联网上信息发布和传播的主流平台,越来越多的企业将微博、微信作为企业产品营销的工具。它们已经成为企业打响品牌知名度的一大渠道,聚美优品则是此类自媒体营销的佼佼者。

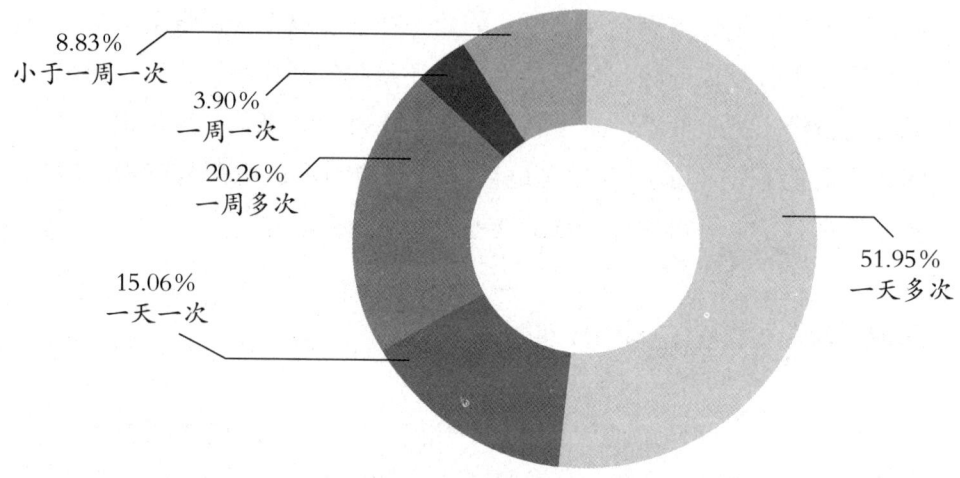

社交网站的使用频率

聚美优品之所以能成为自媒体营销的佼佼者，是因为其深谙自媒体的3个特点：

（1）微博因为有超强的现场感、快捷性、广泛性、实时性等，所以成了一种具有病毒式信息传播能力的营销渠道。而微博营销也主要包括通过发布热门微话题、贴切的关怀信息和促销活动消息来增强用户黏性；借助名人效应、创造粉丝专属"蜂鸣效应"来增强信息影响力。

截至2015年1月，聚美优品的新浪微博粉丝数已达740万。因此，聚美优品可以通过官方微博进行病毒式营销，达到与消费者交流互动的目的；可以通过官方微博第一时间发布品牌折扣优惠等消息；还可以在微博上发起一些主题活动，通过草根达人、意见领袖、网络红人等具有较高影响力的微博用户参与并转发，吸引更多的人去关注，从而把关注转化为用户注册量。

为了不漏掉任何一个与用户互动的机会，为了能够深刻了解用户的需求，陈欧向消费者公开了自己的微博地址，"因为手机里装了微博，我可以跳过客服直接与消费者交流。通过这种方式，我可以第一时间了解用户的想法，帮助我们的用户解决他们的美丽问题"。

截至2015年1月，陈欧的新浪微博已经拥有近320万粉丝，他发布的每条微博下面都有成百上千条评论，某些微博的评论甚至达到上万条，由此可见大众对陈欧的关注度非同一般。陈欧一直都在摸索着自己该如何经营自己的微博，并得出了一个经验："我从没把自己定义成化妆品行业专家，因为那种身份的公司有很多。我就是一个创业者，我发现我一讲这方面的事，关注量就很高。"事实上，就聚美优品来说，陈欧个人无论是在电视节目上还是社交媒体上露脸，都已经在为网站进行着品牌传播。

（2）微博是一个平等的互动沟通平台。顾客能通过微博评价、私信、@某人等手段来反馈信息，处理网购过程中的各类问题。

聚美优品的官方微博、陈欧微博及聚美优品的其他管理人员的微博自开通后，几乎都成了聚美优品的客服通道。通过这些微博，聚美优品每天可以得到成千上万的用户信息反馈，从而帮助聚美优品更好地改善用户服务。

聚美优品"301大促"事件发生时，陈欧的微博就成了聚美优品第一大客服，"这直接导致我的微博'悲剧'了，现在我是公司第一大客服，消费者对物流有意见骂我，对客服有意见也骂我……但是我不敢切断这种沟通，我觉得这是我该做的工作"。

（3）微博还能进行舆情监测，化解危机。新浪微博的认证企业用户可以通过设定特定关键词查看含有该关键词的微博内容，帮助企业及时发现用户的负面投诉或恶意诋毁，及时响应，避免负面口碑扩散。也就是说，企业通过每天的微博经营，就能实时进行舆情监测，在出现危机后迅速进行回应与解决，达到防范危机，化解危机，维护良好企业形象的目的。

聚美优品在3周年庆时，因为网站服务器崩溃和物流配送不及时的问题，受到不少网友的攻击，其竞争对手乐蜂网创始人李静更是含沙射影地指责聚美优品攻击乐蜂网。眼见危机有扩大的趋势，陈欧立即在微博中回应道："聚美从成立到现在被攻击过不下10次，每次都是工程师团队熬夜抵挡才得以保存，被攻击时我们也咬牙切齿，也会第一时间怀疑是对手干的，但只有加强技术实力才是王道，毕竟每个互联网企业都是被打大的。李静老师，如果你需要，我们的技术高手可以帮你抵挡。"陈欧犀利的回击，巧妙地化解了聚美优品的危机，提高了陈欧微博的关注度，也间接地为聚美优品做了宣传。

此外，聚美优品的网页还设置了一个分享功能，即聚美优品上的商品信息可以分享到QQ空间、人人网、新浪微博、腾讯微博、开心网、搜狐微博、百度贴吧、豆瓣等网络平台上，这些商品信息被转发的同时也为聚美优品做了一次免费的广告。

第三章　将娱乐营销进行到底

联袂一线明星，举办美妆风尚大典

　　2011年，伴随着"千团大战"的竞争愈演愈烈，互联网企业纷纷启用明星代言的营销模式，地铁、公交上各团购网站的代言广告随处可见。先是姚晨骑驴赶集喊出一句"啥都有"，再是葛优以亲民的姿态代言拉手网，范冰冰以高达8位数的代言费加入梦芭莎……一时间，明星代言风靡互联网行业。而聚美优品在这场明星代言的竞争中也不甘落后，联合新生代偶像韩庚做起了"双代言"广告，并大获成功，使得聚美优品的人气和销量大大上升。

　　"双代言"广告的成功让陈欧充分意识到：互联网品牌作为新生力量，借助明星影响力进行营销是一件好事。而由聚美优品市场部一手操办的几场大型校园招聘会获得成功，也让陈欧看到，聚美优品已经具备了举办大型盛会的实力。

　　在互联网时代，化妆品越来越朝着快时尚发展，流行产品的生命周期在缩短。如果只请明星、达人、意见领袖来推广单款产品，很有可能宣传刚刚展开，单品的流行度就已经下降了。在他看来，聚美优品不能仅仅做单款产品的推广，而应该着眼于整个平台的建设，并且要让消费者形成这样的认识：聚美优品代表了时尚前沿。

　　一天，陈欧像往常一样一起床就拿起手机，翻阅自己的微博，无意中发现一条新闻——《时尚大奖CFDA 2011年颁奖礼》。其中，

"时尚大奖"4个字吸引了他,他点进去一看,发现这场由美国时尚设计师协会主办的CFDA(即美国时尚设计师协会英文"Council of Fashion Designers of America"的缩写)颁奖礼可谓群星闪耀:不仅有大牌设计师集体亮相,还有众多好莱坞明星盛装出席,这些人无疑是公认的潮流引领者和时尚范本,女明星们在红地毯上秀出的礼服不等典礼结束可能就成了时尚界热烈讨论的话题。

看着看着,陈欧脑子里灵光一闪:时装界可以搞个颁奖盛典,为什么美妆行业不能搞个颁奖盛典,给那些在聚美优品上销售火爆的美妆产品一一颁奖呢?陈欧一贯秉持"想到就要做到"的原则,于是很快打电话召集戴雨森、刘辉等高管对举办美妆大典的可能性进行了仔细而深入的探讨,最后大家一致同意陈欧的这个想法。接下来,陈欧迅速召集聚美优品市场部的所有员工,对他们宣布了公司的新决定:举办2011年聚美优品美妆风尚大典,由市场部全权操作,公司其他部门全力配合。

市场部员工对这个决定感到很吃惊,因为按照常理,对于这样盛大的活动,企业一般都会交给专业的公关公司进行策划。但陈欧告诉市场部:"有之前几场成功的校园招聘会的经历,我相信你们能搞定风尚大典。我给你们犯错的机会,加油做吧!"陈欧的这几句话给了市场部所有人极大的工作动力,每个人都十分珍惜这次机会。

在陈欧的引导下,聚美优品市场部员工很快确定了美妆风尚大典的主基调:2011年度聚美优品风尚大典是以"年轻、激情、时尚、高端"为主题的,一场集合娱乐界人气明星、时尚界名媛和商界名流的超强阵容盛典。聚美优品作为活动的主办方,将遵循"组委会提名、网络票选、专业评审"三位一体的严谨评审体系,从"新闻性、潮流性、时代感、影响力、创新性"5个方面对本届美妆风尚大典的获奖明星、美妆品牌给予综合评定，并在风尚大典现场对最终获选的明星、品牌进行颁奖。

接下来，市场部又很快敲定了美妆风尚大典商务合作计划，并迅速地按计划开始筹备各项事宜。聚美优品公司内部则对市场部给予了全方位的无条件支持。活动需要的邀请函、背板贴甚至座位贴，只要市场部提出需求，负责产品设计的部门即便不得不暂时抛开堆积如山的本职工作，也一定全力配合。

在整个聚美优品团队的通力合作下，2011年度聚美优品美妆风尚大典于2011年12月22日晚在D·PARK北京会所C座第一车间盛大开幕，由何炅、爱戴共同主持。在劲歌热舞中，陈欧携手贾静雯、胡兵、徐小平等特邀嘉宾共同为获奖品牌及明星们颁奖。

在那个夜晚，璀璨的明星红毯秀，炫目的时尚节目演出，权威的嘉宾颁奖，火爆的庆功派对与现场华丽的舞美、灯光等前沿的潮流元素完美演绎了此次风尚大典的主题。某获奖品牌商表示："这次聚美优品举办的美妆风尚大典活动让大家感受到美妆飞扬的激情，看到美妆品牌力量在互联网、在时尚界迅猛崛起。"

陈欧认为，时尚是一种力量，它将引导和撬动整个世界和人们生活的改变，并转化成每一个人心中对时尚、对美的执着追求。在如今这个物质丰富、个性张扬的年代，美妆已然成为时尚人士的现实追求。而作为中国最具影响力的美妆B2C企业，聚美优品无疑肩负着"让美流行起来"的重要使命和责任，引领着人们对时尚生活的无限追求，并影响着美妆产业未来的发展趋势。2011年度聚美优品美妆风尚大典的成功举办，也证明聚美优品做到了这些。

时尚美妆杂志《Beauté》：打造自己的媒体资源

2012年10月23日，聚美优品正式推出时尚美妆杂志《Beauté》秋季创刊号，刘恺威、李东学、佟丽娅等明星纷纷寄语《Beauté》创刊，聚美优品官方则推出了《Beauté》2012秋季创刊号大礼包赠送活动。

从2012年10月23日至27日，凡是在聚美优品网站下单达到一定金额的用户——聚美优品钻石会员订单金额满199元、白金会员订单金额满299元、黄金会员订单金额满399元、普通会员订单金额满499元，就会随单免费获赠《Beauté》杂志大礼包。所有用户均可以依照其账户级别获得价值333元的《Beauté》2012秋季创刊号大礼包一份。该礼包包括价值20元的《Beauté》2012秋季创刊号、市场价159元的大礼包，每日限量1000份，活动期间将送出5000份。

在聚美优品官方微博上也有相应的精彩活动，用户只要关注聚美优品官方微博并参与《Beauté》杂志的活动，就不仅有机会获得《Beauté》2012秋季创刊号，还有机会获得聚美优品优惠券。

总之，整本杂志囊括的内容十分丰富：当季最潮流的主题、妆容、发型、搭配趋势，专业而独家的护肤知识，权威的产品评测；阵容强大的先锋人物专访，众多明星谈生活，谈美容，谈护肤，与读者分享生活中的小秘密；知名摄影师、造型师、模特打造高品质的时尚美妆大片；美容编辑的独家推荐，使用心得；美妆时尚达人开展美丽分享会等活动。

作为拥有500万活跃用户的化妆品电商龙头企业，聚美优品一直努力尝试多种营销方式。从CEO陈欧为自己代言，到其一直坚持的娱乐营销，凭借创意十足而又吸引人的营销推广，聚美优品迅速打响了知名度。而聚美优品推出自己的时尚美妆杂志，就是想打造自己的媒体资源，尝试将多年的美妆行业经验转化为优质内容呈现给美妆用户。陈欧表示，《Beauté》将成为有态度、敢颠覆、不随波逐流的媒体。在业内人士看来，聚美优品这一动作既需要多年美妆行业经验的积累和沉淀，同时也体现了其跨界发展的勇气和创新的精神。

《Beauté》杂志定位

时尚	从主题到妆容、发型、搭配都是当季最潮流的趋势，引领时尚并缩短其与生活的距离
专业	专业而独家的护肤知识，权威的产品评测，令女性了解自己的肌肤状态并找到适合自己的护肤方式
深度	人物专访，他们是所在领域的先锋，与读者分享他们的生活状态、他们的故事，以及他们与常人不同的人生经历
明星	云集大家关注的明星谈生活，谈美容，谈护肤，与读者分享明星生活中的小秘密
引导	美容编辑的诚意推荐、产品使用心得，性价比最高的美容产品，以及减肥、发型、健身等各方面实用的文章，令读者找到一个贴心而信赖的平台
互动	与读者互动，分享如何变美的小秘诀以及邀请美妆时尚达人开展美丽分享会等活动

对于聚美优品此次推出实体时尚杂志，用户们也纷纷表示支持和赞赏：

"在这个资讯爆炸、瞬息万变的时代，小美的创刊号——《Beauté》就好像是在茫茫大海中徒手划桨、驭舟前行，从同一个码头出发，不随波逐流，不盲目跟从，有着自己的独立观点，敢于颠覆传统，这就是小美秋季的创刊号给予我们的视觉盛宴！"

"虽然说小美之前已经有了电子杂志，但对于我这个热爱书籍的麻麻来说，直观的书本是最好不过了，而且可以随时随地地阅读，非常方便，况且这么有意义的创刊号，我一定会收藏的！"

"《Beauté》与你，共赴一场心灵的相聚，共享每一次感性的沟通。为的是，替过去画下完满的句号，留下美丽的回忆；给未来指明优雅的方向，预设幸福的结局！"

"聚美创刊号杂志大礼包真的很给力，绝对可以说是精神和物质的双重满足，不仅内容丰富，礼物也很给力，是一次非常值得的购物经历。"

"说一下它的内容吧，真的是把女性生活中所需要的基础化妆品做了一个详细的对比与实验，以前从来不知道这些东西，总是看到喜欢就买，也不考虑是不是适合，看过这些详细的解说后，能很清晰地选择自己需要的，真的很赞哦！还有女孩们最爱的八卦板块，说是八卦其实也不是很'八'，我认为是从别人的故事中看到、学到一些东西，对自己的成长还是有一定帮助的。但是，我想说，既然是创刊号，明星采访首选应该是陈欧呀，这么优秀的品牌故事，更应该写出来留作纪念，值得珍藏。"

其实，早在2011年，为了让用户在挑选化妆品时根据自己的肤质特点有针对性地购买美妆产品，陈欧就推出了一款为聚美优品网站用户量身打造的时尚电子杂志——《美卡》电子杂志。杂志特别聘请专业的人员精心挑选出聚美优品网站上的当季热卖单品，经过严格测试与认真比对，针对不同人群的肤质特点，给出客观公正的美妆购买建议，提供最专业详尽的护肤指导。杂志支持在线浏览，同时提供完整的下载服务，用户可随时选择自己喜爱的阅读方式，将时尚潮流的妆容资讯尽收囊中。而正是因为有时尚电子杂志的操作经验，聚美优品后来操作实体时尚杂志才能得心应手。

在聚美优品团队操刀制作这两款杂志时，陈欧都只有一个要求：

内容要丰富而不烦琐，语言要简约精致，就像一位专业的私享品牌顾问，为爱美人士提供最贴心的服务，让变美更简单。

投资网络"神片"，创新才是娱乐营销成功的关键

美国著名作家斯科特·麦克凯恩在全球畅销书《商业秀：体验经济时代企业经营的感情原则》中写道："所有的行业都是娱乐业。"斯科特·麦克凯恩的这句话不仅在传统行业屡屡得到验证，在电子商务行业同样被证明是正确的。

作为化妆品电商龙头企业聚美优品的最高管理者，陈欧十分认同斯科特·麦克凯恩的这句话，他认为，娱乐性的营销是聚美优品脱颖而出的关键。在陈欧看来，"娱乐营销更能够深入人心，因此，我们就要分析用户是什么样的？用户是时尚女性。她们关注的是什么节目？偶像剧、综艺节目、新奇特（的节目）。所以，我们在营销上，第一天就决定做娱乐性的营销"。

不得不说，陈欧很好地抓住了女性用户的心理。美国波士顿咨询公司在2013年曾做过一项调查，调查结果显示：女性正在推动全球12万亿美元的消费，并且会在2013—2017年继续为商家贡献5万亿美元的收益。而对于新兴的电子商务，抓住女性经济尤为重要，甚至有业内大佬公开直言，男性用户超过50%对于电商来说是一场灾难。可以毫不夸张地说，如果没有女人的网购，82%的淘宝品牌将不复存在；如果没有女人的消费，80%以上的消费品公司将会倒闭。

对于该调查结果，陈欧一点儿也不意外，因为他从转型做女人生意的那天起就充分认识到了这一点。在陈欧看来，"女性经济已然成为电子商务下一波次的营销热点，但对于聚美优品而言，要更好地俘获女性用户的心，我们就需要在娱乐营销上更有作为，并让自己的产

品和服务贴合女性真正的需求，这样我们就能够在营销方面赢得独特的优势"。

而在今天的中国，消费者处在一个无处不娱乐的环境中，品牌只有搭乘娱乐快车，才能变得年轻和有活力。但要走出日趋同质化的娱乐营销泥淖，需要的是一颗与时俱进、敢为天下先的心，创新才是娱乐营销成功的关键。

而在娱乐营销方面，陈欧一直都是创新的引导者。在电商推广费用居高不下的情况下，创业者及职业经理人摇身变为明星代言人的做法，确实为聚美优品节省了很大一笔广告费。而出色的营销使聚美优品几乎每年都会有一次爆发性增长节点。"陈欧体"的爆红，更是让陈欧的百度指数一度直逼一线明星，聚美优品的流量也直接翻了几倍，创下了近年电商营销的新神话。

而随着微营销的悄然流行，微电影也成了互联网世界的新宠，越来越多的电子商务企业开始运作这种网上营销模式。电商走的是重供应链与营销的整合，轻生产的"轻公司"路线，而与之相伴的"轻营销"近来也受到电商企业的追捧，如微博、微信、微电影。普华永道甚至预测：中国的互联网广告业将在未来5年内发展成超过300亿美元的庞大市场，而微电影被看作是互联网广告的2.0版本，日益成为资本追逐的热点。

既然微电影是一种既省钱又时尚的营销方式，陈欧自然不会错过。在他看来，"轻营销"能让电商企业以更小的成本投入获取更多的营销价值回报，于是他决定拍一部微电影以提升公司的美誉度，让更多人知道聚美优品，管理层也在思考如何在观众的质疑声和知名度之间找一个平衡。

2013年6月17日，聚美优品与光影华视联合推出了剧情和人物全景式植入的微电影《女人公敌》，又名职场版《上位》，首创"微剧"概念，由当红宅男女神赵奕欢、"小胡歌"文卓倾情主演，更有陈欧、刘惠璞、慕岩等多位当红职场名人首次触电荧屏。这部微电影全网上映后，不仅在人气上一度超过《小时代》等热门大片，百度指数一周稳坐榜首，在短短一个月的时间内全网点击破5亿，而且被业内评为互联网领域内容与品牌及产品相融合，最成功和最具代表性的标杆案例和新媒体领域的再度领航力作。有业内资深人士称，《女人公敌》的蹿红是聚美优品在娱乐营销上的又一次重大试水与突破。

不过，也有网友提出质疑：为什么这部题材、剧情和演员都无可称道之处的片子，居然会赢得无数人的关注？这样的评论其实从侧面证明了聚美优品通过《女人公敌》这部微电影在关注度和盈利上取得了很好的成绩。

那么，聚美优品是如何借助《女人公敌》来成功进行娱乐营销的呢？答案只有一个：创新。

1. 创新微剧植入形式

《女人公敌》打破了以前的定制微剧"你出多少钱，我给多长镜头"的简单植入形式，开始尝试"升级版植入形式"：

（1）绑定人物职业。女主人公孙小美是在"河马家"化妆品公司上班的职员，剧中其他人物也是在同公司或者聚美优品上班的职员，这样的设定使得品牌植入显得很自然。

（2）融入关键剧情。故事的导火索就是一瓶河马家的拳头产品"河马面泥"，由此引发了各种矛盾冲突，从而突出了人物性格，人物关系得以发展，故事情节也能够向前推进。而当产品成为贯穿道具，植入也就显得必要了。

（3）传递品牌诉求。聚美优品的成长伴随着80后优秀企业家陈欧的一路拼搏奋斗，就好像剧中传递出来的信念一样——"即便有种种困难，我也要证明自己"，这种品牌励志理念的传播恰巧契合了目标受众群体的心理需求，再配合"陈欧体"在网络的蹿红，良好的企业品牌的树立就水到渠成了。

2. 创新社会化媒体营销模式

随着"大数据"时代的到来，社会化媒体层出不穷，竞争日益激烈，而大量用户保持着同时使用多个不同社会化媒体的习惯，因此《女人公敌》整合了多种社会化媒体进行营销。

（1）互动整合了包括微博、微信在内的主流社媒，其中包括自有媒体资源（如搜狐视频、乐视视频）、付费媒体资源（如优酷付费频道、乐视付费频道）、用户资源（如微信微博公众账号）、产品营销资源（如光影华视公司的自有电影周边品牌"光影良品"），执行资源等。

（2）针对移动社会化媒体用户进行精准营销，一方面是搭建了4个移动终端平台——微博"女人公敌官方微博账号"、微博话题"女人公敌"、官方微信"女人公敌"和SNS论坛话题"女人公敌"；另一方面，是通过移动终端强化对每一个移动用户的深度服务，让每一个用户成为《女人公敌》的口碑传播点——甚至是聚美优品和河马家面泥的口碑传播点。其实对于《女人公敌》取得的成绩，陈欧自己也有些吃惊。当媒体追问他是否会继续投资《女人公敌》这类"神片"时，陈欧的回应很理智，一下子就点出了问题的关键："营销讲的是感觉，当我觉得这个剧这个角色有可能引起共鸣的时候我就会尝试。有些东西有争议才会有关注，有些剧属于好评差评参半，就像最近的《小时代》，骂的人特别多，喜欢的粉丝也特别多。"

这部《女人公敌》的成功让陈欧相信："网剧影响对现在来说是非常好的方式，视频网剧的传播性超过电视剧，我们会积极尝试投入。"但被人问到是否会继续出演时，陈欧表示："未必出演，出演意味着要投入大量的时间和精力。之前做《女人公敌》，本来有我的戏份，但我一直没有时间，后来全砍光了，连导演都疯了。我的工作特别忙，未来我应该主要是在剧本方面投入，个人参演上会少很多。而且我是一个非常不专业的演员，面对摄像机只能傻和呆，专业的事让专业的人去做。"

其实，2013年，陈欧不仅尝试了微电影营销，还尝试了电视剧植入营销——对在湖南电视台热播的《百万新娘》进行了植入式营销，植入程度之深，甚至令观众骂聚美优品是一家在广告中插播电视剧的公司。但面对观众的谴责，陈欧居然还挺高兴："我们觉得自己挺时尚的，一边看微博一边开心地笑。被骂是正常的，我们当时做得有点过火，但这至少证明我们做事是有结果的，让我们知道这个方向性。"陈欧希望，聚美优品通过这一次次娱乐营销的试水获得更多的经验，并依据已有的经验在娱乐剧中加大投入，用更多样化的方式把品牌传递给观众。

抓住韩剧，离目标消费群更近一步

2000年之后，随着我国有线电视的普及，各省级卫视全国范围内落地，中国家庭能收到的电视频道数大幅度增加，各个频道都开始了韩剧轰炸。由于中韩两国文化背景、家庭伦理的相似性，韩剧在笼络年轻观众的同时，也牢牢抓住了中老年观众的心。

韩剧中人物的服饰、配饰、化妆品等带动了韩国时尚业的发展，也对中国消费者有着非常大的影响。从1990年衣恋服饰入驻中国开始，到2004年，在中国的韩国服装企业达到了21家，服饰品牌也从最初面向大中学生的中低价服装转型为面向白领的高级时装；2003年，韩国化妆品出口首次突破1亿美元，中国市场则以16.7%的份额超过美国成为韩国化妆品第一大出口市场。

然而，在经历了几代韩星如金喜善、裴勇俊、宋慧乔等的大红大紫之后，韩剧的影响力渐渐式微。近年来，年轻观众群体的趣味逐渐调转向节奏更加明快的英美剧，直到2013年《继承者们》等韩国偶像剧播出，韩剧才出现了复兴。

据艺恩咨询相关数据，2013年韩国文化创意产业产值达到91.53万亿韩元（约合855亿美元），同比增长4.9%，其中出口额50.9亿美元，同比增长10.6%，中国则是其最重要的市场。

2014年，韩剧《来自星星的你》带动了"韩流"的第三次高潮。该剧自2014年新年播出不久，收视率和话题就一直居高不下，网络上的追星党、教授党（因男主角在剧中身份为教授而得名）规模庞大。与《继承者们》不同的是，"星星"迷从资深"韩粉"席卷到了娱乐圈的众多明星，如杨幂、赵薇、高圆圆等都成为该剧追剧党，明星们纷纷在微博等社交网站发表该剧台词及配图，进一步刺激了该剧的火爆程度。

《来自星星的你》之所以如此火爆，不仅是因为该剧制作精良，还因为剧中无处不在的时尚元素。在剧集播出后，主角们的衣着搭配，身上那些或低调奢华或高调张扬的美丽大衣、包包、配饰，以及主角使用的唇膏、眼影等化妆品都成为新的潮流风向，引发年轻消费者的购买欲望。

其实，日风、韩流、欧美潮一直是中国化妆品网购市场的三大主流消费热点，而热播韩剧则为韩国美妆品牌抢滩中国创造了良好的营销氛围。中国有不少女性认为韩剧里女演员皮肤好是因为使用了优质的化妆品，这使得她们对韩国化妆品和美容产品的需求持续增多。

韩国贸易协会发布的一组数据显示，随着韩国电视剧近来在中国深受欢迎，2014年1月至5月韩国对中国的消费品出口额达到32.2亿美元，同比增加9.3%。同期，韩国对中国的出口总额同比增加0.1%，达到581.7亿美元。其中，2014年第一季度化妆品和美容产品的出口同比增加320%。韩国关税厅（海关）发布的一份数据显示，2014年6月韩国国产化妆品出口额达1.525亿美元，创下2000年1月以来的单月新高。

韩剧引导中国年轻消费者购物的巨大能力，自然吸引了各大电商的目光，只要hold住韩剧，就能离目标消费群更近一步，因此各大电商纷纷打起了在韩剧投放植入式广告的主意。什么是植入式广告呢？就是指将产品或品牌及其代表性的视觉符号策略性地融入电影、电视剧或电视节目内容中，通过场景的再现，让观众留下对产品及品牌的印象，达到营销目的。

首先发力的是资金雄厚的手机淘宝，其在韩剧《三日》中小有露脸，而且挑选了观众最重视的大结局作为"出场秀"平台。剧中女主角用手机淘宝中的淘点点下单购物，镜头中出现了韩文版的手机淘宝界面，让中国观众大为惊喜。而且，为了配合手机淘宝在韩剧《三日》大结局中的惊艳亮相，淘宝的宣传造势也不遗余力——在首页设计《三日》结局大猜想板块、推出"泰京（剧中男主角名）带你在淘点点上大吃三天"等活动。同时，在大结局播出之际，手机淘宝官方微博也进行了同步直播，让初登韩剧舞台的手机淘宝稳稳地着陆。在韩剧《Doctor异乡人》中，手机淘宝更是直接成了赞助品牌在片尾出现。

经济实力仅次于阿里巴巴的京东自然也不甘示弱，选择在韩剧《你们被包围了》中投放了植入式广告——剧中人物使用的数码产品均为京东自有品牌。

誓将娱乐营销进行到底的聚美优品，当然也不会错过在韩剧中投放植入式广告的营销方式。

聚美优品选定的目标是2014年7月2日起播出的《命中注定我爱你》，一开始，聚美优品的标识只是和该剧的其他赞助商的标识一起出现在了每集片尾。随着该剧的热播，聚美优品果断增加了广告投入，因此在该剧第十七集中，聚美优品有了几分钟独家展示时间：聚美优品作为该剧男主角家族公司"匠人化学"在中国的合作电商在剧中出现，不仅那标志性的桃红色和黑色组合的"聚美优品"4个大字出现在了剧中的PPT里，剧中人物还对聚美优品给予了高度的赞美：

"在中国市场具有很高占有率的电商网站……以至今累积下来的口碑来保证正品贩卖……执着于正品的社长（聚美优品CEO陈欧）与我们'匠人化学'追求家门门风及良好口碑的口号也非常吻合……与我公司富有高级感的风格相同，全世界名牌都在通过这个网站进入中国市场……大家不用担心配送问题了……商品将被装在这种漂亮的箱子里安全地进行运送……我们也要配得上这个箱子，做好我们商品的优质产业链。"

或许正是通过在韩剧《命中注定我爱你》的营销尝试，陈欧意识到在韩剧中投放植入广告针对的其实是中国观众，而不是韩国观众，因此聚美优品在2014年11月12日起播出的《匹诺曹》中投放植入广告时，没有要求在剧情中植入，而只是单纯地追求场景植入，即在电视剧某些场景中出现聚美优品标志性的粉红色包装盒，以及在大结局的一个场景中出现陈欧为聚美优品代言的海报。韩国观众可能对这些品牌标志感到陌生，但熟悉聚美优品的中国观众一眼就能认出来，并将其升级为一个新鲜的微博话题来讨论传播，无形中就提高了聚美优品的知名度。

从聚美优品在韩剧《命中注定我爱你》和《匹诺曹》中的植入广告来看，其挑选的韩剧拥有共同的特点——青春、时尚，这其实就是聚美优品用户群的主要特点。对于聚美优品而言，只有抓住这类青春、时尚的韩剧，才能离目标用户群更近。

Part 4

讲究精准花钱，开创不烧钱的电商新模式

人们通常认为电商是一个烧钱的行业，聚美优品却讲究精准花钱，用1300万美元做了别人花几亿甚至几十亿去做的事情。1300万美元最终变成30多亿美元，这是资本市场对于聚美优品模式的肯定。在烧钱模式之外，聚美优品提供了一种新的不烧钱的模式，这正是其商业价值所在。

第一章　保持自我质疑，才能不断突破

每天担心公司明天会死掉

在北京东二环中汇广场25层的一间办公室里，有一方嵌在墙壁里的长方形大鱼缸，鱼缸里没有布置任何水草细沙，只有两只面露凶色的小型鲨鱼不知疲倦地来回游动。嵌在墙上的是陈欧的办公室，这是陈欧的鱼缸。在他看来，中国的互联网市场环境就像这个鱼缸，而聚美优品就像是游走在其中的小鲨鱼，他借此时刻提醒自己，江湖险恶，危机四伏。

陈欧特别喜欢微软创始人比尔·盖茨的那句话——"微软离破产只有18个月"。比尔·盖茨之所以会如此警告自己公司的员工，就是因为他深知软件行业日新月异，每个软件的生存周期最多只有18个月，如果不能及时推陈出新，微软极有可能被其他的软件公司所取代。因此，微软公司文化中还有这样一句话："每天早晨醒来，想想王安电脑，想想数字设备公司，想想康柏，它们都曾经是叱咤风云的大公司，而如今它们已经烟消云散了。一旦被收购，你就知道它的路已经走完了。有了这些教训，我们就常常告诫自己——我们必须创新，必须突破自我。"比尔·盖茨正是因为深知"人无远虑，必有近忧"的道理，才能带领微软不断创新，从一家默默无闻的小公司变成现在的行业巨头。

同样，在变化多端的电商行业，陈欧也像比尔·盖茨一样充满危机意识，他也用"我们每天都担心公司明天会死掉"这句话来告诫公司上下，危机随时可能降临。陈欧认为，"聚美过去4年只融了1000多万美元，能活到今天，就是因为极强的不安全感，我们每天都担心公司明天就会死掉，如果不是因为有这种不安全感，我们做不到今天"。

陈欧长期把自己置于一个高度紧张的作战状态中，公司上市后第二天，他就在给员工的内部信中写道：把聚美从手机股票软件中删掉，不要计算自己的身家。

对于陈欧的高度危机感，聚美优品高级副总裁刘惠璞有着十足的切身体会："基本上聚美每年开会的主题就是，聚美要死了！我加入聚美第一天，陈欧口中说，聚美再不干就完了！聚美要死了！然后聚美一天天强大了起来。……博尔特跑出一个成绩来，9秒，把百米纪录提高了几秒的时候，世界上赞誉，这是人类能跑出的最快的速度，你知道陈欧会说什么吗？陈欧会说，他这样的话，我觉得8秒也是有可能的。"

聚美优品的联合创始人戴雨森对此也深有体会，"跟陈欧一起工作很难得到赞美"，他对陈欧开会时经常使用的机关枪式的排比句印象尤其深刻，陈欧开会时经常会说："你有问题，你有问题，全都有问题，我们还有太多问题要解决，加油啊！"

由于陈欧每天都处于高度紧张的状态中，有时候就会搞得自己草木皆兵。刘惠璞曾说："明明跟他（陈欧）没关系的一件事情，比如今天一个企业被哪家企业颠覆了，陈欧就会愁容满面地跑回公司来，拍着桌子讲，我们要被颠覆了！我问谁颠覆？不知道！反正我不改变就会被别人颠覆，差一点儿就被颠覆了！"

有时，就连一般人眼中很微小的事情，也会让陈欧神经紧张。比如，最基层的员工提出离职申请，陈欧也要刨根究底地去问对方为什么。因为在陈欧看来，这件事情发生一定是有理由的，这个理由到底是什么,他得搞清楚。在刘惠璞这些聚美优品的高管眼里,陈欧就像是"一只守在网络中心的蜘蛛,网上任何一处有动静,他就哒哒哒爬上去,看一看是食物投网还是危机降临"。

因为精神高度紧张焦虑,陈欧有时候会失控。比如,他传递给员工的信息有时是严重警告式的,比如,"你会把公司害死的"。在面对聚美优品中极少数不靠谱的人时,陈欧甚至失控地砸坏过欧米茄手表、iPhone 3、iPhone 4、iPhone 5,可以说,他的手机正是因为不断被砸坏而更新换代的。

聚美优品这家公司就好比一座大厦,如果你总是担心大厦随时可能因为一根柱子倒塌的话,这种不安全感确实会让人发疯。再加上电商业洗牌确实太快了,早期的很多电商企业今天已经输得一文不值了,天天看到自己的竞争对手倒下,陈欧的内心感到非常恐惧,整个人都笼罩在浓重的忧虑情绪中。

"静谧的非洲大草原上,夕阳的余晖普照大地,这时,一头狮子在沉思:明天当太阳升起,我要奔跑,以追上跑得最慢的羚羊;此时,一只羚羊也在沉思:明天当太阳升起,我要奔跑,以逃脱跑得最快的狮子的追捕。所以,无论你是狮子或是羚羊,当太阳升起,你要做的,就是奔跑。"

这是许多管理课程中流传甚广的故事。自然界优胜劣汰,战场上成王败寇,商业竞争同样如此。孙武在其杰作《孙子兵法》中说:"乱生于治,怯生于勇,弱生于强。"他将乱与治、怯与勇、弱与强视为矛盾的统一体,每对概念在一定的条件下可以相互转化。因此,在作战之时,必须时时保持警惕,留意形势变化。任何事情都有好与坏的两面,满足和停留就意味着危险,因而危机意识在不同领域的博弈中都具有重要意义。

心存危机意识,你就会小心提防,时刻保持高度的警惕。这样才能避免给敌人以可乘之机。有了危机意识,才能尽量避免陷入危机,从而更好地发展。

无论企业当前发展得多么稳定,都难以抵御敌人各种各样的威胁。在敌人积聚实力的同时,企业自身不突破、不进步,势必会落在后面。因此,企业必须以自身的发展来超越敌人的发展,以自身的进步来超越敌人的进步,一刻也不能停息。

有一头野猪对着树干磨它的獠牙,一只狐狸见了,问它为什么不躺下休息享乐,而且现在也没看到猎人和猎狗。野猪回答说:"等到猎人和猎狗出现时再磨牙就来不及啦!"就像野猪所说的,在竞争中任何时刻都不能放松,如果没有远见,看不到潜在的危险,那么,在你防备松懈的时候,危险便会突然而至,到哪时你除了惊惶失措、束手就擒之外,还能有什么作为?

人如果时刻都有危机意识,不敢懈怠,那么便能生存;如果没有远虑,今朝有酒今朝醉,自我满足、自我陶醉,那么就有可能走向灭亡!

自己不革命,就会被别人革命

陈欧认为:"企业家的不安全感才是企业发展的真正原动力。说句实话,你看今天马化腾、马云谁有安全感?谁都没有安全感,都在不停地往前奔跑,李彦宏也是如此。因为所有互联网公司都需要不停地革自己的命,否则就会被别人革命。"

电商行业的变化非常快,它不像某些传统行业——一旦占据领先地位就不用担心别人颠覆你,电商企业的新旧更替是很容易发生的。互联网本来就是容易被颠覆的行业,电商更是互联网行业当中门槛较低的一类,这注定了电商企业只有通过不断竞争才能活下来,而且没有一家电商企业可以说自己永远屹立不倒——一旦企业停止成长壮大，未来总有一天会被瓜分。

"革命"这个词最早见于《周易·革卦·彖传》："天地革而四时成，汤武革命，顺乎天而应乎人。"在这里，"革命"一词的含义是变革天命，也就是改朝换代，如商汤推翻夏朝、周武王取代商朝的行为就被称为"汤武革命"。随着时代的发展，革命的含义逐渐拓展，到如今，革命的含义已经变为：推动事物发生根本变革，引起事物从旧质变为新质的飞跃。其实，说得简单一点儿，就是现代的"革命"一词的含义渐渐趋同于"创新"。

总结陈欧两次创业成功的原因，我们都可以将其归结为创新。陈欧的第一次创业，就是因为他看到了游戏市场的一个空白——游戏玩家缺乏一个洲际对战平台，于是他创办了第一个全球性的游戏互动平台——GG game平台，一年内吸引了300万用户，也为陈欧赚得了他人生中的第一桶金。

陈欧的第二次创业——在社交游戏中内置广告，也是抱着创新的理念来做的，因为当时中国的游戏市场上还没有这种商业模式，因此他确信当时市值20亿美元的中国在线游戏产业将大有可为。然而，这一次陈欧的创新遭遇了水土不服，公司很快走到了倒闭的边缘。

这个时候，陈欧凭借再一次创新——转型做化妆品团购（团美网，聚美优品前身）拯救了公司。几个男人来做女人的生意，本来就是一种创新，更何况陈欧采取直营模式，更是使得团美网在上线的第一个月就获得了10万元的销售收入，而不到5个月注册用户就已经超过10万。而且这些注册用户的回头率非常高，几乎达到100%。经过短短几个月的时间，团美网的日单量就达到了5000单，销售业绩每个月都超过了2000万元。

尽管团美网发展迅速，但一向有着极强危机意识的陈欧很快就发现团购行业的短板——团购的门槛太低，而这种过低的门槛根本不能保证团购行业的持久、健康发展。

"我觉得好的商业模式，不一定来钱特别快，但是你一定要建立起门槛。如果你建立不起门槛的话，别人要杀进来只是资本问题。中国人不缺钱，创业公司融的钱和大公司不能比。除非公司规模大到别人完全进不来，或者毛利低到别人完全进不来，这是一个门槛，但是现在来说，我没看到团购企业有这样的门槛。"在陈欧看来，这种低门槛的直接后果就是，团购网站的诚信问题和服务问题都相当严重，久而久之影响了整个行业的形象，"竞价的过程本身就存在服务质量随之降低的风险，诚信问题由于企业规模良莠不齐也同样得不到保证"。

而化妆品市场又是最需要诚信保证的市场，这也给团美网的进一步发展造成了极大的阻力。陈欧曾分析说："例如，化妆品淘宝店可能找不到包货的人，还可能发货发一两个星期都到不了消费者手中，这种体验其实是在伤害消费者。这样做尽管销售额上去了，但是你未来会还的。看看相关数据就会发现，团购网站其实已经伤害了很多消费者，想用钱抓住用户，但是消费者已经开始实实在在地流失了。"

在激烈的市场竞争氛围下，团美网当时并不占据价格优势。"我们的产品价格并不算低，尤其是和其他团购以及淘宝相比。有些产品是打折销售的，折扣很低，还有一些产品则是以附加赠品的形式销售。"在全面分析和深入思考后，陈欧最终决定将团美网全面转型成B2C网站，即聚美优品，但其产品线仍集中在美妆领域。在陈欧看来，"说是转型，其实只不过是更突出了B2C要素，团队、资金都没有变化"。

对于此次转型，陈欧的评价是："我们远离了团购的不靠谱和恶性竞争。我们做的是针对女性的B2C服务,本质其实是B2C,团购只是一个页面展示形式而已,我们做的其实是现实促销。"他接着给聚美优品做了定位,"聚美优品应该是爱美丽的女性上网第一站,这是我们的垂直定位"。2014年,聚美优品成功在美国纽交所上市,充分证明这一次转型是十分成功的。

在对用户的服务上,陈欧也一直特别注重创新,比如,聚美优品第一个推出化妆品业界最高售后政策——30天拆封无条件退货,打造顶级信任体验;在业界率先推出买二包邮,为用户带来实惠,服务处于行业领先地位;率先牵头各大化妆品品牌成立首个中国化妆品真品联盟,并建立真品防伪码联盟防伪体系,彻底解决中国化妆品真假难辨问题,切实保护消费者的利益。

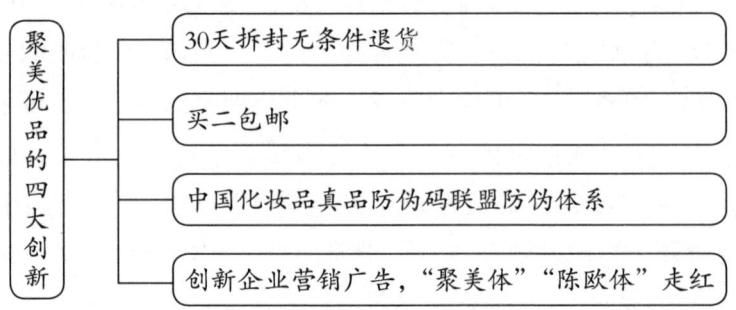

而更大的创新,来自于陈欧亲自策划的聚美优品原创营销广告。陈欧说:"在营销方面,我个人觉得一定要创新,你没有创新没有新的点,没人会记住你。成功的营销,往往是有可能把公司带入一个新的高度的,不管是以前的凡客找韩寒代言,还是赶集找姚晨代言,都是成功的营销,都把企业托到一个新的高度。我觉得这个是很关键的,尤其是在电商公司都拼命烧钱、拼命请明星、拼命打广告的时候,谁在营销上能够做得更好,谁就能够走得更远。"

"聚美体""陈欧体"的走红,如陈欧预期的一样,为聚美优品带来了大幅上涨的人气和销量。而陈欧在企业营销广告上的创新意识，也获得业界的一致认可。在《环球企业家》发起的"2012年环球创新盛典"上，聚美优品就凭借CEO营销案例荣膺2012年度"年度营销创新奖"，获奖理由是："2011年，聚美优品以陈欧作为品牌代言人进入人们的视线，省去明星代言费的同时，开启了电商品牌拟人化的新路径，为电子商务融入更多社会化属性，获得了最具人气美妆电商之称。"要知道，环球企业家创新盛典颁发的创新奖项都是国内财经界相关创新领域最具分量、影响力最大的荣誉，而聚美优品又是此次获奖的唯一一个垂直B2C电商代表，这称得上是无与伦比的荣誉。

陈欧心里十分清楚，互联网营销的精神是创新，要想更好地生存下去，你就只能不停地创新，因为这是一个创新鱼吃保守鱼的时代，如果没有敢为天下先的持续创新精神，等待你的就只有平庸和死亡。中国电子商务的竞争是非常惨烈的，而要在恶性竞争、同质化竞争的环境中做大做强，聚美优品除了需要足够强大的内心外，还需要对品牌营销和用户体验进行持续创新。

太阳每天都是新的，新经济下没有旧经济，只有守旧者。面对充满挑战和希望的明天，我们只有不断创新，不断挑战自我，才能超越自我。如果创新这个动力不足，企业便无法向前发展；如果这个动力的方向出现偏差，就不能给企业带来有效的收益。所以，只有企业上下所有员工都按照同一个方向——企业发展的方向出谋划策、开拓创新，企业才能做大做强。

人一旦钱多了，智商就会下降

在陈欧的办公桌上，摆放着一座列奥尼达手持圆盾和长矛的铜雕。这位斯巴达国王曾率领300精兵，与20000多波斯大军同归于尽。

陈欧很喜欢《斯巴达300勇士》这部电影，他在骨子里就觉得，"以少胜多才能当英雄。聚美优品真的是以少胜多的公司……因为我们面临的对手一直比自己强。电商是烧资本的一个行业，不是靠创意，但我们现在硬生生把它变成了靠创意和执行去取胜的公司，简直是奇葩中的奇葩"。

陈欧一直觉得，"人一旦钱多了，智商会下降，就会丧失决策能力"。在他看来，企业在融资资金到位后，创业者一定要保持清醒的头脑，不要有暴发户的心态，不能有钱了就广告乱投一气。无论手头拿着多少资金，在营销时都要多动脑筋，看公司的基因是什么，特色是什么，你想吸引哪些人群的注意，想收到什么样的效果。在砸钱投广告之前一定要把这些问题想清楚。

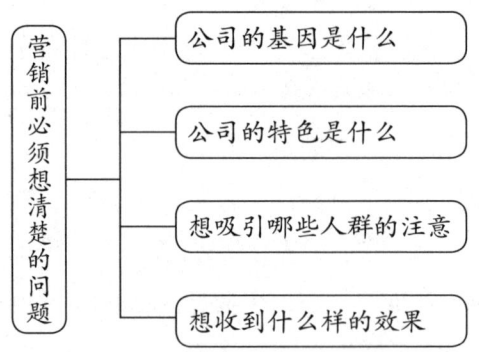

在陈欧看来，"钱太多"是现代企业在发展过程中很容易遇到的一个陷阱。他看到过很多企业放弃融资，也看到过很多电商企业因为钱太多犯错误，"因为钱未必会变成你的生产力，却很可能变成你的负担，当你融到大量的钱，你很有可能把钱烧在不必要的市场行为上，导致公司快速亏损。如果企业把钱变成了不良库存，它唯一能做的事情就是打折甩卖，最后会让自己陷入万劫不复的境地"。

Part 4
讲究精准花钱，开创不烧钱的电商新模式

正是因为看到许多同行在大量融资后犯错——疯狂地烧钱，疯狂地做营销、打广告，所以陈欧从一开始就不敢融太多钱。有人曾这样评价聚美优品："聚美优品是资源最少的公司，它有着最年轻、最草根的没有资源的团队。"对于这个评价，陈欧表示认同："因为这个原因，我们在营销策划上费了很大劲，每次投放广告都需要非常详细的方案。聚美在只有很少钱的时候，必须小心翼翼地追求盈利。"

陈欧说："我想证明，在电商领域，不用融多少钱也能把它做起来。我能不能只融1000万美元就把公司带上市，而且还能赚钱？这是挑战，否则就是价格战、烧钱、融资。其实我在不停地证明自己的路是不一样的，是独辟蹊径的。"

许多企业在融资成功后，除了疯狂地做营销，还会开始疯狂扩张，如增加业务线，增设事业部经理，等等。结果，山头林立，办公室政治也多了，有了任命就有了权力，人多了浪费也就多了。本来很优秀的企业在融得大量资金后急速扩张，所有的融资全变成了卖不掉的库存。这样的案例陈欧看得实在太多。

在聚美优品决定做自有品牌时，陈欧以高薪对外招聘有经验的主管，其中一个人令他印象深刻。那位应聘者提出的工资不菲，比聚美优品副总裁的工资还高。可问题是，这位应聘者以前的经验并不能证明她值得聚美优品给她高薪。她做了什么？一年制造了一个亿的库存卖不掉，直接把供应商拖死了。陈欧很直接地问她："你能给聚美带来什么？"她微微一笑道："我有烧一个亿买来的经验教训。"陈欧接着问："那你要多少工资？"她羞涩地说："跳槽怎么也得涨个50%吧，期权总得有吧，毕竟是高管。"对于这种对自身能力没有清醒认知的应聘者，陈欧只能给她一个微笑，礼貌地将其拒之于聚美优品门外。

可惜，如今的人才市场上流通最大的就是这样的人。很多企业融资后扩张，且不说方向对不对，对业务的理解和人才储备根本跟不上扩张的需求。公司里多了一堆副总裁和总经理，但结果是，除了多了一堆没创造业绩的人和烧了很多钱，什么效果都没有。这种扩张只会把资金白白烧掉，替盲目增设的管理人员交学费，而这些管理人员最后还可以轻松跳槽，找到好工作，而企业往往就因为盲目扩张死掉了。

电商行业一直以来就是一个烧钱的行业，用烧钱置换时间和用户的打法成为电商巨头崛起的普遍规律。陈欧却希望打破这一规则，他希望在极少资源的情况下高效利用资源，用一种最高效的执行力和创意打败对手。

陈欧也确实打破了这一规则，他领导下的聚美优品在2014年5月16日提交了一份完美的上市成绩单：成立4年，收入超50亿元，占到整个B2C美妆22.1%的市场份额，排名第二的占有率是8.8%；聚美拥有超过千万级别的活跃用户，88.9%重复订单率，0.13亿美元累计融资，创业第3年就开始赢利，目前移动端收入占比达到惊人的49%。

2014年8月19日，聚美优品又发布了截至2014年6月30日的2014年第二季度未经审计的财报。财报显示，聚美优品第二季度总净营收达到1.544亿美元，比去年同期的1.088亿美元增长41.9%；归属于聚美优品普通股东的净利润为1540万美元，比去年同期的1000万美元增长了53.6%。聚美优品第二季度每股收益为0.13美元，而华尔街5位分析师此前预计聚美优品第二季度每股美国存托凭证收益0.12美元。此外，华尔街6位分析师平均预计，聚美优品第二季度总营收1.4961亿美元，而聚美优品的实际表现也比分析师预计的要优秀。

对于聚美优品在上市后的辉煌成绩单，陈欧除了高兴还是高兴，他说："很高兴看到公司发布了强劲的季度财报，这一财报展现了我们持续增长的动力和持续增加的运营效率,这些结果可以通过我们的成交总额同比增长64.3%、净营收同比增长41.9%以及净利润同比增长53.6%等业绩得到证明。这是我们于2014年5月16日在纽约股票交易所成功公开募股之后的首份季度财报,也是聚美优品公司史上重要的里程碑。我们将致力于加强公司的供应链管理,并执行严格的质量管控措施,这样才能继续吸引国内外更多的顶级化妆品牌。作为这些努力措施的一部分,我们于今年(2014年)6月扩大了产品测试范围,以此加强聚美优品公司在质量和可信度等方面的声誉。我们的目标就是提高中国化妆品行业的门槛,并为我们现行的打击假货行动制定新标准。"

第二章 拒绝人才泡沫,好钢用在刀刃上

鼓励优秀,理解平庸,苛责不靠谱

聚美优品能在短短4年间成功在美国纽交所上市,与它的人才管理机制有很大的关系。聚美优品在人力资源上有一个很大的特点,那就是聚美优品人才年轻化程度非常高,企业能够大胆地任用年轻人,建立自身的人才培养机制。

在人才管理上,聚美优品一直推崇一个信条:"鼓励优秀,理解平庸,苛责不靠谱。"这种充满狼性特征的文化,虽然会使聚美优品内部的冲突暴露,但对于快速成长中的聚美优品来说,不失为预防管理问题的一剂猛药。

1. 鼓励优秀

为了"鼓励优秀",陈欧在聚美优品努力打造一个扁平化的沟通氛围,每个人都可以找他聊天谈话,把自己的想法和问题说出来一起讨论。对于聚美优品的员工来说,在公司获得的幸福感并不是来源于福利,而是来自公平的机会,他们在这里可以真正追求自己的梦想。聚美优品的每个人都知道,自己的公司正在改善着很多人的生活,这本身就是一件了不起的事。

同时,在聚美优品,每个人的岗位权责都异常清晰明确,因为陈欧希望自己的下属都是既能够独当一面也勇于承担责任的精兵悍将,聚美优品里没有来养老的人,只有想实现自己价值和梦想的人。从创业最初自己当伙计,到公司高速发展后适当放权,一向是考验一个创

业团队的重要体现。对于放权,陈欧有着自己的心得:"放权是让他能犯一个可以扛得住的错误。作为管理者,需要做的是制定规则,让每个人的岗位能承担一个扛得住的风险。"聚美优品之所以可以用吸引力不是很强的薪水请到好的人才,也正是源自这个平台的吸引力,与之相对的,福利只是实现梦想后的附加值。

也正因为这个"鼓励优秀"的政策,聚美优品这个年轻团队中的每一个人都有一颗成为"精英"的心,而"精英基因"就是要有年轻人的朝气蓬勃、充满激情、有战斗力、敢想敢做,能为自己的梦想去努力,主动争取机会并做好充分准备,甚至可以有"做CEO"的梦想;能勇于承认同行比自己做得好的地方,学习他们的优点,也能及时地看到他们存在的潜在风险而引以为戒。

2. 理解平庸

尽管陈欧无法容忍自己是一个平庸的人,但他也深知要使一家公司里的每一个人都成为"精英"是件很困难的事,因此他选择"理解平庸"。俗话常说"五根手指头各有长短",一家公司的员工能力略有参差也不足为怪,这就像盖房子。建造一栋楼房,需要大块的砖头,但同时也需要小块的碎石和水泥,虽然看上去,是那些大石头在承担着遮风挡雨的工作,但是那些小块的碎石和水泥,一样是必不可少的原料。每个企业中都会有一些员工,虽然在能力上落后于大多数同事,但是由于一些优良的性格和品格,他们往往在优秀员工间起到穿针引线的作用。这类员工的存在,从长期看,非常有助于企业组织结构的牢固。因此他们对企业同样是一笔巨大的财富。正是因为有这些"小石头"的存在,"大石头"才得以发挥更大的作用。

其实,一家企业真正的实力不在于有多少有用的人,而在于能让一个人发挥出多大的能力。如果不会用人,那么拥有再多的人才也没有用,反而会因为彼此都有棱角而发生摩擦,影响工作。如果会用人，能够让每个人都发挥出最大的能量，那么即使是一群普通人，也一样可以做出不凡的业绩。

3. 苛责不靠谱

一家公司要想持续地高速发展，需要每一个员工能够同步成长。但现实情况是：不是每一个人都能成长得一样快。

面对聚美优品高速成长带来的一系列问题，陈欧没有对那些"不靠谱"的员工继续保持和气，而是选择"带头苛责"他们。当然，苛责并不是陈欧的最终目的，只不过是激励下属进步的一种手段。

陈欧的这种"苛责"是很讲方法的，他会根据每个掉队者的不同性格"区别对待"。

比如有些人性格特别好强、好面子，第一次犯错或掉队被提醒感觉到压力之后，就不希望再被说第二次，会拼命追上来，陈欧就会在他掉队的第一时间给予他适当的"苛责"，快速激发他的战斗力。

对聚美优品高层以及早期合作伙伴，陈欧的要求更是特别严厉，一如他对自己的苛刻。在陈欧看来，他必须要对公司管理层提出严厉要求，原因主要有两点：

（1）于公，管理层被赋予了极重的责任和极大的权力，与陈欧一起承担着责任和风险。

（2）于私，在整个公司里面，陈欧与他们感情最深，关系最密切，自然觉得有义务督促他们快速成长，他希望每个人都能快速成长，不掉队。

因此，在公司里，陈欧经常对管理团队说的一句话，就是"尊重是靠自己挣的，不是靠别人给的"。在陈欧看来，一家公司要想做大做强，就绝对不能让感情凌驾于理智之上。尽管他十分看重大家一起打拼的情义，但在跟公司利益有关的一切事务上，陈欧一直秉持的观念就是"重情义，靠本事吃饭"，他绝不会为了顾及情义而阻碍公司的发展。

在陈欧这个重度完美主义患者的影响下,整个聚美优品团队形成了一种狼性文化氛围,这种氛围让每一位管理者深刻地意识到:只有在其位谋其事,做出相应的业绩,才能获得尊重。

"好基友一辈子"是个大陷阱

不知道何时,"好基友"成为同性好朋友的代名词,"好基友一辈子"也成了友谊牢不可破的最理想境界。然而,在企业创业过程中,"好基友一辈子"带来的可能不是美好和谐的景象,而是企业迅速败亡的恶果。

在创业励志电影《中国合伙人》里,佟大为饰演的王阳在自己的婚宴上对一起创业的两个兄弟说:"不要和丈母娘打麻将,不要和想法比自己多的女人上床,不要和最好的朋友合伙开公司。"这可真是"酒后吐真言",因为在随后的情节里,这3个好兄弟就真的为了公司的利益、个人的利益大打出手。当然,他们合伙创办的公司最终上市,有了一个非常美好的结局。而在现实生活中,大多数的公司都没有这样美好的结局,有些甚至逃不过吵架散伙的结果。

对于电影中王阳说的这句酒后真言,陈欧十分赞同。在他看来,对于一家企业来说,所谓的"好基友一辈子",其实是一个阻碍公司发展的大陷阱。尽管他相信他能够和创业的伙伴们走到最后,但他在管理企业的过程中逐渐发现一点:如果没有一个正确的管理观念,或者正确的股份划分的话,好朋友很容易变成敌人。

从0到200万元的日销售额，聚美优品只用了一年多时间；从屌丝企业到在美国纽交所上市，聚美优品只用了4年时间，由此可见聚美优品的企业发展多么迅速。在公司这种超预期的飞速发展中，难免会有人跟不上公司发展的步伐，如果这些人中还有公司的创业元老，问题就来了：企业家该怎么安置这些元老呢？

在陈欧看来，这时应该采取最有利于企业发展的办法，那就是让这些跟不上发展的创业元老退位，他们能主动退位当然更好，至少在面子上会好看一些。对于创业者来说，怎么处理和队友的关系是十分重要的，千万不能到最后因为所谓的兄弟义气，让一个不称职的人去做事，那样不但会损害公司的利益，最后甚至会伤害双方的情感，这样的教训在现实中并不少见。

陈欧的许多朋友就常常在吃饭喝酒后抱怨，说什么兄弟不给力、团队不给力。因为是兄弟，兄弟需要有面子。而陈欧认为，面子是自己挣的，不是别人给的，如果合伙创业的兄弟跟不上公司的发展，那他就不能为自己挣得面子，这时强行给他面子，反而是在害他，也是在危害公司。

因此，陈欧多次告诫年轻的企业家："如果真的有一天你们公司因为团队的不给力，因为早期创始团队或者元老之间的关系理不顺而失去最好的发展机会，你们永远做不了朋友，反而可能变成一辈子的敌人。所谓高速发展并不像大家看到的一样只是充满了机遇，其实也充满了陷阱。很多时候，创业公司踩到一个陷阱，就有可能万劫不复。到现在我仍能看到很多巨头还在为当时犯的错误交学费。"

在陈欧看来，当联合创始人或元老跟不上公司的发展时，最好的办法就是换掉他，当然创始人和元老的荣誉是不可剥夺的，完全可以让他保留自己的股份。要知道，高管的位置永远属于能够把公司做好、对股东有价值的人。如果元老和创始人在高管的位置上，因为他的个人瓶颈问题造成公司的落后，这就伤害了所有股东包括他自己的利益。

古话说得好："当官就不要想发财，想发财就不要去当官。"公司创业的早期元老已经获得了大量的期权，价格比较低，数量比较大，相对于后面的高管这已经是很大的利益了。可能早期的行政经理拿的期权比后来的副总裁还要高，这在创业公司很正常。一个人既要发财又要当官，这不是太贪心了吗？照这样来说，早期员工既然发了财，就应当把官让出来给别人当。

因此，在陈欧看来，对于那些跟不上公司发展的创业元老，这时候完全可以让他当个副总裁、副董事长或研究院长这样的虚职，把位置让出来给更适合的人。而且，从另一方面来看，如果你请来的职业经理人来到企业后和你不同心，万一出事，这时候还可以把那些创业元老再请回来，这样的解决办法可谓是一举两得。

当然，有些企业也会选择把跟不上公司发展的创业元老赶出公司。陈欧觉得这样的调整太不近人情，因此他还是倾向于更人性化的解决方法，那就是引进更强的人，然后拆部门，实在不行就拆职权，简单说就一步步拆，但是对创始人和元老还是要保持尊重。

通过"301"事件，陈欧也更加深刻地意识到："如果有一天我都不能胜任聚美的CEO，有人比我做得更好，那我当个董事长就可以了。公司管理可以交给更专业的人去做。"

陈欧的好兄弟戴雨森也和他有着相同的观点："并不因为我是聚美优品的联合创始人就一定要坐在最重要的位置。创始人是一种荣誉，一开始就做这个事情，作为股东，因为我们冒了一定的风险，所以有一定的利益分配，这样导致我们必然是高管。但是如果我们自己没做好，首先损害的是自己的利益，那就应该让给更强的人。在这一点上我的心态是开放的。3个创始人把所有的事情都管了，那样最好，但是不一定会这么完美。"

后来，陈欧又从他那位有着新东方联合创始人经历的恩师徐小平口中学到了合伙人之间的一种规则："联合创始人是一种身份、一种地位，而不是一种职位。"

"一强扶百弱"让企业受惠者

有数据显示，未来10年间，我国电商的人才缺口将达到200万～500万人。人才稀缺直接导致了电商行业起薪高的现状。由于电子商务发展迅速且竞争激烈，为了夺得市场，电商企业需要能够直接上手的、有工作经验的员工，但许多电商企业不愿意花很多的时间和精力去培训员工，于是电商企业间互相挖墙脚的现象十分严重，人才流失率居高不下。

尽管聚美优品也在忙着到处挖人，但聚美优品在人才遴选上有一个很独特的用人理念：一强扶百弱。

什么是"一强扶百弱"呢？就是找到一个能力出色的人来当公司的管理者，那么他手下管理的那些人就会高速成长，创造价值，这对企业和基层培养都是极为有价值的。

在陈欧看来，现在的许多企业挖人的策略是错误的，因为很多公司挖的是薪金在8000～15000元的人，而这些人在现在的互联网薪资结构中属于鱼龙混杂的部分，很难辨别人才的优劣，有经验无能力者非常多，来到新企业里基本就是吃老底，吃完老底就没有任何创新能力了。堆积中层管理人员是当下很多企业犯得最多、最严重的错误，因为这些身处中层的管理人员大多并没有独立的业务领导能力，或许他们拥有丰富的个人从业经验，但往往很难带好一个团队。所以很多企业招尖端人才时，要么狠不下心花大价钱，要么不用心引导，只是简单地把尖端人才的手下全部挖下来，殊不知，脱离了尖端人才的管理，这些看起来像是精英的手下大多瞬间变为废材，这样的代价其实是最高的。

一般来说，如果一个企业里有很多中层管理人员，而且这些中层管理人员的平均工资都在万元以上，那么我们就会发现这些中层管理人员身上会出现两个鲜明的特点：

（1）不背业务指标。

（2）山头林立。

人们经常听说最好的公司是关起门来大家吵，吵完以后大家干活。请注意，关起门来吵，吵完达成共识的是高管，吵完了达不成一致的是中层团队，中层在资源分配上没有什么决定权，他们决定不了很多事情，吵也是鸡毛蒜皮，吵也只是伤害感情而已。

其实，许多企业的中层管理人员都是因为工作年限久而被提拔上去的，大多都不是凭借十分出色的业务能力而被提拔的。许多人都有这样一种惯性思维，觉得自己在一个企业待了几年甚至十几年后，算得上是"没有功劳也有苦劳"，公司领导无论如何也应该给自己个官当。于是，许多公司领导对这些老员工于心不忍，往往会任命他们做一个小官，也就是成为中层管理人员。然而，一旦你任命他做中层管理人员，他就一定希望发声，希望别人尊重他的意见，希望发挥影响力。这样一来，公司里到处都是声音，到处都是领导，到处都是审批和意见。由此可见，对于一个公司来说，制造矛盾最好的方式，就是任用一大堆中层，然后天天看他们到你办公室吵架。因为你赋予一个人身份就是赋予他权力，有权力这个人就一定会用，没问题制造问题也要用。

举个例子，在一家企业的市场部总共有16名员工，其中3个人是副总裁，有公关副总裁、品牌副总裁、商务合作副总裁，有10个人是总监,还有2位副总监,剩下的就是一位市场专员。也就是说,16个人中15人都是"官","平民百姓"就只有一个人,就是那个市场专员。这个市场专员每天被支使得团团转,忙得连歇口气的时间都没有,而其他人却闲着上网聊天,这样的团队怎么可能拥有好的工作效率和效益?

正是为了避免聚美优品陷入这种中层管理人员堆积的窘境,陈欧才决定在公司内部实施"一强扶百弱"的人才配置方案。为了挖到一个优秀人才,陈欧总是费尽心思。比如,有一天下午,他在公司开会,中途接到一个电话后就匆忙结束了会议,晚上的演讲也推掉了,就是因为他要见一个业务总监,想把这人挖到公司来。还有一次,陈欧为了挖一个架构师专门跑了两趟上海,把这个架构师的一家三口从杭州忽悠到北京。公司员工都十分理解陈欧的这些行为,因为对于一家公司来说,遇到真正的人才,你必须强行挖,花再多的钱都是值得的,这样才能保证公司更快更好地发展。

正是因为实施"一强扶百弱"的人才方案,聚美优品才没有中层管理人员堆积这个问题。也就是说,聚美优品各部门之间基本没有内耗,所有高管都以业绩为导向,高层拍桌子吵架也是为了把事情定下来,中层则强调执行效率,一旦任务确定,立即按照计划开始分头行动。对此,有人可能会说:这样一来,中层的能力不是没有得到发挥吗?在陈欧看来,任何能力的发挥都要消耗公司大量的资源,都不是个人能力的发挥,而聚美优品还是一家正在成长中的年轻小企业,必须把好钢用在刀刃上,或许有一天聚美优品做成腾讯那种规模可能会大范围事业部化,囤积人才自主发挥,但至少现在不可能。

苹果创始人乔布斯曾在一次讲话中说:"我过去常常认为一位出色的人才能顶两名平庸的员工,现在我认为能顶50名。"乔布斯的话一点儿都不夸张，一位优秀人才的创造力、带动力以及影响力都是平庸的人无法比拟的。俗话说"近朱者赤，近墨者黑"，如果我们身边有一位非常优秀的伙伴，见贤思齐，我们或多或少都会受到他的积极影响。

天上掉下来的不如土里长出来的

在企业如何培养人才这个问题上，陈欧一直坚信："土里长出来的一定比天上掉下来的好，我很希望聚美能够培养自己的人才。这样的人成长起来之后，显然对于团队的凝聚力更有利，他们本身就有对聚美认同的理念，而新的员工也会在他们的带领下更好地投入到工作中。"

因为陈欧"我为自己代言"的效应良好，聚美优品在招揽人才方面，要比其他快速增长型企业幸运得多——聚美优品不但没有其他快速成长企业可能面临的人才困境，反而在人才招聘时具有更高的议价能力。聚美优品的校园招聘会更是场场爆满，连走廊都站满了人，这主要是因为陈欧个人拥有一大批粉丝，这些人因为陈欧的个人魅力而对聚美产生了良好的印象，因此有许多人会因为陈欧前来应聘聚美优品的职位。这对聚美优品这个团队来说可能是一件好事，但对聚美的人力资源部门来说，或许就是一件麻烦事了，因为他们不得不在正常的工作职能外再增加一项特殊职能，那就是帮总裁陈欧把纯仰慕者挡在门外，只留下那些认同聚美优品的企业文化和价值体系的人才。

虽然看起来摆在陈欧面前的人才选择更多，但陈欧在选择人才方面还是存在一个难题——电商是新兴行业，就连现在的电商巨头们也都是高速成长起来的，经验丰富的职员并不多，这就意味着"公司扩招的人，不一定是优秀的"。

既然扩招的人不一定是优秀的，那还不如自己培养人才。于是，陈欧在聚美优品设置了管理培训生制度，开始自己培养人才。在他看来，"我相信只要有好的工具、好的流程，一群优秀的年轻人能快速成长起来"。

聚美优品的管理培训生制度主要包括3个阶段：

（1）岗前培训：制定职业规划，学习公司文化，学习管理基础知识。

（2）轮岗培训：熟悉企业运营流程，通过轮岗培训学习，掌握市场、物流、运营、人力、财务管理的相关知识和实际操作技能，全面了解基层业务及工作流程。

（3）基层培训：在各部门基层工作历练，提升专业性的同时加速成长。

陈欧认为，培养人才的关键在于培养他们的自豪感。在聚美优品，陈欧给管理培训生提供了大到难以想象的成长空间：给予了公司的管理培训生足够的认可和重视，以及最好的薪水，努力让他们感觉到自己的与众不同，还让他们接触到公司高层才能接触的一些机密，让他们能真正看到整个公司的流程，包括最高管理层如何决策，如何解决问题，等等。在这样全方位的培养锻炼下，这群人快速地在战斗中成长起来。

或许许多人会问：花了这么多心血培养出来的人才，他的优秀程度是不难保证的，但陈欧能保证这些人才不会流失吗？陈欧对此并不担心，因为他在挑选管理培训生的时候自有一套原则，首先就是宁缺毋滥。

比如，在一次聚美校园招聘会上，陈欧翻阅了足足3000份简历，却只挑中了4个人。这4个人有以下的共同点：有过名校学生会的任职经历，有克服困难的经历和能力，充满自信，综合素质强。更重要的是，这4个人不是冲着高薪或者管培生的名头来的，而是真正想实现自己野心的人。可以说，他们是冲着聚美优品而来的，是因为看重聚美优品的成长性以及管理培训生制度能够给予每一个员工公平自由的成长空间才选择了聚美优品这个团队，只要聚美优品的这些因素不改变，他们被挖走的概率就小得多了。

聚美优品市场部的大部分员工也都是通过《非你莫属》节目招来的。有些人并没有工作经验，对此，陈欧丝毫不会担心，因为聚美优品这种创业型公司的市场部，需要的是学习能力强、能将工作落到实处的人，需要的是年轻、有思维、有冲劲、有创造力的人来做事。而事实证明这些年轻人做事是非常棒的，这就是陈欧大胆起用年轻人获得的最佳印证。

虽然成长很快，但营养供应始终跟得上

从2010年做化妆品团购起步，到2014年在美国纽交所上市，聚美优品仅用了4年时间。之所以能如此迅速地成长，是因为聚美优品有着一个青春洋溢、敢于拼搏的年轻团队：1983年出生的CEO，1986年出生的副总裁，1985年出生的技术总监，1989年出生的编辑主管，员工平均年龄仅26岁。而且，这个年轻团队中的优秀人才很多都是聚美优品自己培养出来的，而不是靠挖墙脚挖来的。

在如今这个年轻人跳槽已成为社会普遍现象的时代，聚美优品是如何留住自己培养出来的年轻的优秀人才的呢？答案就是，给予这些年轻的优秀人才足够多的激励。

说到激励，许多企业家比较喜欢通过画饼的方式去激励员工，

但陈欧不喜欢这样。陈欧解释说是因为他有一个来自清华大学的合伙人——戴雨森。

在清华大学，有一句话叫"行胜于言"，尽管陈欧不是清华大学的毕业生，但他深受戴雨森的影响，也十分认同这句话，用他自己的话来说就是"做人要靠谱""你要做的比你说的多，别人就说你靠谱。你给别人画个很大的饼，最后只吃到一点点，可能饼的味道也不错，但别人会觉得你不靠谱"。也就是说，如果一个人给别人带来的价值和实现的业绩永远超过别人的期待，别人就会认为这个人很靠谱。陈欧希望在员工心目中留下一个"靠谱"的好印象，所以宁愿少承诺多做事，说到做到，永远争取做到的比说到的多，因为他认为这是做人很重要的品质。

对于人才的激励，从员工刚进入聚美优品就开始了。每一位刚刚进入聚美优品的管理培训生都要接受聚美优品的管理培训生计划：通过3年的集中学习、部门轮岗、专人带教等培训，使新员工可以全方位地接触聚美优品的产品、市场、研发、物流、客服、人力资源管理等业务，以提高员工自身的综合能力，综合能力非凡的人将有机会直接进入聚美优品的管理层。

在陈欧看来，对优秀人才的精神激励必不可少，物质激励也是不可或缺的，而对员工最好的物质激励就是给予他们最需要的东西。陈欧原本以为优秀员工都会喜欢公司的期权，但后来他发现自己错了，因为很多人对期权持怀疑态度，他们更在乎每个月是不是能多给一些餐补、饭补、公积金、社保等。

于是，聚美优品就根据每个优秀人才自己的需要来给予不同的物质激励：

（1）对于想和公司一起成长的员工，聚美优品给予期权。对于公司核心的人才，聚美优品是鼓励他们拿期权的，核心的技术人员、核心的产品经理都能得到期权。在陈欧看来，这是每一位为公司付出心血的员工应得的。

（2）对于只是想要薪资的员工，聚美优品就给他较高的薪资，用员工期待的方式给予奖励才能真正实现激励作用。

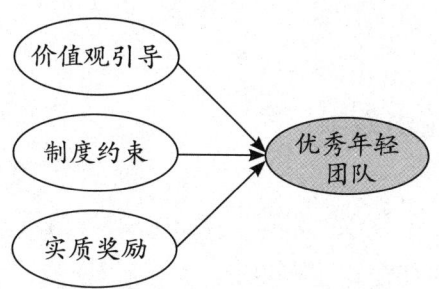

聚美优品三管齐下的人才管理方针

可见，对于聚美优品这样一个飞速成长的年轻企业来说，之所以没有出现营养不良的现象，最主要的原因就是聚美优品内部实施了价值观引导、制度约束、实质奖励三管齐下的人才管理方针。

第三章　聚美优品为什么能成功？因为没钱

把每一分钱都花出效果

聚美优品始终倡导以"效率"为中心的价值观，而效率高的最好体现就是"每分钱都要花在刀刃上"。

聚美优品在创业过程中一直是个穷公司，从2010年成立到2014年上市之前，融资总额仅1300万美元。资金对于一家公司来说，肯定是很重要的，但陈欧认为，更重要的是精准地花每一分钱。聚美优品由弱到强，由屌丝企业转变为身价30多亿美元的上市企业，不断地超越对手，依靠的就是花钱的效率。

由于注重花钱的效率，聚美优品一直以精准营销、准确寻找用户的方式，与用户建立情感和价值观上的联系。聚美优品坚持"成人之美"，于是努力研究用户消费和使用美妆的习惯与逻辑，以便用最优质的美妆产品、最合适的美妆方案留住用户；聚美优品强调运营效率，于是在电商这个烧钱的行业里仍讲究控制成本。

在陈欧看来，很多公司之所以会死，就是因为他们盲目地烧钱。为了避免聚美优品步这些公司的后尘，陈欧总是在牢牢把握市场的基础上，稳步前进，不急于求成。陈欧特别害怕公司死，所以他每花一笔钱都会考虑周全。也正是因为陈欧在花钱方面的谨慎，聚美优品的线下营销才达到了事半功倍的效果。

对此，陈欧一直觉得很自豪："不论是我上电视节目，还是做

'为自己代言'的广告,我花的钱都比对手少得多,但每次我们的内容和传播效果都好很多。"

陈欧心里清楚,线上各种传播方式产生的效果差别不大,不外乎买位置、买流量、买点击,但在线下每个公司的营销方法都不一样。广告在媒体上投放之后,只有口口相传才有力量,才能算成功,最终的效果好不好,取决于消费者看到的广告力量是不是足够强大。

在陈欧看来,制造一个热门话题难度很大,他唯一能做的就是把内容做好,因为好内容不需要引导就自然能被消费者争相传播。这是一个立体的社会,当网上有人觉得用"陈欧体"写的段子能获得更多转发和评论时,他自然会去写;当有媒体跟进的时候,就等于借力传播,想火也就容易了。相反,不好的内容你给他钱,他也未必愿意做。

众所周知,垂直平台用户的获取成本是很高的,而化妆品用户的获取成本就更高了。原因无非有两点:第一,用户对化妆品电商存在固有的不信任感;第二,搜索引擎的关键词又少又贵,按常规的方法很难做起来。

但聚美优品在成本上一直控制得很好,这一点让陈欧很骄傲,他不止一次地说:"我们总的费用率只有16%,也就是说我的毛利率只要达到16%基本就可以赢利。聚美2013年的毛利率是24.5%,在美妆行业里面算是低的,但关键就在我的运营效率足够高。到递交首次公开募股报告的时候,聚美连续7个季度赢利。这在电商公司里面是少有的。"

聚美优品是如何做到连续7个季度赢利的呢?陈欧的做法就是通过营销拉动规模,进而通过规模拉动供应商,最后供应链上的品牌就会越来越多。早期聚美优品的供应链没有那么强大,但是陈欧通过单品突破的方式,快速做大规模,有规模后再做自有品牌,使两者之间建立起紧密的联系。同时，陈欧一直在探寻聚美优品的生存之道，那就是以用户为中心，集中精力和资源做最重要的事情。陈欧总结聚美成功经验时说："尤其不能忽略消费者，正是因为他们喜欢我的服务，支持我的公司，我们才能做起来。"

单品突破 → 快速做大规模 → 规模拉动供应商 → 自有品牌

另外，在过去3年里，陈欧逐渐摸索出适合聚美优品的营销套路，他知道如何用20%的营销去抓住80%的受众，使得聚美优品的每笔钱都花得很合理。聚美优品2013年的励志广告《我为自己代言》就是其中最典型的例子。而且，陈欧在做好广告内容的同时，更注重投放平台的选择。当时临近"双十一"，陈欧与市场部熬了五六个通宵，对广告片进行最后的修改和调色。而且，陈欧追求品牌的存在感，他认为所有广告必须在播放时段最佳、受众最广的平台出现，这样才能最大限度地发挥对品牌的带动作用，所以他最后将广告的播放选在了湖南卫视《快乐大本营》的黄金时段。

陈欧希望通过聚美优品的成功告诉所有的年轻创业者：

（1）在你刚刚创业，没钱、没人、没资源，周围又是强手林立时，最需要做的就是学习、创新。

（2）你需要先确定什么是最重要的事情，然后逼着自己把最重要的事情做到极致。

（3）你要万分谨慎地花每一分钱，要把每一分钱都花出效果。

（4）你不需要一开始就赢，你得先生存下去，让赢的可能性一直保存下去。

总之，在陈欧看来，运营效率就是聚美优品飞速发展的关键所在，"我们在一个烧钱的行业讲究精准花钱，我们用1300万美元做了别人花几亿甚至几十亿去做的事情。1300万最终变成30多亿，我觉得是资本市场对于聚美优品模式的肯定。在烧钱模式之外，我们提供了一种新的范式，这是聚美的商业价值所在，也是我和我的团队自豪之处"。

英国著名文学家罗斯金说："通常人们认为，节俭这两个字的含义应该是'省钱的方法'；其实不对，节俭应该解释为'用钱的方法'。"

老一辈人经常念叨的一句话是"钱要花在刀刃上"，这在今天同样是真理。比如，同样是居家过日子，同样的钱，会买和不会买相差很多。你希望你的资金得到最大限度的利用吗？只有在恰当的时间购买适合的物品才算是花对了钱。如果学会花钱，把钱花在最需要的地方，你就会发现情况大有不同。

要想让企业活得更好，活得更久，年轻的创业者们应该向陈欧学习：每花一笔钱，都要想清楚。

"投资回报率"一刻也不能忘

如果把如何省钱看作创业者的基本能力的衡量标准，那么陈欧的过人之处就是，他每时每刻都在想"投资回报率"这个问题。

投资回报率是指达产期（指产量达到设计生产能力，可稳定运行阶段）正常年度利润或年均利润占投资总额的百分比。说得简单点儿，投资回报就是指投资返回的价值，即企业从一项投资活动中得到的经济回报。它涵盖了企业的获利目标、利润和投入经营所必备的财产相关，因为管理人员必须通过投资和现有财产获得利润。投资回报率的计算公式是：投资回报率=年利润或年均利润/投资总额×100%。由此可知，企业可以通过降低销售成本，提高利润率或者通过提高资产利用效率来提高投资回报率。

陈欧之所以看重投资回报率，原因在于他是一个被成就感驱动的人。当一件事情没法给他带来成就感的时候，他就会丧失动力。而所谓的成就感就通过出色的业绩来证明。他从不忧虑事情会不会失败，只想知道如何才能成功。这也是聚美优品到目前为止很少融资的原因。

陈欧曾说："我想证明，在电商领域，不用融多少钱也能把它做起来。我能不能只融1000万美元就把公司带上市，而且还能赚钱？这是挑战。其实我在不停地证明自己的路是不一样的，是独辟蹊径的。"

其实，从心理学分析，陈欧追求成就感的另一面是对认同感的追求。陈欧从小就是一个非常敏感的人，他很在乎别人对他的评价，尤其在乎身边的人对他的看法。当他拿着投资人的钱创办公司后，就变得特别在乎投资人对他的评价，就像他自己所说的："比如这个月有亏损了，理论上我可以发财报，但我不敢发。下个月赚回来我再发。我可能是一个不太愿意承受失败的人，对我来讲，赚了钱或打平才算成功。我很在乎投资人对我是不是100%信任和放权，这样我才能把公司做起来。"

在计算投资回报率时，陈欧有自己的一套逻辑和统计方法，他用自己的方法进行分析和计算，不相信任何第三方数据报表，但陈欧的这套方法外界不得而知。刘惠璞曾表示："市场营销做得怎样完全看老板，陈欧是'一个大子儿都不会白花'的人，聚美每次的广告投放都能获得10倍以上的回报，而广告费用在销售额的占比中微不足道，是其他互联网企业的1/4或1/5。"

聚美优品的投资回报率之所以高，就是因为陈欧一直采取聚焦销售策略以及以化妆品为主要突破口的核心策略，这种策略最终的结果，就是聚美优品的运营成本在行业内显得非常低，包括市场费用、履约费用等均低于同行业平均水平。要知道，在同样的扩张竞争中，大家面临的外部环境相差无几，这时候如果电商企业的毛利率合理，内部运营成本低于行业水平，其投入产出比自然就高。这正是聚美优品的核心竞争力。凭借这种核心竞争力，聚美优品成了第一家首次公开募股时主营业务赢利的电商公司，在电商行业里大放光彩。

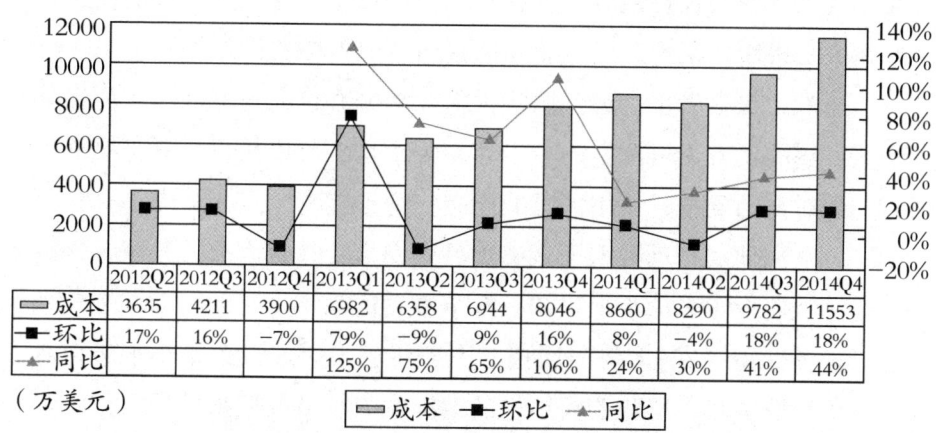

聚美优品2012年第二季度至2014年第四季度成本

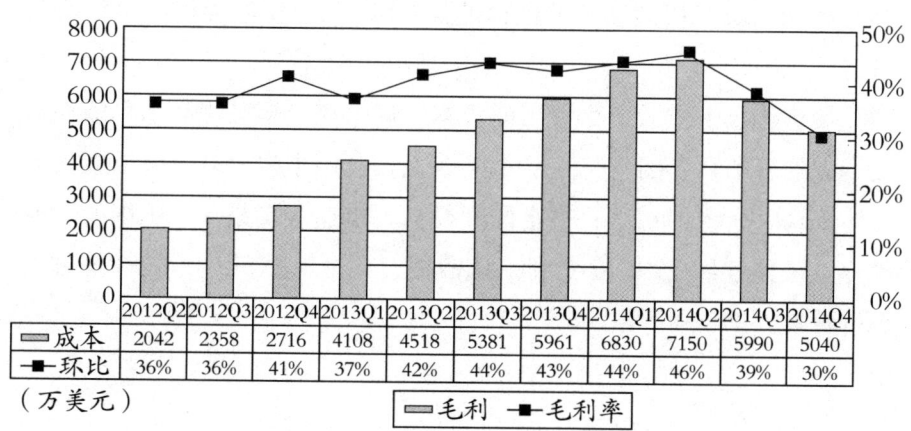

聚美优品2012年第二季度至2014年第四季度毛利

一直以来，陈欧不仅关注用户的心理，也深入地分析了投资者的心理。他清楚地知道，在投资中，风险与收益往往并存，投资存在赢利的可能，也存在亏损的风险。当投资项目有非常大的诱惑力时，投资人一定要对投资的领域进行全面的调查研究，包括调查投资项目本身以及鼓动你的人。你还要根据自己的投资原则，理性地判断这是否属于自己熟悉的投资领域、盈利状况等。对于那些风险极大的项目，要坚决、果断地拒绝，以免受到诓骗而造成不必要的损失。

当然，投资者也会遇到风险大但又十分心仪的投资项目。如果某个项目真的具有无可抗拒的吸引力，并不是不可以投资，只是投资者要加强对自己资金的使用情况的控制，绝不能有半点儿马虎。

陈欧用他的行动证明了聚美优品是一家让投资人放心甚至惊喜的企业。天使投资人徐小平当初只投给聚美优品38万美元，却在短短几年时间里获得了800多倍的回报。聚美优品也因此成为徐小平最得意的一个投资项目，毕竟能在短暂的时间取得如此高回报的项目并不多见。要知道，即便在2013年赴美上市的中概股公司里，表现较好的去哪儿和58同城，从创立到上市也花了8年时间，比聚美优品多了足足一倍。

聚美优品上市后，尽管当前资本市场暗淡，聚美优品却仍能获得资本方的青睐，原因就是陈欧十分看重投资回报率。就像陈欧在接受媒体采访时所说的："我们给国外投资人讲述聚美是一个中国的美丽事业，已经连续8个季度赢利，从数据、团队、执行运营效率等方面赢得资本方的认可。"

低费用率是电商的撒手锏

要说聚美优品最大的竞争对手,当数由著名主持人李静创办的乐蜂网了。同为美妆B2C网站,乐蜂网与聚美优品一直存在着激烈的竞争,无论是品牌推广还是争夺优质供货商,乐蜂网与聚美优品之间的火药味十足。

在品牌推广上,陈欧的《我为自己代言》广告由国内主要卫视包括湖南、江苏、浙江等多家电视台高频率轰炸,"陈欧体"和聚美优品都受到广泛关注。而乐蜂网的《不论你有没有品,我要正品》《不美不活体》等一系列广告也随之迅速上线。

在网站运营上,聚美优品策划了"301"大促活动,乐蜂网也有2月27日的"桃花节"大促活动。

在利润率上,乐蜂因为自有品牌占比超过1/3,自有品牌利润率一般可达到约70%,因此乐蜂超过唯品会和聚美优品,拥有最高的接近30%的毛利率。然而,毛利率并不代表净利率,因为在整个2013年,乐蜂亏损1.5亿美元,聚美优品的盈利却在1亿美元左右。与聚美比较,乐蜂网的问题就出在过高的销售费用和管理费用上。

因为乐蜂网亏损数额巨大,创始人李静不得不在2014年2月14日宣布,接受唯品会的整合计划,让唯品会以投资1.125亿美元现金的方式入股乐蜂网。唯品会由此占有乐蜂网75%股份,完全夺得了乐蜂网的控股权。

众所周知,严格的成本控制和高效的运营效率,是聚美优品持续赢利的重要优势。聚美优品的费用率合计约占净收入的16%,即便是经济实力雄厚、敢于吞下乐蜂网大部分股份的唯品会,费用率也要占到21%。可见,聚美优品在运营效率上的控制力,将在未来竞争中赢得先机。

由于受到品类特性影响,聚美优品2011年、2012年、2013年的仓储物流费率分别为12.8%、8.8%、7.2%。相比家电、数码产品和服装,化妆品单位体积小,在存储、分拣和运输成本上有着极大的优势。

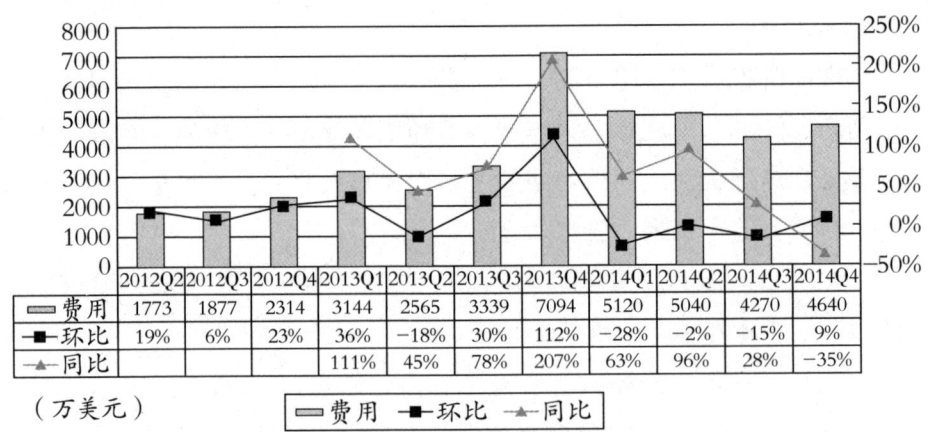

聚美优品2012年第二季度至2014年第四季度费用

电商的运营成本主要来源于客户获取费用和履约费用(仓储、分拣、物流等)。聚美优品在这最大的两项成本上均控制有方。聚美优品每获取一名新客户平均支出38元,而唯品会为64元。在履约费用上,聚美优品为净销售额的7.2%,京东为5.9%,唯品会为11.7%,当当网为14%。平均每单的履约成本聚美优品为12元/单,京东为14元/单,当当网为13.5元/单,唯品会为25元/单,可见聚美优品的每单履约成本最低,但是由于客单价(指商场每一个顾客平均购买商品的金额,即平均交易金额)低,所以履约成本占比不够低。而唯品会因为服装品类消费者退货率高,加上有50%的尾货处理不掉需要以干线物流方式退还给品牌,所以拖累了履约成本。

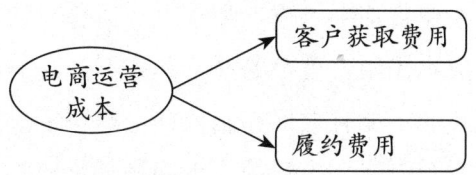

华为公司总裁任正非曾经说:"管理中最难的是成本控制,没有科学合理的成本控制方法,企业就处在生死关头。全体员工都要动员起来,优化管理,要减人、增产、涨工资。生产要翻一番,但人员不一定要翻一番。从管理中要效益,只有在管理上进步了,我们才可能实现机关干部与研究、市场同工同酬。"

万科集团创始人王石也十分注重企业的成本控制,他曾说:"如果在2008年之后的两三年的宏观调控中,我们的成本仍然控制不住,那我们现在做的一切都是在为别人做嫁衣。这是什么意思?就是万科实行了住宅产业化,质量提高了,但是住宅产业化做成之后,别人要学是很简单的,尤其从行业整体来讲,一旦形成一种规模,很多厂家愿意配合你来做,那么其他人下订单,厂家也会愿意给其他人做。但是,人家成本控制比万科好,最后万科只能做一个排头兵,然后被淘汰掉。所以,成本控制不解决,是没有竞争力的。"

所谓成本控制,是企业在一定时期预先建立的成本管理目标,由成本控制主体在其职权范围内,将生产耗费发生以前和成本控制过程中,对各种影响成本的因素和条件采取的一系列预防和调节措施,以保证成本管理目标实现的管理行为。

对企业来说,降低经营成本是获取利润的一条重要途径,只有控制经营成本才能最大限度地获取利润。

要控制成本，首先就要树立成本控制的观念。成本是影响企业生存和发展的关键因素之一，成本的高低往往决定着企业的兴衰成败，成本控制是每个企业管理中的重点和难点。德鲁克认为，企业家和管理者要加强组织成本控制，重要的并不是成本控制的方法，而是成本控制的理念。企业能不能有效地控制成本，取决于决策者和管理者建立了怎样的成本理念，绝大多数的成本问题都是观念上的认知差距造成的。

其次，在管理经营成本时，要注意分析经营管理的比值：

（1）最先需要了解的是最近几年（最好是5年以上）企业运营的一组详细数字。这些数字都是最基本的，如销售量、毛利、销售开支、一般费用和行政管理费用、研究开发费用、债务成本和税前利润等。了解这些数字，再对这些数字做宏观分析，先找出毛利占销售量百分比最高的年份，再找出销售成本、一般和行政管理费用、研究与开发费用和债务成本占销售量最低的年份。如果有可能，还应将了解的数据与其他企业的做比较，从中得出结论并为下一步工作做好准备。

（2）做微观分析，确定哪种成本在正常值以内，哪种成本占销售量的百分比不必再增加。在这一步骤中你应该细分，比如原材料、固定资产损耗、人员工资、其他制造费用等，其他如监督管理费、销售人员工资及佣金、仓库管理人员工资、福利待遇、固定开支、差旅费和招待费等，分门别类，应该想方设法将这些费用降低。

再次，创新永远是成本控制的根本，管理者要提升对成本控制的认识，不断深化成本控制理念，不断创新。创新几乎涵盖企业的各个层面，如技术创新、管理创新和营销创新。企业要通过技术创新降低原料用量，或者寻找替代原料；企业要通过管理创新来提高劳动生产率；企业要通过营销创新增加销量、降低单位产品营销成本，这些方法都可以有效地节省成本，同时也能提高企业整体业绩。

Part 5

有效化解危机，成功上演"王者归来"

人生道路并不平坦，在通往梦想的路上总会有各种各样的磨难，但只要保持一颗乐观的心，坚持不懈地努力，有什么沟壑是过不去的呢？作为一家飞速成长的电商企业，聚美优品也遇到了许多坎坷和挫折，但它始终怀抱一个信念——那些杀不死你的，只会让你更强大，如果你凭借不懈的努力走出这些困境，就会铸造一项又一项辉煌的业绩。

第一章　跨越滑铁卢，迎来涅槃重生

创意靠头脑，但运营需要时间

"陈欧体"的成功让聚美优品尝到了自我营销的甜头。因此，聚美优品决定在自我营销的道路上继续走下去。

2012年年底，陈欧提出了在2013年举办聚美优品3周年庆促销活动的计划，并对此进行了轰炸式的广告宣传。随着聚美优品品牌广告的大力投放以及"陈欧体"在社交网络的走红，聚美优品的网站流量直线增长，从2013年2月28日—3月1日，聚美优品网站流量较以往的日均流量增长了2～3倍。陈欧坚信，到3月1日聚美优品3周年庆促销活动，聚美优品网站的流量将会有全面的爆发。而为了应对流量爆发的危机，聚美优品方面多次为服务器扩容，并制定了详细的技术应对方案，当时的陈欧甚至极其自信地表示："我们的后台已经准备好了，宕机不会出现。"

2013年3月1日这一天，陈欧和徐小平在聚美优品的办公室里和所有员工一起大声倒计时："……5，4，3，2，1！"3月1日凌晨00：00，聚美优品3周年庆活动——"301"大促活动正式开始，现场一片沸腾。陈欧的内心也十分激动。

很快，有人发现网站出现了崩溃的迹象，但大家以为这是正常的，觉得自己似乎透过页面看到成千上万的用户为进入聚美优品网站挤破了脑袋，并因此而兴奋异常。在那个夜晚，办公室里人头攒动，每个人脸上都洋溢着热情的笑容。不知道是谁突然喊了一句："天啊,这不是假瘫,是真瘫啊!"但没人当真,以为这不过是一句玩笑话。

2013年3月1日00:30,聚美优品的网站还在崩溃中,但办公室里仍旧是此起彼伏的欢呼声。凌晨01:00,一脸严肃、神色焦虑的陈欧从办公室里走出来,旁边站着和他同样神色严肃的刘惠璞,他向下挥了挥手,示意大家安静。

看着两位高管那没有一丝笑容的面孔,大家似乎察觉到了什么,很快安静了下来。

陈欧说话时语气中满含痛苦,沉重地说:"出事了!网站真的崩溃了,这不是暂时性的故障,不可能'待会儿就好了',我们必须尽快找出故障根源,尽快让网站恢复。"

然而,到了凌晨2点,聚美优品的网站还是处于崩溃状态。更糟糕的是,陈欧他们不知道这种状态会持续多久。到了凌晨3点,网站还是没有一点儿好转的迹象。这个时候,已经没有人再关注持续冲击网站的巨大流量,不久之前还被兴奋和喜悦刺激得通红的面孔,齐刷刷地变得灰白,每张脸上都多少带着沮丧、痛苦、恐惧的神色。

终于,在凌晨4点,网站从长久的崩溃状态中恢复了过来,但没人敢松一口气,依旧小心翼翼地监测着网站的动静。这时候,陈欧和刘惠璞等人聚集在陈欧的办公室里商讨对策,有人预计会在8点或9点出现下一轮崩溃。而事实是,早上6点一过,潮水般的用户就再度向聚美优品的网站冲了过来,让网站瞬间陷入了新一轮的大崩溃。无奈之下,聚美优品的技术人员不得不往外踢用户。

可惜,踢掉用户并不能完全解决问题,因为很多人提前买好了折扣券,就等着在这一天花掉。陈欧不得不宣布把"301"大促活动延长两天。然而,在接下来的两天里,聚美优品的网站仍旧持续崩溃,直到第三天才好转。好转的原因很简单:大部分货已经卖光了。3天下来，聚美优品的销售额达到了10亿元。如果单从这个数字来看，聚美优品的"301"大促是十分成功的。

但是，网站崩溃不过是聚美优品这一次悲剧的开始，更大的坏消息毫无预兆地来了——聚美优品爆仓了，而且是严重的爆仓。堆积成山的货品发不出去，客服电话被打爆，几十万用户十几天收不到货，也联系不到相关工作人员。尽管陈欧和其他高管一再发表声明道歉，但是无济于事。愤怒的用户把矛头对准陈欧，网上的骂声铺天盖地。在人们的眼里，陈欧瞬间从创业新贵变成了只知道天天上电视、不务正业的"大忽悠"企业家。

陈欧一边忙着道歉，尽力安抚用户，一边在脑子里飞快地思索，到底是哪里出了问题，会让一场促销演变成一场公关危机，让到手的一副好牌转眼间就烂在了手里呢？

陈欧很快就找到了问题的症结所在："301"的巨大流量完全超出他们的预期。陈欧知道"陈欧体"的营销效果非常好，但真没想到能好到挤得聚美优品的网站都崩溃。在"301"大促前夕，陈欧告诉团队："我的销售目标是1亿元。"这句话把整个聚美团队都吓傻了，根本没人相信陈欧的这个目标，大家都觉得能卖5000万元就不错了。就连刘惠璞都不看好陈欧的这个目标。为"301"大促筹备进货时，相宜本草的负责人曾问刘惠璞："你们准备进多少货？"刘惠璞当时的回答是："300万元的货。"相宜本草的负责人埋怨刘惠璞进货量太少，太保守了，两个人为此争执了半天，最后刘惠璞勉强接了700万元的货。没想到"301"大促刚开始，700万元的货瞬间就卖光了，刘惠璞不得不赶紧打电话给相宜本草的负责人，让对方赶紧补货来救急，而且是"有多少补多少"。

货品准备不足的问题还可以通过紧急调货来解决，而网站崩溃却意味着技术的系统架构、代码质量存在问题，这可不是短时间内能修复的。至于爆仓，更是无法在短时间内解决的问题。谁也没有想到，"301"大促当天聚美优品的订单量会突然变成平时的100倍，因此，只能负荷平时两倍发货能力的聚美优品物流体系，自然无法避免爆仓的悲剧。无论是"301"大促3天里的网站宕机，还是"301"大促后持续一个多月的严重爆仓，陈欧尽管急得像热锅上的蚂蚁一样，却只能眼睁睁地看着危机发生而无能为力。

对于"301"事件，陈欧最后的总结是："其实所有的悲剧都来源于追求速度。当你违反了经济规律，违反了自身能力所限，就会因为贪婪，而让自己陷入险境，我们过分地追求速度，就会使自己万劫不复。"

"301"事件让聚美优品意识到，创意营销靠大脑就可以了，这些东西可能不需要一个团队来支撑，但是运营、供应链、物流、仓储、技术这些方面就需要时间去积累。很显然，聚美优品的团队太年轻，还没有在这些方面积累到足够的经验，自然会因为自身成长速度过快而出现一些问题。

过去了就是"门"，没过去就成了"槛"

2013年的"301"事件，可以说是聚美优品有史以来第一个大挫折。在"301"大促当天，聚美优品的服务器不堪重负，几近瘫痪。

3月1日00：13，面对蜂拥而至的用户，聚美优品的网站明显有些堵塞，陈欧第一时间就在微博做起了危机公关："享受了一次天猫'双十一'待遇，怎么挡都挡不住的流量啊！我给大家道歉了！"

然而，因为打不开网站，愤怒的用户纷纷涌到陈欧的微博中发泄他们的愤怒和质疑：

"双十一"都比这强！

刷不进去啊，服务器啊！

进不去啊，好焦急！

做点实事，踏实点吧，少点口号。

真心无语了……

这个问题之前都没有考虑到吗？

麻烦把你家网站好好搞搞，真心无语。

做好准备再来搞活动好吗！什么都打不开！

网站进不去，什么优惠都是假的！这个问题，你们不可能没考虑到吧！

上不去呢，崩溃了，这不是你的时代也不是我的时代，是网站崩溃的时代。

一个连网络流量都搞不定的网站，还谈什么热情，早该料到的事。

"双十一"有进不去网页的事吗？顶多是东西抢不上，您这倒好，网页都打不开，真服了！

……

陈欧的这一条微博两天内就引来了26516位聚美优品用户的评论，可想而知当时的聚美优品是多么受关注。

到了3月1日中午12点，聚美优品的网站还是时不时处于宕机状态，陈欧这时已经充分意识到这是网站技术的问题，不是一时半会儿能够解决的。而且，把用户拒之门外，违背"301"大促前给予用户的种种承诺，将对聚美优品的声誉造成毁灭性的打击，这个后果他承担不起，飞速发展中的聚美优品也承受不起。

"聚美的兄弟姐妹们一直以来的努力、坚持、执着，都会在3月1日零点完美地呈现给大家。我相信今晚的聚美一定是最闪耀、最有力量的！3周年的新姿态，今夜无眠！"陈欧想起自己2013年2月28日

20：44在微博上说的这番豪言壮语，只感到羞愧。

一番利弊权衡后，陈欧迅速做出了一个决定，将"301"的促销活动延长两天。2013年3月1日12：07，陈欧在微博上宣布了这个决定："今天流量确实远超预期，说实话，我们从来没有预料到会有这么多的用户来聚美周年庆。谢谢大家的支持，我觉得很惭愧，没有让每个用户享受到好的体验。也请不要担心，我们会把周年庆活动延长两天，优惠力度不变，红包和代金券都可以使用，用户的利益，我们坚决保证。"

聚美优品用3天创造了10个亿的销售额，这是电商行业的一个奇迹，更刷新了天猫在2012年"双十一"促销活动当天的百度搜索指数，成为2013年最闪亮的开年大促活动，连锁带动了整个垂直美妆电商市场的全面爆发。据不完全统计，"301"大促短期内带动了近30亿元的美妆市场销售。

然而，在这突如其来的奇迹面前，陈欧感受最多的是"惊"，而不是"喜"，因为除了网站方面的大麻烦，聚美优品的物流体系也崩溃了——仓库爆仓。当时，上百万的包裹在仓库里堆成小山，却找不到足够的渠道如期发出，这真是一场巨大的灾难。

而且，活动时间延长无形中也增加了聚美优品各方面的运营成本，聚美优品不得不面对相应产品利润缩小的结局。此外，包括陈欧在内的全体聚美员工近一周内日平均工作时间都超过了18个小时，陈欧直接病倒了。

用户的责怪、投诉、质疑铺天盖地地席卷了聚美优品，涌向陈欧的微博，病中的陈欧只能一再地发表诚挚的道歉：

"'301'周年大促落下帷幕，谢谢大家的支持。这次我们搞砸了，订单远超处理能力，虽然我们的仓库已经24小时连续运作好几天了，目前却还压了上百万单。除了深深的歉意，我们不睡觉也会全力解决问题。另外，再次重申，我们的客户和品牌比生命还重要，聚美会一直为100%正品代言。"

"这次物流崩盘，客服人员翻倍也接不起电话了。请大家不要着急，我们这周之内肯定发出所有的订单。"

"最近觉得自己挺丢人的，3年的企业，竟然出现物流和客服的全面崩溃。河马（指刘惠璞）的嗓子都已经说不出话了，不少同事也累倒了。大难时看人品，一直坚持着的同事们，你们辛苦了，解决完问题，一定好好慰劳你们。没收到货的聚美粉们，真心对不住了，我们不会逃避，一定会快速把货发出，并给你们补偿的。"

"'301'本是个奇迹，硬生生因为物流成了个悲剧，还伤害了那么多信任我的用户们。"

在那段时间，陈欧发现，自己除了对用户表示诚挚的歉意外，居然什么都做不了，一股深深的挫折感笼罩着他。"大家看，我们最惨的时候发个微博就被客户淹了，当时有100万的包裹发不出去，还有很多微博是网友骂我的，有一个电视台做了一个小时节目攻击我，分析我的前世今生，分析我是怎么卖假货的，这就是遍体鳞伤吧。"无论何时回想起那段时光，陈欧内心都还能感受到当初那种刻骨铭心的苦涩滋味。

在"301"事件过去后的几个月，陈欧总感觉自己好像被绑住了手脚，干什么事都障碍重重，做什么都被网友骂，整个人变得很颓废，连微博都不敢发了。"301"不光被用户抱怨打不开网页、发货太慢，在客服完全联系不上的情况下，有人开始质疑聚美优品卖的化妆品有假货。

陈欧是一个不服输的人，不管内心经受着多么大的痛苦和煎熬，他都能清醒地认识到自己的责任——尽快找出问题，让因为高速前进而意外脱轨的聚美优品重新回到正确的轨道上。

在痛定思痛之后，陈欧开始对"301"期间出现的问题一一设法解决：

（1）在网站IT技术方面，聚美优品提高了网站的稳定性及订单服务能力，并开出百万年薪急招CTO（Chief Technology Officer，首席技术官）。

（2）在仓储物流方面，聚美优品挖到了仓储经验丰富的原亚马逊副总裁周涛，将发货能力提升了3~4倍，新仓库容量是以前的20倍，同时对库存实施了严格的控制，在每一款单品库存量不足20%时就马上启动补货措施。

在这一番"对症下药"后，聚美优品很快就恢复了元气，随后的"3.5周年"大促活动的成功，就充分证明了这一点。

直到2013年年底，陈欧才完全从"301"事件带来的挫折感中走出来，他感慨道："真正能让你倒下的，不是对手，而是绝望的内心。所谓门槛，过去了就是门，没过去就成了槛，但如果倒下了，那就永远没有机会迈出那关键的一步，顶住！"

那些杀不死你的，只会让你更强大

2014年3月1日，是聚美优品4周年店庆的日子，聚美优品举行了盛大的4周年庆促销活动，这次网站没有宕机，仓库没有爆仓，看到销售量飞速上升，陈欧的心情非常好。在15：48，好几天没发微博的陈欧在微博上晒出了公司为4周年庆准备的精美蛋糕。白色的蛋糕上面是粉色、红色的装饰，梦幻而唯美，是女孩子们喜欢的风格，就像聚美优品一样招女孩子喜欢。

在2013年的3月1日，聚美优品内部可没有这么轻松愉快的氛围，那可以说是聚美优品发展历程中最"黑暗"的时期，就像陈欧自己说的:"即使把钱都快造光了还找不着北的时候,也没现在这么悲凉。"

"301"是聚美优品史上的滑铁卢,陈欧自己也没有哪次经历像"301"这般惨烈。因此,陈欧每次想起"301"都觉得心有余悸:"我就像坐飞机,突然一下飞到云端——'陈欧体'的火爆,使聚美日均流量都翻了N倍,而宕机一天,所有人都沮丧了,飞机坠机般跌落谷底。最可怕的是我们错误地估算了自己的发单能力,原以为7天能发完的单量实际上需要半个月,而且每天的生产能力甚至没法应付新生成的订单。"而这一切问题的根源,就是聚美优品当时的发展速度太快,而公司内部机制却没有跟上去。

值得庆幸的是,"301"事件带来的并不都是坏事,还有好事——实现一个营销奇迹。一般电商搞促销活动翻一倍、两倍,但聚美优品当时如果没有出现网站宕机的问题,可能会翻40~50倍的量级。当然,这大大超出了聚美优品当时的仓储能力,陈欧对此做了深刻的反省:"当时聚美太贪心了,这个量不是当时的我们所能吃掉的。"

在2013年"301"大促当天,聚美优品的百度指数从四五万直接翻到100万,翻了20倍,是全网搜索率排第一的关键词。而京东2014年做"6.18"大促活动的数据也只是从40多万翻到60多万,只增加了50%。从这个数据来说,聚美优品"301"促销做到了电商行业历史上最强的一次营销,在情况预估不足的前提下,这次营销强大到连聚美优品自己都完全扛不住,出问题也就在所难免了。

其实对于聚美优品来说,"301"大促总的来讲是好事,它暴露了聚美优品自身的问题,使这些问题得以在其发展早期得到解决,更为聚美优品的进一步发展铺好了路。同时,它也证明了聚美优品跳得很高,聚美优品的员工会觉得有努力就有未来。

对于"301"大促的失败,陈欧一直耿耿于怀,他总想着要把这一局扳回来。就像他在微博上说的："'301'物流、客服体系崩盘，让无数支持我们的朋友失望了，我能做些什么来补偿你们呢？"

抱着补偿用户的心理，陈欧在"301"过后的几个月里，全面发力调整聚美优品的仓储物流系统，比如聚美优品上海的仓储就升级为原来的3倍，全面升级拣货、发货等流程。在网站技术上，公司的技术团队加班加点地进行升级优化，已经能够确保不再出现"301"那样的悲剧了。

于是，在一番重整旗鼓之后，陈欧决定在2013年8月1日，以聚美优品"3.5周年庆"的名义再次举行大型促销活动，以挽回在"301"大促中损失的声誉。

这个消息一经公布，就引起了大众的关注，网友们纷纷吐槽："聚美优品这是在颠覆周年庆的规则""陈欧是把周年庆掰开来玩啊""如果周年庆可以是3.5，那3.5后是不是还有无数个3.X"……尽管网友的吐槽声一片，但不可否认，在产品和价格越来越同质化的今天，3.X周年庆已经成功地吸引了消费者，"3.5"在当时成了一个热门话题。陈欧也顺势加入调侃"3.5"的热潮："下个月我就30.5岁了，要不要办个聚会纪念下？"

为了避免像上次一样成为悲剧，陈欧在活动开始前几天，就先发制人，对外宣布推出真品联盟，以应对"301"时用户对聚美售卖假货的质疑声。

真品联盟是什么呢？说得简单点，就是给聚美销售的化妆品品牌的每个产品都授予一串相对应的数字，这就是防伪码。真品联盟首批有60多家化妆品品牌加入，其中就包括兰芝这样的一线大牌，这60多家化妆品品牌只有卖给聚美的产品才有防伪码。用户拿到手上去真品联盟网站或化妆品官方网站输入防伪码就能判断真伪。

陈欧觉得，在"301"事件中遭受假货质疑后，正是推出真品联盟的一个非常好的时机,他希望这个防伪体系能对整个化妆品行业起到正面推动的作用。

回到"301"大促的后续事件处理上,尽管陈欧急于通过"801"这场战役来为自己正名,但在选择战术时,陈欧表现得格外谨慎,"这次就是收着来"。或许正是因为陈欧的谨慎,聚美优品事先的营销预热才没有导致"801"当天宕机,这是聚美优品历史上第一次扛住了大规模的流量冲击。同时,为避免出现爆仓,陈欧还对聚美优品的仓储物流部门发出一个郑重的要求:"801"的所有货品必须3天之内发出,以实现用户最佳的购买体验。

聚美优品高级营销副总裁刘惠璞认为,有时"大促"对用户体验是一种伤害,会影响消费者的二次购买意向,也会抑制大促前后消费者的需求。大促对聚美优品最大的考验不是能卖多少货,而是保证用户体验。

对于"801"大促,陈欧曾表达了这样的期望:"'801'应该是聚美的涅槃重生,对于之前所有的质疑,我们给出了答案,所有的问题我们解决了,希望从此聚美重新走上快速奔跑的道路。"

在"801"大促成功后,陈欧不由自主地发出感叹:"那些杀不死你的,只会让你更强大,至少,我们比原来更成熟了。"

第二章 断臂转型,上演"王者归来"

壮士断臂,是伤痛也是成熟

2014年7月28日,腾讯科技刊出了《暗访电商假货链条:聚美等平台涉嫌知假售假》的深度调查报道,将矛头直接对准了聚美优品。

这篇报道指出,在聚美优品2014年6月15日的名品特卖中,鞋包特卖第一栏与第二栏的位置,是给了两个号称"全网最低"与"官方授权正品"的特卖品牌——阿玛尼与巴宝莉,而这两个品牌背后的供货商,就是一家名叫"祎鹏恒业"的公司。尽管这家公司涉猎服装、箱包皮具、珠宝、眼镜、化妆品、香水、红酒等多种商品的经营,但在祎鹏恒业的营业执照和税务登记证中,这家公司经营项目包含园林绿化服务和化工产品在内多达31项,却唯独没有售卖奢侈品的货物进出口以及代理进出口的经营项目。

更重要的是,祎鹏恒业所谓"正品货源"的奢侈品,其实都是来自湖北、福建、浙江或广东等地的价格低廉的高仿产品。祎鹏恒业的员工将这些仿品的实拍图传至聚美优品等电商平台后,就会正式上架,销售到各个消费者手中。

这篇报道在结尾更是指出这种销售假货的情况普遍存在于各种给电商平台供货的公司,而且电商平台并非不知情,但由于这样的货物价格比较便宜,能给电商平台带来大量的人气,同时又因为不是电商平台自己经营,就算被发现也能撇开关系,属于互相利用。而一些电商平台由于对其"第三方销售"的情况并不明显标注,让很多顾客以为商品就是平台在进行售卖，所以也敢于下单。

这篇报道一经发表，外界一片哗然，整个电商行业都为之震动。作为在该篇报道中重点点名的电商，聚美优品自然不敢大意，立即发布声明回应称已启动紧急调查，并公布了对于该事件的初步调查及处理情况：

"'祥鹏恒业'销售手表等奢侈品，其所有商品已从第三方平台紧急下架停止发售，其店铺已被立即关闭。对于购买'祥鹏恒业'店铺商品的消费者，我们真诚致歉，并将提供无条件退货服务。

"在我司针对第三方平台商户的资质审查过程中，该公司曾出示完整的营业执照、相关商品授权书、相关货物进口报关单，以及与多家电商合作的资料。我们正在对这家公司的资质、货源进行彻底重新调查。"

同时，聚美优品在这份声明中表明了自己坚决拒绝假货的态度：

"我们绝不姑息第三方平台上损害消费者利益的商户。我司不排除根据最终调查情况，对'祥鹏恒业'采取相关法律措施。

"我们也绝不推脱自己的责任。对于第三方平台资质审查上的失误、合作商户业务流程上的漏洞，我们都会本着对消费者负责的态度，深刻反省，追究责任，进行严肃整改和处理。

"我司对于货品审查一向要求严格，并正在努力完善、升级对全品类供货渠道的审核检查体系。我们既是一家高速发展的公司，也的确是一家年轻的公司。如何保证手表这一新开拓货品的质量，此次问题将成为我们永远的警诫。"

"祥鹏恒业"售假事件让陈欧大为恼火，他必须承认，聚美优品管理出现了漏洞，早期聚美优品做非化妆品平台业务的时候，只要商家提供授权书，加上其在其他大型平台的运营规模作为凭据，聚美优品就会允许商家进入聚美优品的平台。因为聚美优品一直觉得在审核

Part 5
有效化解危机，成功上演"王者归来"

授权书这方面，那些大型平台会比聚美优品这样年轻的公司审核得更好，毕竟那些大型平台上的第三方业务比聚美优品早好多年。但"祥鹏恒业"销售假货的情况被曝光后，陈欧才发觉聚美优品原来的审核逻辑完全站不住脚，光靠一纸授权书和大平台的销售记录，完全不可能对商品质量进行管控，而且，大平台的管理并没有比聚美优品严格。

出现售假事件，电商平台大多以关掉涉案店铺，发布罚款声明了结，然后继续换汤不换药。尽管涉案的第三方手表完全是聚美优品的边缘业务，但实际上聚美优品的核心业务——自营化妆品在此次事件中伤得最深。聚美优品"销售假货"的问题被反复提起，所受攻击持续了小半年，最终导致很多消费者以为聚美优品是化妆品售假，聚美优品的核心业务受到重创。

陈欧无法容忍自己的名字和假货联系在一起，于是他做了一个史无前例的决定：秉持对假货零容忍的态度，砍掉了聚美优品第三方奢侈品的整个业务线，有授权的也都停掉，从根源上解决这个问题。

很多人反对陈欧的这个决定，因为这样一来，聚美优品的业绩必然受损，对于一个每季度都要提交成绩单的上市公司而言，这个选择无比沉重。但为了不让自己的名字和假货挂钩，为了不让信任聚美优品的人失望，陈欧不得不做出这个决定。

为了更好地加强对供应链的管控，提高供应链质量，有效规避"假货"或"水货"风险，聚美优品随后又将第三方平台的美妆业务全部转为入库自营：主要由品牌合作取代，也有一部分由专柜购买取代，还有一部分由聚美海外购取代。陈欧认为，此举虽然以牺牲短期业绩为代价，但能够有效加强对供应链质量的管控，对聚美未来健康发展大有裨益。

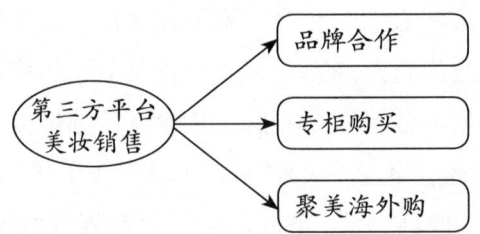

将第三方业务全部转为自营，对聚美优品的压力有多大，许多人可能想象不到。在转型之前，聚美优品采取的电商模式是"自营+第三方"的联运模式。据聚美优品在2014年提交给美国证券交易委员会的招股书显示，聚美优品2013年成交总额达8.17亿美元，其中自营业务成交总额为4.13亿美元，那么可以简单计算出第三方业务成交总额为4.04亿美元。也就是说第三方平台流水已经占到聚美优品的近一半份额。将第三方业务转为自营，就意味着聚美优品要承担的经济压力将是原来的两倍。

但一切正如聚美优品高级副总裁刘惠璞说的那样："聚美优品想成为一家伟大的公司，就必然要承受质疑和批评，但是永远不接受抹黑，我们已经做了所有电商不敢做的壮士断臂，自己来承受这一切，这是伤痛，也是成熟。"

当然，聚美优品之所以敢壮士断臂，也在于其看清了一点：自有商品和独有产品依然是利润率增长的驱动力。从长期来看，聚美优品希望独家和自营品牌产品对成交总额的贡献能达到50%，其中自营品牌产品占20%，独家品牌产品占30%，世界上运营情况良好的美容产品零售商都是这种结构。而聚美优品海外购业务在2014年的强劲表现，不仅全面丰富了聚美优品的产品结构，也让聚美优品完全实现了理想的产品结构配置。

走自己的路，无惧"股市秃鹫"围猎

2014年5月16日，聚美优品在美国纽约证券交易所（简称纽交所）正式挂牌上市，股票代码为"JMEI"，开盘报价为27.25美元，市值约38.695亿美元。根据开盘价计算，31岁的陈欧身价达到15.75亿美元，成为纽交所222年历史上最年轻的上市公司CEO。一时间，聚美优品成为人人称道的电商新贵。

2014年8月19日，聚美优品发布上市后的首份财报——2014财年第二季度未经审计财报。

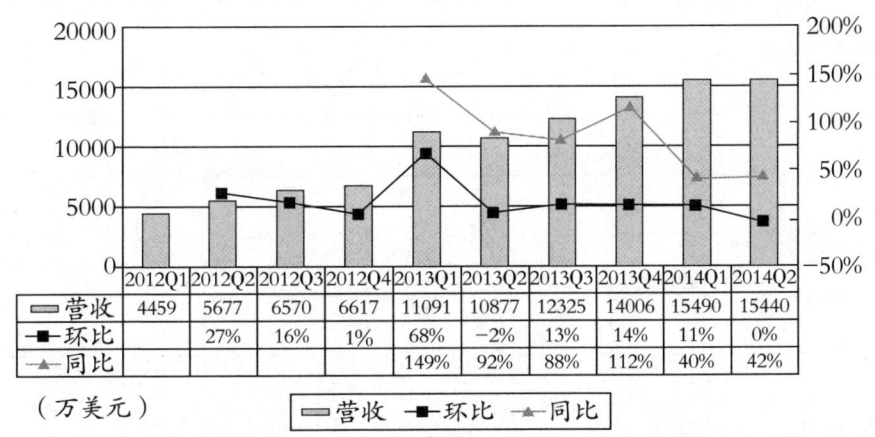

聚美优品2012年第一季度至2014年第二季度营收

报告显示：聚美优品第二季度总净营收为1.544亿美元，比去年同期的1.088亿美元增长41.9%，超出华尔街5位分析师平均预计的1.4961亿美元；

归属于公司普通股股东的净利润为1540万美元，比去年同期的1000万美元增长53.6%；

聚美优品第二季度每股美国存托凭证（ADS）收益为0.13美元，而华尔街5位分析师平均预计的每股收益为0.12美元，聚美优品的表现超出分析师预期。

对于这份财报上显示的耀眼成绩，陈欧内心无比自豪："很高兴看到公司发布了表现强劲的季度财报，这一财报展现了我们持续增长的动力和持续增强的运营效率，这些结果可以通过我们的成交总额同比增长64.3%、净营收同比增长41.9%以及净利润同比增长53.6%等业绩得到证明。这是我们于2014年5月16日在纽约股票交易所成功公开募股之后的首份季度财报，也是聚美优品公司史上的重要里程碑。"

2014年11月20日，聚美优品发布了2014财年第三季度未经审计财报。

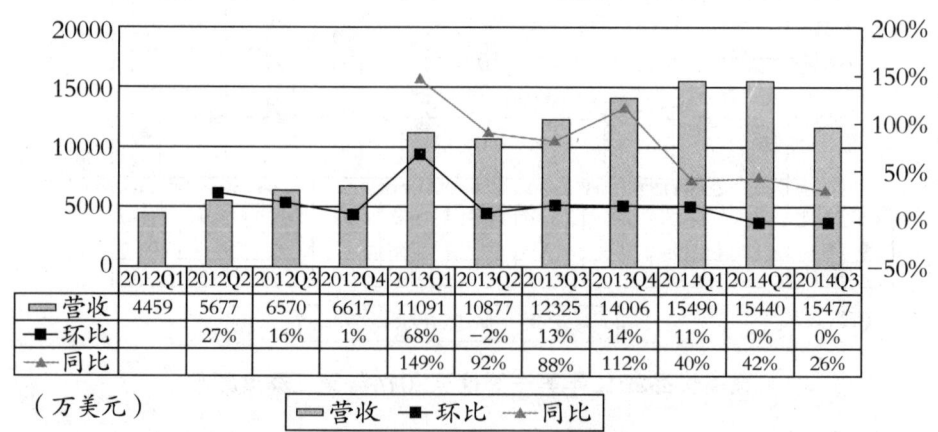

聚美优品2014年第三季度营收

报告显示：聚美优品第三季度总净营收为1.577亿美元，比去年同期的1.233亿美元增长28.0%，但不及华尔街8位分析师平均预计的1.6883亿美元；

归属于公司普通股股东的净利润为1950万美元,比去年同期的1030万美元增长88.6%;

聚美优品第三季度每股美国存托凭证摊薄收益为0.14美元,符合华尔街8位分析师的平均预计。

但在投资人看来,这份财报是令人失望的,因为这份财报显示,聚美优品当季成交总额同比仅增长31.4%,约2.73亿美元,为该公司记录在案的增长速度最慢的一个季度。

与此同时,聚美优品的股价在2014年8月末触及34美元的高点后,就一路走低,至12月15日收盘时跌至12.58美元的历史最低价。尽管聚美优品在2014年12月15日那天宣布了1亿美元的股票回购计划,但依然没有挽回公司股价一路下滑的颓势。

仅仅4个月的时间,聚美优品的股价就缩水了60%。对于聚美优品增速放缓、股价下跌的情况,聚美优品的解释是:由于"假货传闻"的负面冲击和砍掉奢侈品第三方业务的双重影响所致。

确实,因为聚美优品第三方平台被曝出售假货,聚美优品不得不从2014年9月开始,将第三方平台的化妆品销售业务全部转为自营,全部由品牌合作、专柜购买和聚美海外购所取代,旨在加强供应链质量管控和用户购买体验。但平台转自营首先带来税率的提高,反映到成交总额上即为增长放缓;其次,在业务重组重构上如此大的动作,聚美优品整个公司都需要时间进行适应和调整。

聚美优品股价的下跌,尽管让陈欧很难过,但他还是对公司的转型充满信心:"我们连续10个季度实现了强劲增长和盈利。尽管公司业务在(2014年)第三季度处于转型中,我们仍然实现了归属于公司普通股股东的净利润同比88.6%的增长,同时移动端交易额在总净交易额的占比达到了57%。正如我们在首次公开募股路演中向投资者所传达的,我们将会把绝大部分的第三方平台的化妆品销售业务转移至自营业务。我们从（2014年）9月份开始实施这个计划，预计今年年底完成。第三方平台的化妆品销售将由品牌合作、专柜购买和聚美海外购取代。聚美海外购于9月正式推出，增长迅速。这一战略转型使我们能够进一步加强化妆品供应链管理及质量控制。"

然而，伴随着股价的一路下滑，聚美优品的麻烦还是不可避免地来了。

2014年12月9日，美国约翰逊韦弗律师事务所宣布，该公司正在对聚美优品及部分公司高管是否违反美国联邦证券法进行调查，旨在确定聚美优品发布的关于公司业务、前景和供应商的声明，是否存有虚假及误导行为。

2014年12月12日，代表全球投资者权益的罗森律师事务所宣布，代表在2014年5月16日至11月20日购买过聚美优品股票的所有投资者对聚美优品发起集体诉讼。

2014年12月16日，美国米尔博格律师事务所宣布，对聚美优品进行调查，同时还代表在2014年5月16日到2014年11月19日期间购买聚美优品公司美国存托凭证的投资者在美国纽约东区地方法院对聚美优品发起集体诉讼。

……

截至2014年年底，已有十多家美国律师事务所对聚美优品提起了集体诉讼，诉讼指控均围绕聚美优品的首次公开募股展开，控诉聚美优品在集体诉讼期间发布虚假的、有误导性的声明和（或）未披露以下信息：

（1）公司将收入模式由提供平台服务转变为商品自营销售。

（2）该转变给公司此前成功的财务表现带来了重大风险。

（3）聚美优品并未像其宣称的那样扩大其平台服务。

当聚美优品被美国律师事务所"围猎"的消息被国内媒体大肆报

道后，进一步加速了聚美优品股价的下滑。

其实，中概股被律所宣布调查在美国是非常平常的事情，背后甚至已经形成一条成熟的利益产业链。因为美国法律和中国法律有着较大的区别，美国法律并不需要在起诉前掌握所有证据，只要对某些上市公司有怀疑，比如怀疑其可能存在欺诈行为，就可以提起诉讼。新浪、新东方、兰亭集势等中概股公司，都曾遭遇过美国律所的调查。

眼见事情在媒体的渲染下有了愈演愈烈的趋势，陈欧不得不再次站出来，在微博上对该事件进行了分析解答。

首先，陈欧分析了聚美优品被起诉的原因："为什么聚美被起诉？说白了，聚美在负面冲击和砍掉奢侈品第三方业务的双重影响下，最近增速放缓，股价跌了。"

其次，陈欧点出华尔街律所起诉聚美优品的目的："一堆华尔街的律所，跳出来起诉聚美，说我们上市前没有告诉他们会砍掉第三方业务线，有误导投资者的嫌疑。起诉的目标，自然是公司进行赔偿，这样律所就会赚钱。这在美国已经形成一条产业链，也使得美国有一批律所专门盯着上市公司，在第一时间去当'第一原告'，获得最大利益。这些律所和律师又被称作'股市秃鹫'。"

然后，陈欧阐述了聚美优品此次转型的目的："首先，对于近期的股价下跌，我也很难过，但我仍然觉得自己在做一件正确的事情。只有对消费者百分百地负责，获得消费者信任，才会有长期的股东价值，否则有一天我们必然被负面淹死。"

对于大肆渲染消息的媒体，陈欧也表达了他的不满："另外，我砍一条业务线就算误导？这算哪门子逻辑？我只希望国内的媒体朋友们不要唯恐天下不乱，好像我们犯罪了一样。"

对于消费者和聚美优品的股东，陈欧发出了真挚的呼吁："对于消费者，我想说，希望你们能够看到我们的努力，继续支持我们。多看看聚美的极速免税店，给我们提建议，我们会不断地进行改进；对于聚美的股东，我想说，希望你们能够理解我们的选择，相信我们，给我们更多的时间，我们暂时的低谷，只是在积攒力量。"

对于围殴聚美优品的律所，陈欧给予的是一句嘲讽："而对于这些为了利益来起诉聚美和做空聚美的股市秃鹫，你们折腾了半年了，可以了，洗洗睡吧。"

不得不说，陈欧确实在了解用户心理上下了很大的功夫，别看陈欧的这番解答不过寥寥数语，却直接命中了用户最关注的问题：聚美优品是不是因为销售假货而被律所起诉？答案当然是否定的，而且陈欧相信聚美优品做出的种种努力终究会被用户看见。

陈欧这番有理有据、言辞恳切的答疑消解了许多用户和投资人的怀疑，因此该解释一出，聚美优品的股价就得以迅速回升，仅两天时间便重回20亿美元市值，折算下来恢复了将近10亿元人民币。陈欧的这条千字左右的微博被坊间笑称为"10亿长微博""史上最值钱的长微博"。

在专业分析人员看来，聚美优品因为正处于从"规模"转向"有质规模"，对品质管控力度的加强，从短期看可能确实会限制公司规模的增长速度，但从中长期来看将提高美妆电商行业的竞争壁垒，提升公司品牌形象和用户黏性。

应对"前员工"爆料，沉默不如反击

聚美优品遭遇"股市秃鹫"围殴的事件还没有平息，就又迎来了新的麻烦，真是"一波未平，一波又起"。

2015年1月6日，有一个自称聚美优品海外业务前员工的匿名人士，向多家媒体发送了一封爆料邮件。该邮件称："2014年9月，珠海海关查到聚美优品供应商价值2000万元的走私化妆品。通过追查供货单和物流信息，海关发现了大部分的走私品流入聚美优品公司的仓库。随后聚美优品位于北京的仓库被查封，主管海外业务的副总裁叶飞提前知道消息'跑路'。海关和公安带走了孙姓总监和两个负责业务的同事，同时带走了他们的办公资料和电脑。"

对于主动寻求媒体曝光的原因，这位自称聚美优品前员工的爆料人的解释是：因为聚美优品的海外业务部门被取消，导致人员被分流，员工只有两个选择——一个是被降职降薪分到服装奢侈品等其他部门；一个是自动辞职，几乎没有任何经济补偿。

经历过"姑苏毛十七"造谣事件的风波之后，聚美优品已经深刻地意识到——越沉默负面消息越多，因此聚美优品迅速进行了回应。

首先，被传言"跑路"的聚美优品副总裁叶飞于1月6日13：41在微博现身，并做出解释："今年疯跑韩国累得半死，拼命拿了几十个品牌的授权做海外购，居然被说成跑路……情何以堪！不过，趁有点关注度赶紧做个广告，欢迎大家来聚美海外购买化妆品，价格便宜量又足！"

随后，聚美优品的官方微博于当天14：03发表了一份逻辑严密的声明，这份声明主要强调4点：

（1）聚美优品对"前员工"的爆料表示了惊讶："我们震惊于其中捏造消息之荒唐，也感叹这位'前员工'的强大专业能力，可能连我们自己也做不到在同一时间炮制不同版本'爆料'，精准联系如此之多的专业记者。"

（2）聚美优品申明了自己的态度："聚美从来严格依照相关法律法规合法经营，我们的经营活动始终在正常开展，也从来没有被任何外来因素所干扰。这种毫不负责、蓄意攻击的谣言，更不会影响我们。

"但谣言终究不是事实,再深文周纳,也必然漏洞重重。文中,大量凭空捏造关于聚美的不实信息,与我公司经营情况完全不符,并对我公司正常工作中的在职员工进行实名攻击,对此我们保留诉诸法律的权利。"

(3)对此次事件进行定性:"聚美是一家年轻简单的公司,极速海外购业务是我们最新也成长最为迅速的业务部分,我们希望所有的竞争都公开、公平,这位一夜之间发出上百封'爆料'邮件的朋友,无论你是谁、代表谁、目的如何,希望你能走到阳光下来。"

聚美优品对这次爆料事件下定义为对手公司的刻意抹黑,并呼吁大家能在阳光下竞争。

(4)针对这次"前员工"爆料事件,聚美优品给出的解决方案是:"欢迎所有关心聚美的媒体朋友联系我们,即日起,聚美全国六大仓库开放媒体采访,欢迎关心聚美的媒体朋友参观报道。也欢迎媒体关注聚美的海外购业务。用你们自己的眼睛,得出自己的结论。我们相信你们的专业判断力。"

紧接着,在当天的14:35,陈欧在自己的微博上对于此次谣言给予了最有力度的回击,即对爆料中的硬伤进行逐条批驳,主要涉及4点:

(1)这个所谓的"聚美前员工",我不知道你现在为谁工作,居然有如此专业的公关能力,一夜之间把不同版本的"爆料"精准发送到上百位专业媒体记者的邮箱里。如果你真是"聚美前员工",我只能说可惜我没有发现和重用这样的人才。

(2)聚美副总裁叶飞今天就在公司办公,他自己都不知道自己曾经"跑路"。叶飞一向是个"安静美男子",今天也被逼得发大头照澄清。要说"跑",他去的不是什么"东南亚",也不是"美国",而是最近两个月都在跑韩国、日本,为聚美海淘业务品牌建供应链。

（3）聚美优品目前有天津、上海、广州、成都、沈阳、郑州六大仓库，恰好就没有爆料里所说的"北京仓"。早在2014年4月份，因天津政府的邀请，聚美原有北京仓就已迁移至天津武清物流园区，当时的公开报道尽可搜索，怎么可能到了9月份北京仓还被"查封"？聚美六大仓从来没有被查也没有被封，一直在正常运转。就在上个月，因为仓储升级和合作自建物流，我们还邀请投资人和媒体朋友去参观过上海仓。

　　（4）极速海外购业务是公司重点扶持业务，发展势头很猛，也自然会得罪些人。还是那句话，我希望所有的竞争都在阳光下进行。

　　为了进一步证明聚美优品目前运营正常，陈欧还在微博中附上了六大仓库在2015年1月6日当天的运营实拍图。

　　聚美优品这一系列快速反击，很快阻止了谣言的进一步扩散，又一次化解了危机。

可以被击倒，但绝不能被打败

　　2014年5月16日，聚美优品在美国纽约证券交易所（简称纽交所）正式挂牌上市，聚美优品这个成立仅4年的年轻团队一下子成了热门话题，陈欧，这位美国纽交所222年历史上最年轻的上市公司CEO也成了年轻创业者的标杆。

　　然而，任何事物都有两面性，聚美优品在创造电商公司快速成长奇迹的同时，也让自己成了电商行业的众矢之的。

　　正如前文所说，2014年7月28日，腾讯科技刊出了《暗访电商假货链条：聚美等平台涉嫌知假售假》的深度调查报道，聚美优品股价迅速下跌。2014年12月，美国的一些律师事务所律所代表聚美优品股票的所有投资者对聚美优品发起集体诉讼，国内媒体对此大肆报道，令聚美优品陷入更深的危机旋涡。

这一切，陈欧其实早有预料。聚美优品作为一家经营时尚品类的企业，4年时间就已经成为一家上市公司，说实话，上市之前陈欧就很担心，因为他不知道聚美优品这个年轻的团队准备好了没有，不知道上市会给聚美优品的心态带来多大影响。尽管上市这件事让陈欧变得忐忑不安，但他还是义无反顾地带领聚美优品敲响了美国纽交所的钟声。

陈欧相信，凡事都有两面，上市为聚美优品带来很多：财富、名誉和地位，以及更好的品牌关系、更多朋友，但上市也会为聚美优品招致更多的敌人，引发更多的危机。而就像墨菲定律所指出的那样，当你担心一件坏事会发生的时候，它永远会发生。

上市之后的竞争，远远超过陈欧他们的想象，很多时候竞争不只是做好产品、服务好用户就行了，还涉及方方面面，这让陈欧觉得做企业家是一个非常危险的职业。而所谓的"CEO代言"也是一把双刃剑，在为陈欧带来越来越大的名气的同时，也带来了更多的质疑、争议、不满和责难，给陈欧造成了很大的心理压力。

巨大的心理压力导致陈欧在夜里常常失眠，在床上辗转反侧之时，他开始反思自己到底是为了什么？这时家人劝解他："你够了，你获得很多了，为什么要让自己活得这么累？"然而，陈欧的心里更多忧虑的是：会不会因个人品牌的毁灭带来对公司的伤害？

陈欧开始羡慕早期离开聚美优品的创业伙伴，尤其是当他只能在公司里拼命加班、吃简便的工作餐，却看到那些已经离开的创业伙伴一起去米其林餐厅吃饭的照片时，那种羡慕的感觉就特别强烈。陈欧感到心灰意冷，喃喃自语道："他们在公司成功的时候，和我们一起开香槟，但是公司有一天失败的时候，这公司只有一个傻瓜，那就是自己。这就是创业者的宿命！"

但这时他心里冒出另一个声音："陈欧，记住，所有背后的暗箭是只属于先行者的荣耀,你被暗箭所伤,证明你很棒!当上帝给你时间、机会让你去创造自己的价值的时候,如果你在最年轻、最有才华的时候选择当一个有钱的废人,你对不起自己,也对不起上帝给你的使命,更对不起这个时代。"

陈欧幡然醒悟:"我不是为了成为一个有钱的年轻废人,让自己未来被'江湖相忘',上市只是一个起点,我们的未来,会创造更多。"

2012年11月,在《芭莎男士》品位成功2014年度人物颁奖盛典上,获奖的陈欧宣布"回归江湖",从此以后,拾起初心,再次出发。

一"回归江湖",陈欧就开始释放超强的CEO自我营销能量,在2014年12月16日,以一篇《你永远不知道,陈欧这半年在做什么》的千字长微博,为聚美优品挽回了将近10亿元人民币的市值,陈欧的这条微博也当之无愧地成为"史上最值钱的长微博"。

在对外释放CEO自我营销威力的同时,陈欧也对聚美优品内部进行了调整。伟大的公司之所以稀少,就是因为绝大多数公司在远未做大之前就得了大公司病。很显然,上市后的聚美优品很显然也未能避免。上市成功后,聚美优品所受束缚太多,尽管有一定好处,但也是双刃剑:团队扩张、业务扩张,招了更多高薪的员工,而他们做的事情未必那么重要,整个公司被短期的财务报表捆绑,所有部门关注的只是成交总额、业绩,却忽略了用户需求。在陈欧看来,在股东价值和用户价值之间,聚美优品的重点在于关心用户价值,因为用户的长期价值才是股东的长期回报。

因为重点关心用户价值,聚美优品的员工开始以小时为单位去解决问题。在短短一个月时间,聚美优品就快速超越所有对手成为中国单量第一、速度最快的海外购电商,这种速度连陈欧自己都觉得惊讶。

在陈欧看来,没有企业是能基业长青的,高潮与低谷都再正常不过了,他说:"我觉得唯一能做到的是这种奋斗的激情不破灭,就是不管被打成什么样，哪怕是马蜂窝一样，都要自信地坚持自己的梦想，你是为自己而活，你不是为别人的梦想而活，你只能做自己，做好自己，真正地往前冲，真正地在自己的价值观，在自己的行为上，每个动作至少是上得了头条。我只能做这样的事情，我不能保证结果是最好的，我不能保证企业和陈欧永远辉煌下去，但我能保证的是，我的这个行为是对的。"

英国剧作家柯鲁德·史密斯曾说："对于我们来说，最大的荣幸就是每个人都失败过，而且每当跌倒时我们都能爬起来。"美国著名作家海明威也曾说："一个人可能被击倒，但绝不能被打败。"而聚美优品则坚持——"只要专注于我们认定的事业，每个人都关注用户价值，并保持一颗追求卓越的心，诽谤谣言也好，明枪暗箭也好，都不足以成为我们前进道路上的障碍。"

正是这份坚持，使得聚美优品的业务稳固复苏，并凭借聚美汇全球购业务的迅速增长，获得了2014财年总净营收约6.3亿美元，比2013财年增长31%的销售业绩，实现了连续11个季度赢利，而且还得以实现了最好的质量控制和客户满意度。

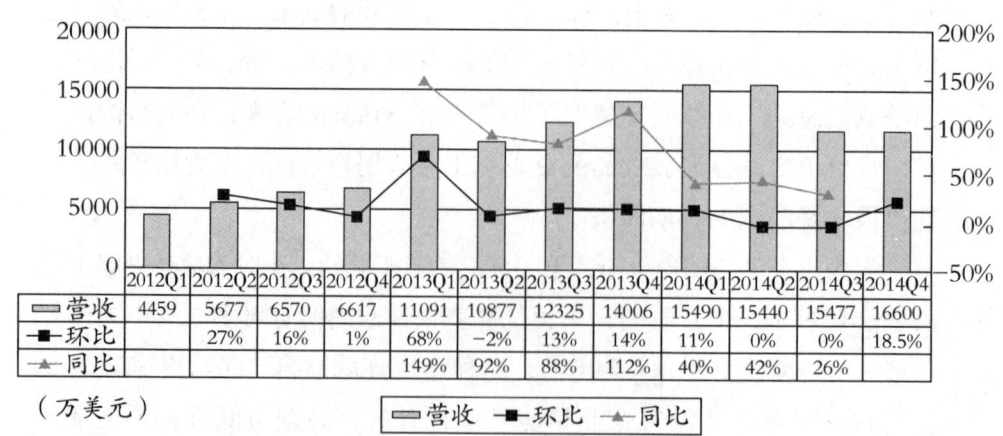

聚美优品2012年第一季度至2014年第四季度营收

附录

聚美优品大事记

2010年3月

聚美优品前身团美网上线，成为中国第一家化妆品团购网站。

2010年4月

聚美优品率先推出"30天无条件退货""全程保障""100%正品"三大政策，树立行业标杆。

2010年4月

在业界率先推出"买二包邮"，为用户带来实惠，服务处于行业领先。

2010年5月

上线后两个月，已有超过10000人在聚美优品享受超值美妆。

2010年7月

聚美优品搬家到新办公室，第二次搬迁库房，运营和物流能力再次提升，全面保障消费者买到的商品能够及时送到。

2010年8月

率先推出了购物车、合并发货、推迟发货等一系列便民新功能。

2010年8月

超过100000人享受了聚美优品的超值购物体验。

2010年9月

启用全新品牌聚美优品，与全新域名JUMEI.COM同时发布。

2010年10月

聚美优品月销售额突破1000万元。

附录
聚美优品大事记

2010年11月
推出手机版聚美优品,随时随地浏览抢购。

2010年12月
第三次搬迁库房,超过3000平方米的现代化恒温库房,物流规模速度再上新台阶。

2010年12月
上线在线退货系统,退货弹指间完成,购物体验更上一层楼。

2011年2月
第100万位用户注册聚美优品,收货短评超过50万条。

2011年2月
第三次搬新家,1800平方米的办公室孕育更多梦想。

2011年3月
总销售额突破1.5亿元,此时据聚美优品成立还不到一年。

2011年4月
聚美优品一周年庆,宣布签约亚洲超人气偶像韩庚,携手谱写美丽新篇章。

2011年4月
推出口碑中心,当月口碑报告达到1万篇。真实用户,真实口碑,为消费者购买提供详尽参考。

2011年5月
月销售额突破3000万,每月库房发出超过20万件包裹。

2011年6月
聚美优品挑战自我,推出化妆品业界最高售后政策"拆封30天无条件退货",打造顶级信任体验。

2011年6月
聚美优品商城华丽上线,更多品类、更多选择,面面俱到地满足消费者需求。

2011年7月

陈欧联袂韩庚代言广告地铁首现,"双代言"引起热议,"我为自己代言"成为当时的热门话题,引起社会广泛讨论。

2011年12月

"2011年度聚美优品美妆风尚大典"在北京798隆重举行,吴奇隆、韩庚、胡兵、何炅、贾静雯、龚琳娜等一线当红明星联袂助阵,摄影大师陈漫及国际彩妆大师唐毅盛装出席,国内商界顶级名流出席支持。

2011年12月

聚美优品全年销售额突破7亿元。

2012年4月

聚美优品启动分仓计划,上海、成都、广州分仓陆续投入运营,仓储物流全线提速,6小时闪电发货。

2012年6月

聚美优品启动成都研发中心(成都聚美优品科技有限公司),继续加大在网络技术研发方面的投入。

2012年7月

聚美优品首次提出品牌旗舰店模式,巴黎欧莱雅、资生堂、丝塔芙等数十家国内外知名美妆大牌集体入驻聚美优品,开通官方授权旗舰店。

2012年8月

聚美优品大胆创新,将北京地铁包柱媒体改成实物展台。

2012年9月

聚美优品发布第一本时尚美妆杂志《Beauté》,得到刘恺威、李东学、佟丽娅等明星倾情支持。

附录
聚美优品大事记

2012年11月

聚美优品发布2012新版励志广告,"陈欧体"迅速蹿红网络,引起80后、90后强烈共鸣,网络上掀起模仿热潮。在各高校中,形成了"陈欧体"话题。

2012年12月

聚美优品当月销售额突破3亿元,全年销售额25亿元,在同行业中保持着绝对领先的地位。

2013年1月

聚美优品线下店上线成了众人瞩目的焦点,北京各大地铁站广告语都是"对不起,我知道,你在等"。

2013年3月

聚美优品3周年庆,销售额达10亿元,形成全城哄抢的局面。

2013年8月

聚美优品牵头各大化妆品品牌成立首家中国化妆品真品联盟,并建立"真品防伪码联盟防伪体系",彻底解决中国化妆品真假难辨问题,切实保护消费者的权益。

2013年6月

聚美优品推出首部职场励志微电影《女人公敌》,各大视频网站点击排名第一,唤醒当代年轻人的奋斗激情。

2013年11月

聚美优品携手魏晨发布2013年全新励志大片《我为自己代言》,"陈欧体"谱写成歌,由魏晨倾情献唱,再次唤起年轻人励志信仰。

2013年12月

聚美优品首家线下旗舰店在北京前门大街正式开业。2013年全年销售额突破60亿元。

2014年4月

聚美优品北京仓搬迁至天津武清，几百万元货物、上千号工作人员，在10天内全部安全转移完毕，并顺利完成聚美优品"4·18""5·20"两次大促的发货任务，同时完成向其他运营中心的调拨发货业务，在客户毫无察觉的情形下顺利转移。

2014年5月

聚美优品作为全球领先的美妆电商，在美国纽约证券交易所挂牌上市，其创始人陈欧成为纽交所历史上最年轻的CEO。

2014年9月

聚美优品将第三方平台的化妆品业务的绝大部分转至自营，第三方平台的化妆品销售将由品牌合作、专柜购买和聚美海外购取代。9月上线的聚美海外购主要以日韩化妆品为主，欧美品牌为辅。

2014年12月

聚美优品首次开放昆山运营中心，邀请媒体参观，这也是美妆垂直电商首次对外开放运营中心。

聚美优品高管精彩讲话

2010年中国首次团购网站诚信建设峰会演讲
——聚美优品CEO　陈欧

大家好！我是聚美优品CEO陈欧，吴总的演讲非常精彩，让我看到互联网大佬的责任心。首先我先介绍一下聚美优品，聚美优品在行业里可能名气不是特别大，我们是中国第一家女性团购网站，从开站的第一天起，就是在垂直电商领域为天下女性服务。我们也是第一家首创化妆品团购网站，现在走在国内化妆品团购中的前列，我们在主流媒体包括CCTV《经济半小时》也有报道，我们首先和国内的很多化妆品进行了官方品牌合作。

在开始的时候，我先讲一个有关我自己的故事，我是国内第一批团购的用户，但我现在已经不再团购了，为什么？有次国庆节的时候，我开始团购，买了不少券，从一个知名网站买了一张高尔夫券和电影券。电影券是要预约的，需要打电话，我打了两三天都打不通，就想碰碰运气，但开车过去还是约不上。后来我知道通过另一个非400电话（400电话是专为企事业单位设计的全国范围内号码统一的虚拟电话总机）一打就通了，这是什么感觉？诈骗！当时我尝试要退款，打通电话之后客服说不能退，我感觉很糟糕，所以打通了315（热线电话），可被告知团购这样的服务他们是不受理的。当天我很郁闷地工作了一天，第二天去了电影院。到电影院后，我发现（那里排着）400米的长队，非常长。我说今天既然来了，干脆自己花钱买票，结果发现在下午4点的时候已经买不到晚上11点的票了。

团购行业为什么这么火，为什么这么赚钱？其实原因很简单，因为我们是先收款，现金流特别好。团购行业有潜规则，你先交钱，你的现金流从第一天开始就非常非常棒，东西越便宜，你卖得越多，导致越多人预约不上服务，那么就有越多的人得不到服务。像佣金都是浮云，最关键的还是资金，这个行业能持续吗？我觉得消费者并不傻，当消费者约不上之后，他可能就永远不会再去团购，流失的是网站服务。他会影响到周围所有人，甚至有消费者把团购当成诈骗行业，这种发展模式绝对是不健康的。举一个例子，像我们公司所有高层都不再团购，我们是做团购的，但是我们自己都不团购，因为我们对这个行业都丧失了信心。你会发现很多网站的流量在流失，为什么？因为竞争激烈，越来越多用户传播负面口碑，不再团购，可能当你扩张很快的时候，到了新的城市又需要花费3~6个月时间认识团购的本质，但是像北京这样的城市，团购问题已经开始展现了。

聚美优品一开始也遇到过这种问题，所以现在实行了很多政策以改进用户体验，比如说我们很多品牌都经过官方品牌授权，来保证货物质量。而且自建仓储，不让第三方发货，所以速度上也得到了很好的保证。再者，我们从第一天开始就推行了30天无条件退货服务。现在，我们进一步提升服务水平：当消费者使用过化妆品之后，他也可以退货。为什么我们这样做？因为这样做才能够统一用户的体验，让用户达到一个非常好的满意度。像各位同仁一样，我们很努力地去救这个行业，但是商家太多，很多事不是我们能够做到的，有的时候不是我们不诚信，只是商家善于投机取巧。比如用户评价，我们看到用户的评价之后，会觉得非常开心，因为我们的努力是没有白费的。在网上，你卖了很多电影票之后，你得到的是大量的投诉。而我们的优质服务,带来了很多认可,不但像CCTV这样的主流媒体报道我们,还有很多用户认可我们,这是消费者对我们的信任,也是品牌的认可,包括像兰蔻这样的国际一流品牌都与我们有官方合作,这在中国化妆品行业是史无前例的。

只有把握好品质,才能让团购持续健康发展,我希望各位同仁一起努力,去保住这个行业。只有当你的服务做得好,消费者能够享受到这种服务之后,(这个行业)才能持续发展。现在像拉手网的吴总做得特别好,各位不要只追求数量销量,服务才是本质,谢谢大家!

2011年第三届效果整合营销高峰论坛演讲
——聚美优品CEO 陈欧

大家好!聚美优品过去一年半从零突破,到现在每个月销售过亿,我们营销成功效率非常高,今天我分享的主题是如何提高投资回报率。大家很关注投资回报率,营销的投资回报率有很多问题。做线上投放本质是什么?我们总结下来本质就是换,花钱买流量都是换,别人可能1元换5角,差别在什么地方?我们关心高投资回报率,能有更多的用户,同时给用户带来更好的销售,实现两者的时候投资回报率自然会高。

我们做投资回报率营销的时候理想很丰满,但是我们实践的时候,发现很多事情跟理想和认知不一样,我们尝试砍价,发现大家都拿风投的钱,这是竞争的结果。媒体也赚了很多钱,比如保底1∶10的投资回报率。今年没人谈保底,你不买别人买。想做营销优化,之后发现左右优化都没有价值,这怎么做新的优化?投资回报率并没有真正提高上去。

有些人想说希望商品卖贵一点儿，但是发现现实也这么简单，卖贵没有人理你，促销的话，消费者好不容易买了，又说你卖的假的，也没有好口碑。做转化好不容易成功一单，成本也提升了。所以说营销的投资回报率是比较复杂的问题，在这里分享一个真实的案例。早期我们收购同类的网站粉皮儿，这个团队由我们接收，做的时候我们发现一个问题，聚美优品投资回报率远高于粉皮儿，最后发现同样一个团队、同样货物，只是网站换了名字以后，投资回报率差3～4倍。当时我们非常困惑，后来我们将两者对比，发现有4点差别：

（1）产品上早期宣传多，尤其针对化妆品这类非常敏感的货物进行验货、质保的宣传。

（2）我们服务永远是行业领先，第一个推出包邮的政策，紧接着后边推出30天拆封无条件退货，而且退货权力给到基层客服，估计没有一家电商公司——不管化妆品类还是服装类——能做到这个地步，化妆品类拆封以后就报废了，我们推行了一个别人看起来疯狂的政策。

（3）聚美是非常在乎品牌营销的公司，很多同行关注提高营销技巧的时候，聚美优品则在提高自己的品牌知名度。

（4）聚美很在乎用户口碑，聚美优品一开始做口碑中心、线上口碑维护、用户之间口碑传播帮助特别大，我们可能没有花很多钱，但是很多用户从朋友那里听说聚美。我们做成本核算，发现最便宜的就是因为用户直销和搜索过来的。

所以说我们总结，聚美做4件核心事：保证产品优质，通过品牌让消费者认知，通过好的服务形成好的口碑，通过好的口碑再形成好的销量。我们总结投资回报率只是一个比值，不是追求的东西，投资回报率是综合能力的体现，是公司和别人相比运维（运营维护）的价值。

我再讲一下品牌，因为聚美在线下已经投放非常少，过去我们做投放不到1000万元，但是现在投放花费超过百度搜索，这是很现实的数据。为什么做品牌？因为品牌才是真正值得信任的关键，只有消费者信任你的时候才会第一次下单，不管（通过）百度看到搜索广告还是看到硬广，信任你的时候更可能购买，好品牌才能有好的投资回报率。这是聚美的数据：4月份做的品牌营销活动，今年8月份聚美做6万元，每年十几万人次忠诚用户的搜索，之后线上整体投资回报率超过15%，5万元投放可能带来七八千万的收入。

大家可以看一下凡客的案例，这个案例进一步印证了品牌与投资回报率的相关性。他们推出韩寒代言广告，百度指数也有非常大的提升。通过一次成功的线下品牌广告营销实现报价，提高整体运营率，为什么有的公司没有品牌的时候不管怎么投放只能换5角，有综合能力花钱的公司效率永远比新公司高。聚美转化率已经达到5%，每100人来就有5个人下单。这也是通过品牌形成质变。

总结一下品牌，这是我个人观点，品牌有不同的说法，有线上的也有线下的，有人通过品牌可以做品牌，但是我个人品牌的塑造来自于线下媒体，来自主流传统媒体，如果线上投放是换，那么线下价值在于赌，成功的赌博换来的价值是非常高的。

塑造品牌的时候大家可能存在误区，认为投的钱多效果更好，聚美"代言"广告策划的时候，前期创意和策划花了将近3个月，改台词又花了5个月，改好之后我们的投放成本不到1000万元，但是当月销售从4000万元上升到8000万元，只是一个月投放时效却超过很多百度投放的效果。如果你决定做品牌就做线下，做线下，创意永远比资源重要，好的创意才能实现质的飞跃，而且线下投放真的很值得。

产品与服务永远是核心，这是很关键的，如果没有好的产品或者好的服务，所有营销以后都会出现问题。"301"聚美爆仓非常厉害，限制聚美之后的发展，后来把仓库搬过来才进入良性发展。不过，有了好产品、好服务之后还需要好的营销，而且品牌的线下营销是关键。好的营销、好的地面推广才可以使公司品牌深入人心，品牌塑造是爆发的关键，所有电商中跑得最快的公司都有品牌爆发点，爆发形成知名度，知名度形成下单，大家看百度指数和品牌投放之间的关系会看到很多东西，也会有很多收获。

聚美在新的一年会做很多品牌营销活动，然后，可能会做一部电视剧，如果大家有兴趣可以跟我交流一下，另外聚美投入的新活动"品牌季"，和很多同行会有合作，如果有意愿可以联系我，谢谢大家！

2013年创业邦年会暨创业邦100颁奖盛典演讲
——聚美优品CEO　陈欧

今年我30岁，这一年对我来说充满了机遇和挑战。年初的时候，我们团队去了日本，我去浅草寺抽签，算命的师父说我今年会一帆风顺，但现实中，我抽到的是大凶。聚美在今年春节迎来了最成功的营销，公司销售额从1000万元增长到2000万元、3000万元，但同时带来了中国电商史上最大的灾难。

聚美的成长是非常迅速的。而聚美在快速成长路上也遇到了很多困难、很多挫折、很多陷阱，所以我今天演讲的主题就是"速度与陷阱"。

第一个陷阱，就是钱太多。我看到很多同行企业因为钱太多而犯很多错误，因为金钱在某种意义上未必会变成生产力，反而会变成一种负担。当你拥有了大量的金钱，你很有可能把它用在不必要的市场行为上，从而导致公司快速亏损。所有企业把钱变成库存之后，唯一做的事情就是打折、甩卖，最后让自己陷入万劫不复的境地。很多企业在疯狂地烧钱、疯狂地做营销和广告，但对我们来讲，从一开始我们就不敢融太多钱。因为我们知道，一旦钱太多，人的智商就会下降，就会丧失决策能力。之前有人说过，聚美优品是资源最少的公司，有着最年轻、最草根的团队。但也是因此，我们在营销策划上下足功夫，每次投放广告都会进行非常详细的策划。我们不得不在钱很少的时候，小心翼翼地追求盈利。

第二个陷阱，贪婪。大家都看到了，今年天猫的"双十一"，他们有大量的库存，需要聚美给消库存。我们高层开会时讨论要不要接这个订单，当时我们公司里的库存都没有这么多货。但当我们被这个销售数据诱惑的时候，我们决定拼命接收订单，甚至忽略了自己的服务能力，当我们短期之内没有办法去发这么多货的时候，整个公司接近崩溃。一个月的时间，我自己每天在仓库里面发货，而实际上我们什么都做不了。每次大促销，我们看到平台的快乐，但我们没有看到仓库里面货物的积压，整个物流接近崩溃。其实所有这些都来自对速度的要求，当你违反了经济规律、违反了自身能力的时候，你会因为自己的贪婪而在最后把自己弄死。过分地追求速度，只能导致自己万劫不复。

第三个陷阱，所谓的"好基友，一辈子"。我们都相信能够和伙伴走到最后，但是很多时候，如果没有一个正确的管理观念，或者正确的股权划分，好朋友可以成为敌人。当聚美发展的速度越来越快，甚至超过我们所有人的预期的时候，公司里面会有元老跟不上发展的步伐。很多创业者问我，该怎么处理和元老的关系。

所有的企业家最后成功复盘的时候说的那些高瞻远瞩的话都是骗人的，当你位置足够高的时候，你才知道什么叫未来。当你的事业发展到一个阶段，任何人都有名利和江湖地位的诉求。这个时候，最后击败你公司的很可能是像"猪"一样的队友,这也是让很多创业者感到最痛苦的事情。所以,怎么去处理和队友的关系?因为所谓的兄弟义气,让一个不称职的人去做事情,不但会损害公司的利益,最后甚至会伤害双方的情感,这也是我们得到的一个深刻的教训。很多创业的朋友聊到兄弟不给力、团队不给力的话题,但不能讲出来,因为是兄弟,兄弟需要顾及面子。所谓的"为自己代言"并非大家看到的那么光鲜,聚美成长之后经历了很多,学到了很多。8月份之后我们引进了很强大的技术团队,让公司变得更成熟。而那之后我就再也没有去过公司仓库,因为我知道他们能够非常轻松地解决问题,当一个创业者CEO是万事通的时候,感觉自己的能力超过其他所有人,这其实也是公司最大的悲剧。一个有水平的CEO要懂得搭台子,让有能力的人去做事情。

相信我,如果真的有一天你们公司因为团队不给力,因为早期创始团队或者元老之间的关系没处理好而失去最好发展机会的时候,你们以后永远都做不了朋友,甚至可能会变成一辈子的敌人。所谓高速发展并不像大家看到的那样充满了机遇,其实也充满了陷阱,希望大家在创业路程上少走弯路。当你踩到一个陷阱,有可能就是万劫不复。我也看到很多巨头现在还在为当时犯的错误交学费。希望大家在创业路上一路顺风,实现自己的梦想,谢谢大家!

2013年第三届中国电子商务与物流企业家年会演讲
——聚美优品物流副总裁　周涛

聚美优品刚刚成立3年,是由3个毕业于美国斯坦福大学的年轻人一起创立的。大家可以看到,聚美优品在3年的时间里发展是非常迅速的，短短3年从去年25亿做到了今年将完成的60亿，可以跟其他电商比较一下，按照这个发展速度聚美优品还是比较有代表性的。

我在通用电气工作了10年，这个地方我特别熟悉，之后当上了亚马逊北区副总裁，基本上亚马逊整个仓储配送体系都是由我在亚马逊的4年里建立起来的，之后我选择加入了聚美优品。

下面我们强调几个数字，2013年年底聚美会达到1.85万亿的销售规模。如果网上零售市场占全国零售市场超过5%，这个市场就会发生很大的变化，但对于一个管运营的人来说，更关注的是销售额跟我们运营之间的对比关系。我们基本上可以去测算一下，1万平方米会大概支持2亿~5亿的销售额，很多企业谈未来会有20亿或者更高的目标，运营面积至少在4万平方米以上，这个面积是不是可以实现？所以大家要去好好反思，未来市场到底要怎么样去支持它的发展。

我给聚美优品做了一个简单的规划，根据它的客户特点以及所在区域范围我们定义出以北京、天津、上海、广州、成都以及很快要开的沈阳的区域布局中心城市，这样一个区域布局的目的是什么？其实跟我在亚马逊做的是一样的事情，百公里之内当天送达，300公里之内两天送达，500公里之内3天送达，这样一个服务的目标，在这个基础上去布置我们的整个运营体系。

作为一个好的运营管理者，不光是5S标准（指整理、整顿、清洁、清扫、素养），还有没有一些其他的内容？上午某电商说不到80秒发16.7件商品，跟我们来比还是有点儿距离，我们应该是在50秒以内能做到。

所以一个好的运营中心必须有很高的管理运营指标，我们看重哪些方面？首先当然是安全，其次是质量，我们的库存的准确率应该达到一个什么样的标准，能够满足我们拣货的准确率。在准确的基础上才能提高效率，我们要看的是每小时发货量，每小时吞吐量。

从时间上来讲包括很多的快递公司都非常清楚，你们每到一个运营中心都会有一个提货点，我们之间完成这样一个交接肯定有一个操作点。我对各位的承诺就是我要保证我的发货是百分之百的及时率，收货也要达到百分之百的及时率，因为不管是托盘方式还是不带托盘，我对他多长时间之内把货收完，成本是必须考虑的，在座很多人不愿意谈成本的问题，成本对整个电商来讲至关重要，如果没有很好的成本控制和管理，只会给企业带来更大的浪费。

所以我们随时都会检查每发一件商品的变动成本和固定成本，同时在这基础上还要鼓励员工积极参与到管理中来。再来我们要去看改善的效果，并要求所有管理者能够积极跟员工一起，发动员工积极性，要在工作中找到对公司有帮助的机会，加以改善，然后我们会根据他改善的效果产生的效益来把这个节约的一部分金额作为奖励奖给员工。

当然，我们的员工是最宝贵的，所以我们要看他的离职率，以及自有员工比例和多技能员工比例，多技能员工在大促过程中做应急响应是非常有帮助的，这些员工是非常宝贵的。

如果有机会去亚马逊也是这个样子，不管我在哪儿，管理方式都是一样的。今天上午很多人谈350亿，大促对电商也好，对各位配送也好，对企业都有非常大的冲击，不管是"双十一"还是"双十二"等其他重要的日子，它比平时的订单要多出几倍甚至十几倍，那如何做一个好的管理者，如何应对这样的变化，这跟我们生产其实是一样的，要把精细化管理带到电商公司。

所以很简单，你的方法就是从管理上入手，我们可以把我们的管理分成很简单的"人机料法环"，从职责不清、管理无序、缺乏培训转化到要这些员工各司其职，整个运营中心要目标明确，异常现场要及时跟踪。机器方面从盲目地投入转移到通过科学的计算按需配置，实时保养维护，我不是租了人家托盘我就不管了，不管托盘也好，还是其他的工具都一样保养好，像战士的枪一样。

材料方面我们可以看到很多的照片，快递公司的照片，现场堆积大量多余的耗材，无度使用，完全是人海战术、料海战术，我们通过精细化的管理，增加原材料的供货频次，按量供应，现场有可视化的看板，能通知到，及时把辅料配送上去，这是一种非常好的管理方式。

方法我们更多强调的是软件环节，很多人会去崇拜艾瑞克等，但是什么东西是最适合自己的只有自己知道，自己穿多大的鞋自己最清楚，别人的东西再美但也许不适合自己，所以我们一定要根据企业的实际需要和企业自身的特点来选择，比如说我是做化妆品的，一号店是做食品、百货，酒仙网做酒类，各个企业都有自己的特点，你不可能用同样一种方法就把所有事情解决掉，那是完全不可能的。

还有一种方式是无视它的存在，索性全部外包，外包结果反而带来更多客户的抱怨，这样的例子屡见不鲜，因为你找的人不一定就能把你的问题解决。还有一个非常重要的大家容易忽略的是环境，包括我们这次开会的环境是不是适合现在这种交流的方式，我现在感觉我离我的朋友相对太远了，还是一句话，目前看很多的电商仓储、配送都还是猪圈式的管理方式，大家去想一下，猪圈是什么样他们那里就是那个样。

陶先生特别提到5S或者6S、8S也没有用，最主要是把前面两个S做好，然后逐步培养员工，让他想到这个环境我们一定要靠自己，每一个人参与进来，要维护好这个环境，有了好的环境，大家心情才能舒畅，心情舒畅才能更有效率地工作。所以解决方法其实说起来非常简单，但是很多时候发生的问题在于执行。

有了方法还需要一套架构去完成它，如果你比较了解精益的理念，你或许会联想到精益小屋，标准化作业对电商物流企业是非常重要的。

举个简单的例子，大家上亚马逊网站也好，还是其他网站，每一个商品的页面上都会告诉你一个预期的到货时间，这个时间是怎么计算出来的呢？它里面包括了配送的时间，同时包括我和配送之间交接的时间，还有我在库内操作的时间，所以我必须给我的客户一个非常准确的时间的承诺，比如说当日达就必须做到1小时45分钟发货，次日达必须做到2小时45分钟发货，怎么做到？就依靠很好的标准化作业架构图。

（好的标准化作业架构图）包括了管理者的标准作业，同时在有序节拍、供需和标准再制品的控制基础上完成收货上架、拣货包装、检验发货的标准作业，这是现在被很多企业遗忘的一点，因为你可以看到很多讲演者更多是在推销某种商品或者推销自己的产品或者自己的公司，但是很少有人去谈真正的内部管理如何优化。

所以我经常会跟大家说，不管是在通用、亚马逊、聚美优品，我都会跟我的团队说，怎么样去把我们的企业、我们的运营中心管理得更好？关注现场！没有比这更好的办法。包括我自己，我们必须保证的是自上而下和自下而上的融合，缺一不可。很多的管理者都是发号施令的人，他指挥这个人做事情，指挥那个人做事情，但是真的有效果吗？很多时候我们只是一个传声的人，没有真正起到管理者的作用。

很重要的一点是我们遗忘了自己的责任，所以这是我们要注意的，这就是亚马逊管理的精髓，我们这些人在现场是要站立式办公，关注现场的问题，只有在现场及时发现问题，通过生产进度看板，还有现场员工的可视化看板，以及反映问题的进度看板等，整个团队才能够很好地工作，才能够更好地发现问题。同时，我们对问题进行分类，哪些问题可以现场快速解决，管理团队立马解决；哪些问题可以激励员工作为一种改善项目,然后他完成以后我们用某种奖励机制奖励他。

还有改善事件,这是指的跨部门合作,时间上甚至超过一周才能解决,这时候就需要整个管理团队的参与,包括HR、行政、财务等部门一起把它作为一个大的事件进行改善,改善了以后把它标准化,标准化以后在任何一个运营中心都可以使用。我今天站在这里,所有库房、运营中心都用同样的方法管理,用同样的方式操作,只要一个运营中心改善了,其他的立马跟着改善,这就是好的经验分享。

举个很简单的看板的例子,第一张图员工,最基本的员工可能不需要太多的脑力工作,我给你一张看板,小孩子都知道看图学字,这张看板上所有红色都是需要员工去确认的,你拿着这张图跟你的工位对比如果有任何问题及时反映,这样我可以保证员工开班之前或者结束之后所有工序都是正常的,下一个班员工上来立马可以操作。

员工是不是真的按时完成任务,组长要起到监督的作用,组长或主管也有自己的看板,这是我整个主管的区域,黄色的区域都是要他实时关注的,所以每一条他是不是真正关注确认了,他要按照这个时间表完成。

我的运营经理和我的主管每个人也都有自己的责任,他这一天时间上是怎么安排的,他要根据自己的节奏去检查,随时去看现场有哪些事情需要主管或运营经理去解决。所以作为我来讲就相对更容易一些,我只要定时到关键的点去看,自然就知道他们有没有做自己应该做的事情。

改善的结果就是我们会把所有的设计变成一个完全标准化的设计,包括尺寸,包括每一个设备,包括员工确认的位置等,都是标准化的,完全一致,这样在新的库房开始运营的时候就能够特别快地利用起来。

所以他们经常说我会创造一些奇迹，亚马逊一年曾经开过4个运营中心，在聚美优品从7月1日北京运营中心搬仓，8月1日上海，9月1日广州，接着10月1日成都，一个月搞一个库房，其实关键因素在于我已经把很多的方式、方法管理都完全标准化了，所以完全不用担心在新的地方会出现不同的声音，出现不同的问题等。

跟大家一起回顾一下北京的例子，5号开始到现场，在现场拉动整个管理团队一起讨论问题，通过"人机料法环"（对全面质量管理理论中的5个影响产品质量的主要因素的简称）的方法分析思考我们怎么样完成一个不可能完成的任务，把现场所有问题列出来，明确每一步的责任人，新的流程会向领导团队一起报备，到7月29日备货完毕，将近300万的库存。

7月31日正式开始展示，这一个库房面积仅仅扩大一倍，当日最大产能就已经超过3倍以上，所以各位可以想象我们现在各个企业的产能浪费有多大，我们仅仅只用了一个月的时间就翻了3倍，在此之前，我们还在一直不断找库房，但是通过这一个月的努力以后发现明年产能完全没有任何问题，所以内部挖掘潜力是非常重要的，但是很多人会忘了这个事情。

谈到我们未来的愿景，我很骄傲敢说这句话：成为全球最高效的运营中心。因为我在亚马逊中国的时候我的库房整个运营效率比美国人、日本人还要高，我已经排在前面。所以我完全不用担心在聚美优品完成不了同样的事情。未来肯定是大系统、大物流、大数据的时代，我们将面临高投入高产出，高产出基于所谓集约化自动化设备的引入，因为我们对自动化设备非常了解，最先进的包括自动传送的流水线，包括可视化的信息看板，完全的电子信息看板，拿起来用没有任何问题，现在最大的问题是成本问题，它的成本是不是能够满足我现在的发货量的需求，不用担心，未来两三年肯定会向这个目标发展。

标准库内必须两个小时以内发货，4个小时以内收货，这需要我的运营中心和在座的配送企业一起努力完成，重点城市我们要做到当日达，甚至一日二达、一日三达，规模化效应不仅承担线上运营服务，同时我们有机会做很多线下仓储运营服务。那我们有大量数据可以和我们的供应商很好地进行数据互动，最终实现按需生产的方式。

那我们的策略是什么呢？要完善订单和仓储管理系统，这套系统因企业而异，各自企业一定要根据自己的需求去因地制宜开发，而不要盲目推崇其他人所谓好的系统，亚马逊强大的系统你永远复制不了，因为它是学习型的系统，因为它在实时不停变化。我们也一样，聚美优品也找到了自己的系统，我们在这个基础上不断研发改进，这是软的竞争手段。

利用自动化的基础满足一些繁重和多样运营需求，比如自动分拣、自动传送，实时物流解决方案要保证系统和数据完整同步。你可以通过无线射频识别或者语音识别实现，这些新技术已经非常成熟，如果你有一定的操作需要，完全可以利用起来。

我们要尽量让货物和订单流动起来，尽量压缩员工操作区域，减少人员的行走，行走会带来90%的浪费，充分利用仓储面积，优化货位，通过立体化库存、高频次货物存储方式等来优化仓储面积。

最后，我想跟大家分享的是标准化作业流程实时监控，异常立即响应机制，并不断改进流程，这是我们管理上的一个法宝，希望对大家有所帮助。

谢谢大家。

2014年美国纽交所上市演讲
——聚美优品CEO　陈欧

4年时间让聚美从一家小公司成长到今天站在纽交所台上的一家年轻的公司，我们觉得很振奋。开市之后板块有所上涨，让我们觉得聚美是被整个资本市场认可的，是被整个投资界认可的。

我们都知道，目前的市场应该是一个比较波动的市场，聚美的整个路演时间是非常短的。当我们飞到芝加哥的时候，芝加哥机场着火了，还没降下去。所以说路演过程其实是非常波折的，但是美国投资人都对我们非常认可。原因是什么？聚美不是一家讲故事的公司，我们是用过去的数据证明自己的公司。当你所有的过去数据和长期历史放在投资人面前的时候，投资人就会对你非常信任，而聚美团队也比较国际化，能非常好地和资本市场交流，和投资人交流，聚美的事业是实现中国女性美丽中国梦的事业，这个也是投资人非常认可的。

不管是从我们的数据、我们的团队、我们的过去，还是从我们的未来发展目标和市场前景上，都能给投资人一个很好的想象空间。而聚美过去执行的数据也证明了我们的目标是可以实现的，而不是一个纯粹大饼。所以资本市场对我们非常认可，今天开市的时候，我们也看到了在动荡时间中的表现。我们最先追的不是股价，而是效率，我们觉得唯品会是一家非常值得尊敬也非常棒的公司，他们的运营效率等各方面都值得我们去学习。而聚美现在更多的不是看股价，而是看公司的效率，真正实现公司的长期目标，实现我们想让化妆品行业、电商化妆品行业变得更好的愿景。

大家最多的问题可能是聚美下一步要做什么，我们告诉他们的聚美的事业是中国的美丽事业。

像聚美服装特卖选购的发展是非常迅速的,这块是未来我们满足消费者一个很好的伏笔。今年我们预计会有更多的用户加入我们。同时在供应链整合上,聚美会下最大的力气。我们也知道化妆品从线下走到线上是伴随大量不信任和很多混乱的,而聚美的目标和使命就是终结这种混乱,和更多品牌建立直接代理和发行的关系。这样子聚美就不会再是一个可能被误解或者质疑的品牌,相信所有的谣言也会戛然而止。这需要我们不断地坚持和努力。

作为一个零售企业,公司成本控制非常重要。虽然我在斯坦福读过MBA,但我很长时间都没给自己发过工资。在公司赢利之前给自己发5000块钱,现在也只是发2万块钱。这应该是中国电商行业中给自己发工资最低的CEO之一吧。就是成本控制让公司走到了今天,同时聚美在营销上动了很多脑筋,不管是之前的"陈欧体"广告,还是后续的各种营销我们都省了很多钱。就电商来说,最大的成本就是用户获取成本,比起很多只知道烧钱的对手,这方面我们显得不是最有钱的。此外,我们也是非常快地介入了自有品牌,品牌化也给我们带来足够的利润,公司能够快速地从盈亏平衡变成有盈利的企业,并在去年取胜。如果总结聚美为什么能花这么少钱就走到今天,是因为我们把所有精力都关注在最重要的事情上,而且做到极致,我们没有瞎花一分钱,非常谨慎。聚美也证明了不是一定要融好几亿美元,才能够真正站在纽交所舞台的可行性。

有关怎么花钱的问题,聚美把每一分钱都放在提高用户体验上。我觉得现在最大的目标是:聚美和各大化妆品品牌通过投资、并购、授权、代理全方位的合作可以让消费者觉得在网上买化妆品更加放心。同时我们会让消费者有更好的线上服务体验,这是我们花钱的主要目的。我们不去打价格战,也不会拼命地去烧市场,我们相信,当我们能真正地让消费者觉得聚美是个百分百值得信任的公司的时候，消费者会把聚美作为买化妆品的唯一渠道，这是我们一直在努力的。

另外，在移动端上，我们推出了很多针对消费者的活动，比如说闹钟、闪购、随时特卖等。同时我们也在努力开发针对消费者的一些私人定制功能，比如说手机上有一个很好的隐形美容顾问对你进行服务，这都是在我们开发中的。聚美取得今天的成果，一方面感谢我们团队的努力，因为我们非常重视移动端。另一方面也是因为化妆品这种推荐特卖的方式非常适合手机。它比那种需要用户去搜索的大而全的超市电商更适合在手机上做，因为用户在手机上会有更好的体验。聚美今天有50%移动端的数据，因为所有以特卖为主、推荐为主的电商手机端，都有一个非常不错的表现，所以聚美也获得了手机端的一张门票。

资本市场是波动的，对我们来说，我们只能对我们的业绩负责，对我们的承诺负责。我们做出承诺，就会尽全力把它实现，这是对投资人最大的负责，聚美说一不二，保守预估。其实，只要对消费者负责，让他们能够在网上买到完全信任的化妆品，那我们的业绩自然就是对投资人最大的负责了。

而对我个人来说，"最年轻上市公司CEO"这个称号只是一个瞬间而已，它未来肯定会被打破的。它只是意味着我开始新的路程，让自己进一步去创造历史，像这次，在4年时间内把聚美优品从零带到纽交所上市，成为一个市值30亿美元以上的公司，我觉得还是比较欣慰的。聚美是个年轻的团队，从融资额度上、从资源上在行业里面都算是非常低的。当我刚回国的时候，可能只有像徐老师这样的天使投资人会投资我，很多人会觉得我没有经验，什么都不懂，刚回国的海归是不会被投资的。我的团队靠自己的智慧和努力走到今天。我相信聚美的成功也说明了在未来有更多的年轻人可以依靠自己的努力、自己的才华，走上纽交所的舞台，而不是完完全全地依赖于资本。

所以我觉得聚美故事相信只是开始，未来有无数人会像聚美一样屌丝逆袭，而我依然会保持一颗屌丝的心，继续努力加油。我觉得聚美的意义是什么，它意味着只要你努力，就能实现中国梦，就有奇迹。我相信未来有很多85后、90后甚至00后，他们会比我做得更好；我相信用不了多久，可能很快就有一个00后站在舞台上成为最年轻的CEO了。

2014年聚美优品上市后发出的内部邮件
——聚美优品CEO　陈欧

亲爱的聚美同学们：

相信此时，大家还沉浸在公司成功上市的快感里。诚然，这一刻，对我们每一个人，都是历史性的一刻，所有参与了这传奇历程的人，都应该感到无比自豪。

最近资本市场波动非常大，聚美路演的时间比很多上市公司都要短，更雪上加霜的是，因为芝加哥机场起火，我们都没有在芝加哥成功降落，白白少了一天路演时间。尽管路演波折，但是凭借我们过去漂亮的财报和未来的广阔前景，聚美仍然受到资本市场的强烈追捧。我们的股票认购率极高，在提高发行价和增加融资额度后，仍然逆市开盘就大涨20%以上，可谓奇迹！在这里，我想感谢每一位聚美人，正是你们努力拼搏做出的扎实业绩，才造就了这个漂亮的上市过程。4年时间创造35亿美元市值的聚美，感谢有你！

聚美过去几年，作为一家融资极少、资源极度匮乏的公司，我们只能靠自己200%的努力，才能和强大的对手抗衡。因为没钱，我们学会了务实,学会了谨慎,学会了勤俭节约,学会了抓住重点,更学会了动脑筋,由此创造了上市前连续8个季度赢利的神话。上市,也让聚美的财务数据变得透明,让行业看到了聚美的效率,打破了电商必须烧钱的传统,让我们得到了更多的尊敬!我一直坚信,这样的聚美,在有了更多的资源后,一定能够迎来突飞猛进的发展。而创造了这不寻常业绩的你们,一定要给自己点赞!

狂欢之后,我们还得回归现实,上市不是个终点,相反,我们的旅程才刚刚开始。以下几点,请大家谨记:

1. 忽略股价

我完全理解大家希望股价大涨,进而带来生活质量的大幅度提高。相信此刻,一定有很多同事在看着股价计算自己的身家财富。我们如果把股价当成KPI(关键绩效指标),必然会因为股价的波动影响自己的心情。而股价,由很多因素决定,最不能改变的,就是市场的大势,而我们团队唯一能够决定的,就是公司的业绩。我刚回国创业的时候,卖掉了自己所有的股票,所有钱放在活期,甚至作为留学生忘记了去申请北京户口,导致现在都没有摇号的资格。忽略了很多,但正因为心无杂念,才有百分百的专注。说难听点,很长时间内,公司的股价高低和大家都没有关系。大家如果希望未来有更好的生活,唯一需要的就是不停地战胜自己,让公司的业绩不停地超出华尔街的预期,股价自然会非常令人满意。如果可以,我建议各位把JMEI(聚美优品)从手机的股票软件里删去,不要让股价成为影响心情的浮躁杂音。大家共同努力,死盯业绩,相信过几个季度,大家能够看到股价上的惊喜。

2. 专注消费者体验

长期来看,一个公司的股价永远是和公司的业绩挂钩的,华尔街都说股东第一,公司一定要对股东负责。而作为聚美,我们得清楚地认识到，消费者才是衣食父母。我们必须永远秉承消费者第一的原则，一切以用户体验为先。作为一个针对消费者的电商公司，我们对消费者好，消费者就会对我们好，这也是我们长期生存的根本和股价稳定的基础。对用户体验的投资和专注，最终都会反映在我们的业绩里，我们也会得到资本市场的长期认可。

3. 追求长期价值

聚美作为化妆品行业的领导者，追求的不只是简单的利润，而是行业的变革。化妆品电商是一个被质疑的行业，聚美作为领头羊，过去没少被喷过口水。怎样能够让消费者完全相信聚美和化妆品网购？今天的聚美，作为一家实力雄厚也更加透明的上市公司，我们具备了更强的实力来推动行业的变革。相信在不远的未来，聚美会签下众多品牌的中国代理权，并把防伪体系推到全行业。让消费者不再质疑化妆品网购。切记，比起短期利润和规模，让行业良性发展，才是一个领袖企业的长期社会价值。而这个使命，聚美，责无旁贷。

可能很多人都很好奇，这个年轻的团队，到底还能创造多大的奇迹？我只能说，有你们在，一切皆有可能。新的起点，新的梦想，大家再次并肩起程。因为有你，我无比自信，我们最终会证明，这是谁的时代。

一起加油！

2014创新中国 NEXT 大会演讲
——聚美优品高级副总裁 刘惠璞

今天演讲的嘉宾大部分是CEO，但我是个坚决不创业的人。为什么呢？因为创业太累了。先回忆一件特别有意思的小事，2011年年初，我参加了清华的一个MBA论坛，那是我第一次跟方浩见面，论坛结束之后我们一起去小店吃了小炒，一共花了不到100块，聊了聊世纪佳缘的发展问题。几个月后世纪佳缘上市了，上周聚美优品也上市了，3年间我经历了两家上市公司，也亲眼目睹了这两家公司上市过程中他们是怎么工作的。

今天有一位嘉宾点评时说"不要做一个特别重的公司"，我特别认可这句话，也许很多人对"重"有不同的解释，但必须承认一件事，无论是到纳斯达克上市的世纪佳缘，还是到纽交所上市的聚美优品，这两家公司如果要寻找一个共同点，那就是屌丝。

回到2011年，我跟方浩去参加的那场清华MBA论坛，当时是做销售副总裁。在我之前的两位演讲者都特别牛，然后我上去就问了他们一句话："你们赢利吗？"他们说不赚钱，那还扯什么？如果当时这两家公司按他们预定的市值上市至少一家是40亿，一家是50亿，但现在这两家公司几乎都消失了。

今天大家都说未来是属于年轻人的，那刘惠璞为什么不创业？因为创业太痛苦了，但作为创始人来讲，陈欧的屌丝精神是非常明确的，今天我们就聊聊聚美是怎么成功的。

聚美优品在美国上市后，所有高管在美国基本时差还没倒过来就回国了，然后又继续开始倒时差，其他上市公司高管去拉斯维加斯好好玩了一圈，聚美高管基本上敲完钟就全部回国了，而且全是经济舱，陈欧也一样。聚美高管团队没有玩的习惯，虽然说公司离开我们也可以正常运作，但是我们还是担心离开了会有突发事件。

聚美优品是怎么活下来的？就是这种基于市场的不安全感。大家都说聚美上市了，有钱了，但我认为你拿到再多的融资都是没有用的，比如在湖南卫视投一条广告就接近几十万，市场像巨大的海洋一样，你那点儿钱扔那就没了，连响都没有，希望大家有做穷企业的精神。

附 录
聚美优品高管精彩讲话

聚美优品是一家特别奇怪的企业，我加入聚美时，基本是公司年龄最大的。即使在今天，聚美优品全国有接近3000人，如果按照年龄来排名，我能排在前十，算老头了，但其实我是1979年出生的，准80后，因为我们现在很多主管甚至是90后。

1. 人才泡沫

一定会有人问我聚美优品为什么要用年轻人？这就是我要谈的第一个话题：人才泡沫。我是从世纪佳缘跳到聚美优品的，但到了聚美优品后我有点失望了，为什么？因为之前我在世纪佳缘做人力和销售副总裁，我非常清楚一件事情，就是做电商工资特别高，一名应届本科生到一家公司做3年的产品，第三年工资就可以拿到2万，而在世纪佳缘做了7年的产品经理工资才1万多。那时给我的一种错觉是"想发财，进电商"，但到聚美后我发现完全不是这样的，公司所有高管的年薪加上陈欧的总和，甚至比不过一个不如我们的竞争对手的事业部总经理。

有一次，我面试一个1987年毕业的女孩子，她带了一个几十人的团队做了一大堆工作。我就问她两个问题：第一，你做了收入多少？第二，毛利润是多少？她说收入先不谈，毛利润3%。当时我一听就懵了，我心说电商的物流成本就将近10%，这不做一单赔一单吗？我问她期望的工资是多少？她说希望基础月薪是3.5万，并期望奖金是额外的可以与绩效挂钩。我当时非常冷静地告诉她，如果她做的是这些事情，那么她和我手下拿5000元的小孩干的活是一样的，我不明白我为什么要为她付出接近50万的年薪，当时那个女孩半天没说话，特别腼腆地看了我一眼说25万也行。

这件事让我觉得很心痛，我并没有要批评这个女孩子的意思。因为我认为一个人一旦过上了好日子，那坏日子就不会再过了，但有一个问题是我们电商在培育人才的过程中做了哪些事情，电商的高工资是真正提高了人才的能力还是制造了人才泡沫？我们曾经最喜欢的一拨人是从搜狐、新浪等四大门户出来的，这些人非常苦，名牌大学毕业几年，历练得非常有经验，他们知道自己值多少钱，而且相比起电商人才真是划算。今天我们已经变成什么样子？一个毕业3年的大学生有几十万的年薪，这样合理吗？他们赚的是谁的钱？创造了什么样的用户价值？电商的泡沫发展毁一批人的期望值，虽然一堆电商倒下了，但是人才泡沫依然存在，他们依然希望得到高薪，即使他们没有证明过自己可以挽救一家企业。

过了一段时间，我又收到了这个女孩的邮件，还是想加入聚美优品，并且不在乎工资。她已经在家蹲了半年了，为什么？期望值太高。

今年1月到3月，我招了50名大学生，为什么是大学生呢？我认为他们只要在合理体系里接受培训，承担该承担的职责，不超半年，表现出来的水平就是市场上拿1.5万元的人所具有的水平。去年我招了20多人做自有品牌，团队共35人在运作整个项目。

曾有一个刚毕业的小女孩，去年进来的，今年1月份她找我加薪，说希望有更好的薪酬。她的薪资是几千，希望加到10000元，我说咱们公司有规定，一次调薪30%～50%，而且你才刚毕业。结果转天她就交了离职报告，作为她的直接领导者我是很伤心的，因为我非常看重她。我就问你要去哪儿？她说："刘总，你知道不知道，月薪两万多的公司在电商里随便找。"辞职之后她马上去了一家电商公司，月薪几万。

我不知道是该开心还是该无奈，第一，这证明聚美是有能力培养出圈内认可的一流人才的。第二，我问自己这真的是一流人才吗？工作经验和人生阅历是一体的，她太年轻了，而且她仅仅了解在聚美的体系下如何工作，她能够真正地承担核心业务指标、创新业务并带领团队吗？我认为是不行的，至少现在是不行的。但是无数的电商都在这样抢人才，然后价格水涨船高。

聚美优品在人力资源上有3个特点。第一，聚美优品人才年轻化程度非常高，我们愿意大胆地任用年轻人。员工平均年龄是26岁，我们有大批1988年以后的主管。第二，在这个市场上，如果你的公司成长寄希望于通过挖竞争对手的墙脚，我觉得这样的人力资源策略是完全错误的。现在电商市场人才泡沫情况非常严重，说句不好听的话，一个员工只要在不同企业跳槽3次工资肯定能过两万，你会挖到一堆能力平庸但是期望值特别高的跳槽专业户。第三，是陈欧提出的"一强扶百弱"。

陈欧今天下午为什么没来？他下午会议开到一半说要结束，演讲也参加不了了，因为他马上要跑出去见一个人，说得把这个人挖到公司来，这个人是总监级别的。陈欧曾经为了挖一个架构师，跑去上海两次，把这个架构师一家三口从杭州忽悠到北京。这次陈欧又开车跑去挖一个业务总监，但我们非常理解这件事情。遇到真正的人才，你必须强行挖，花再多的钱都是值得的。

什么是"一强扶百弱"？就是找到一个能力出色的人，下面的人就会立即得到高速成长并创造价值，对于企业和基层培养都是极为有价值的。但我们认为很多企业挖人的策略是错误的，因为很多公司挖的是8000～15000元的人，而如果你仔细分析现在互联网薪资结构，这批人相对鱼龙混杂很难辨别，有经验无能力者非常多，来到新企业里基本就是吃老底，吃完老底就没有任何创新能力了。我们发现大量的企业在堆积中层，那他们有没有独立的业务领导能力？没有。他们也许有比较丰富的个人从业经验，但他们能带一个团队吗？不能。所以大量的企业是招尖端人才时要么狠不下心给钱，要么不用心引导，只是简单地把尖端人才的手下全部挖下来，这样的代价是最高的。

我举一个简单的例子，前段时间我们发现一个企业里有很多中层，中层的平均工资都在万元以上，这些员工有什么样的特点呢？首先，全部不背业务指标；其次，中层堆积最严重的后果是山头林立。你们经常听说最好的公司是关起门来大家吵，吵完以后大家干活。请注意，关起门来吵，吵完达成共识的是高管，吵完了达不成一致的是中层团队，中层在资源分配上没有什么决定权，他们决定不了很多事情，吵也是鸡毛蒜皮，吵也只能伤害感情而已。

我们看到很多公司都是中层在吵，为什么？比如今天有一个特别好的海归女孩来我这儿工作，几年后说："刘总，给我一个官当，不然我觉得职业生涯已经到顶了。"那行，我给了她一个头衔"企划副总监"，这名字好吧？但没有任何价值，可是好听，因为我的本意就是给你个官当你就消停吧。不过大家要注意，一旦你任命他做中层，他本人就要发挥价值，你拦都拦不住。同样如果一个人当了官，他就一定希望发声，他希望别人尊重他的意见，他希望发挥影响力，这很有意思。然后你就听吧，你公司到处都是声音，到处都是领导，到处都是审批和意见，没矛盾创造矛盾最好的方式，就是任用一大堆的中层，然后天天看他们到你办公室吵架。

你看一个企业好与不好就看它有多少位总监、多少位副总裁。我们非常坦率地告诉大家聚美到目前为止只有9位高管，总监以上的人只有14位。也就是说3000人的聚美优品，只有23人的中层团队。我们有大量基层管理团队，当然，这也是聚美优品需要改进的地方，我们正在着力发展中层团队。

昨天我看到一家企业，一个市场部16人，就有3位副总裁，有公关副总裁、品牌副总裁、商务合作副总裁，听说最近还在招一个政府高级副总裁。这个团队有10位总监，听懂了吗？10位总监，加上2位副总监、3位副总裁，剩下的就是一位市场专员。专员感觉就像是一个被凌辱的人，因为他身边全是领导，这伺候得过来吗？请注意，你赋予一个人身份时就是赋予他权力，有权利这个人就一定会用，没问题制造问题也要用。

聚美优品是"一强扶百弱"这个观点的巨大受惠者，聚美部门之间基本没有内耗，因为所有高管是以业绩为导向的，高层拍桌子吵架也好，把事情定下来，中层强调执行效率赶紧做，所以聚美做什么事情都很快。也许会有人说这样中层的价值不是没有得到发挥吗？我要说任何价值的发挥都不是个人的价值发挥，都要消耗公司大量的资源，聚美是小企业，我们要把好钢用在刀刃上，或许有天聚美做成腾讯那种规模可能会大范围事业部化，囤积人才自主发挥。但至少现在不可能，今天在座的各位你们也不可能。

2. 产品泡沫

我们都知道今天大家在电商上买东西，聚美是怎么赢的是个谜，今天我一定要在这里大声说聚美一直卖的是正品，这个问题上我们很多电商同行没有想明白，他们好奇聚美是怎么赢利的。第二个问题为什么要引到产品泡沫？传统电商是怎么做生意的？我们举个例子，我旁边有一瓶矿泉水，刘惠璞发现了它，经过非常好的市场营销，把它做成精美的矿泉水来卖，25元一瓶。聚美优品卖得非常好时，出现了一家聚丑优品的公司，它一看人家卖得好，就把这个产品拿过来了，卖23元一瓶。聚美优品一看，说卖21，然后那边就卖19，卖到有一天这个产品不值钱了，大家都赔得半死，也就都不做了，产品也消失了。

我为什么把这种行为称为产品泡沫？我认为很多公司只看成交总额而不看净利润是完全错误的，一家企业第一要负责的是股东和客户价值。让利之后，客户还能感受到价值吗？举个例子，有一天，一对贫穷的夫妻看到一个大挂钟特别漂亮，非常想买它。第一次去，摸了摸手中的钱，没问价钱就走了；第二次去了，想象这个挂钟放在自己家里该多漂亮；第三次，店员就过来说你们是想买这个钟吗？然后他说了一个非常贵的价格，穷夫妻肯定买不起。于是店员就问他们想多少钱买，丈夫说100元，店员说给他打包。这个丈夫回家后一宿没睡着。为什么？也就是说他们买到这个东西以后并没有感到喜悦，而是感觉买了个残次品。

像一些经典产品只能通过价格战一样，中国99%的销售额来自于价格战，但是国外30%的销售额来自于新品，所以海外通常有比较好的毛利率和净利润，国内却没有。简单来讲，作为一家电商，你一定要看好一样东西，但不要为了烧成交总额而疯狂地进行价格战，否则，你会把有价值的产品打得无价值，无价值的产品你打价格战用户也没有认知，然后大家再都去找品牌商要各种费用，品牌商被搞得穷困潦倒，一年下来只剩亏损。聚美做到今天很多品牌是不打价格战的，因为我们合作的都是非常好的产品。我们对我们的品牌说一句话，如果有一天聚美优品被迫价格战倾销时就意味着聚美优品要清仓了，咱也该推出新产品了，品牌商也非常高兴。因为不把品牌商压榨死，品牌商就有钱可以进行大量市场投放吸引新用户，提升产品质量。新用户越多，产品质量越好，销量越好，这样的过程才是双赢。

曾经有一个品牌的化妆品在聚美优品卖得非常好，它的一个畅销产品以前卖59元，销量非常好，电商出现以后现在变成了19元，产品质量下滑，市场投放缩水，最后聚美也没法再和它合作了，今年这个品牌的老板干不下去了在寻求并购，想把自己的品牌卖掉。也就是说最终我们把人家产品打折的行为，谁都没有利润，这个品牌最后消失掉了。请问，这对顾客是一件好事吗？所以我们今天必须反思这个问题。

3. 市场泡沫

聚美做了非常重要的两件事：2011年时推出陈欧和韩庚的双代言和2012年我们推出了"陈欧体"代言。很多人问聚美这个广告是谁策划的，非常坦诚地讲，这个广告就是陈欧策划的。当然，整个团队都在贡献力量。我给大家讲个故事,大家就知道这个广告是怎么被策划出来的。

我们讨论"陈欧体"广告这个版本,是从前年的6月底开始到11月底结束,讨论广告拍摄和广告词用了5个月的时间。当时广告词我们非常喜欢,唯一的缺点是音乐不够理想,我们换了几版都是这样。后来我实在受不了了跟陈欧说:"就这么着了,我黔驴技穷了。"陈欧也跟我说:"就这样吧,也不一定非要那么完美。"但是半夜两点我手机响了,他告诉我还得想想,不然他不甘心。也算是运气吧,最后一刻我们找到了一个好的音乐,今天这个广告取得了很好的效果。

好多人问"陈欧体"是怎么做社会化传播的。说实话,在社会化媒体传播这块我们聚美什么都没做,好的东西一定是会传播的。可能大家说:"你净瞎扯,你扯了半天就是要告诉我一个东西通过6个月就能做好吗?"我可以很负责地讲,聚美优品太穷了,做广告这事对聚美来说太贵了,我们一定要好好做才行。到后面很多广告公司被聚美折磨疯了,因为我们总是觉得还差一点点,能不能更好点儿。

我给大家讲一个小故事。当年我在世纪佳缘时,发现给很多人找老婆找不到。一个很牛的客户,一米八几的个头,身价十几个亿,他为什么找不到老婆?他跟我说:"我就不想找个物质女,我想找个清纯善良的女孩。"我说这不难,怎么可能找不到呢。那天我们给他推荐了一个非常优秀的女孩,不比刚才的创业者差,他一看非常满意,拉着人家就去百货商场买了两个包,一个包6万元。当时我一看就傻了,这女孩一看就乐了,表现出百依百顺的样子。这位客户非常落寞地说:"怎么又碰到这种物质女人。"我生气说:"你就不会把人家约出来吃吃路边摊,牵着人家的手去走走公园,多谈谈感情少买点儿东西,就不能通过你的人格魅力打动她吗?"他说这样太费劲了。这件事情深深地刺痛了我,为什么他追不到好女孩?因为他根本没追,只会靠钱砸，结果砸出来的全是物质女。当一件事情可以简单地达到目标时，他就不会采用复杂的方式，那么当一个项目不差钱时做市场投放应该怎么投？瞎投！

今天在座几位站起来说，如果给你10亿元做今天的创业项目，你怎么投？我相信80%是这么投的：一线城市地面肯定要有，媒体广告主要城市铺个遍，框架广告得有，地铁先糊一整墙，十大卫视加地面频道轮番轰炸。就在我刚才说这些渠道中至少两个渠道是没用的，因为不同品类在不同渠道投放的效果是完全不一样的。

有一天陈欧特别郁闷，我问他有什么烦恼。他说他投了某某媒体，然后查了百度，发现百度指数一点儿跳动都没有。我笑了笑说，传统媒体又不像互联网广告，怎么能有那么快的反应。陈欧问了我一个问题："如果我看不到它，我为什么相信它？"所以聚美优品到今天不投看不到的市场。

现在很多公司在追随聚美的投放，聚美在哪投他们也在哪投。那天我们见到湖南卫视的广告人，他告诉我们说："聚美优品基本是第一个大规模在湖南卫视投放的互联网广告主，在你们的带动下，今年互联网企业广告已占据了湖南卫视非常大的份额，大家都一窝蜂地去投。"这个渠道谁发现的呢？是陈欧。我印象深刻的是陈欧参加《非你莫属》第一期，拍了4000元招了一个司机。这个司机是《非你莫属》有史以来最有趣的"司机哥"，也就是说陈欧只花了4000元拉动了1万百度指数，基本上等于没花钱。

那段时间我印象特别深刻的是创业邦采访我的事情，当时我发自内心讲了一句话，"我们参加电视节目是以玩的心态去的，但陈欧绝对不是，陈欧是以真正的市场营销观念去的，他知道这是个宝藏，想尽办法展现聚美优品好的一方面"。所以2011年《非你莫属》只红了不到3个选手，其中两个被陈欧招走了，这是《非你莫属》有史以来最成功的几期节目，视频几百万点击量。聚美优品的销量也从刚加入《非你莫属》时的50万提高到日均150万，然后陈欧马上登上了当时收视率非常好的《天天向上》。

有一次，陈欧参加完《百变大咖秀》，看上去很郁闷，我问他什么原因，他说因为所有人都在骂他，说他是一个爱作秀的总裁。陈欧是个特别要面子的人，结果那么多人骂他，说这个男人一天到晚不务正业是想当娱乐明星吗？他很难过，觉得被人误会了。我知道陈欧在干什么，因为这是一个没钱企业的CEO才会做的事，有钱的CEO一般都去新光天地买爱马仕了，谁丢这个人。所以我觉得聚美今天为什么能够成功？因为聚美没钱啊！如果2011年在资本市场稍微好转的时候，进行融资，他根本不屑参加这些节目，那聚美优品能够走到今天吗？我觉得肯定不会。

到今天为止，有很多人是来听创业、听创新的，但是我觉得创业中有一个最大的问题，就是创业者都很苦。您拿着投资人的钱，不是用来吃喝玩乐的，但真正意义上的苦还不是生活上的苦，是坚持经营上的艰苦心态。

我今天讲了3个泡沫：人才泡沫、产品泡沫和市场泡沫。对每一个人才的极致利用，对每一个产品价值的充分开发，对每一份市场费用的充分节省，只有这样才能在今天所有的创业群体中脱颖而出。请记住，资本市场好的时候所有人都有钱，不只是你有钱；资本市场不好的时候，所有人都没钱，你也没钱。

所以我们一定要学会在穷人的姿态下做事，一定要学会在资本市场最差的时候崛起。

这就是我今天演讲的内容，谢谢大家！

聚美优品方程式
价值40亿美元的创业真经

2014年福布斯中国第二期云集演讲
——聚美优品CEO 陈欧

大家好！我是陈欧，聚美优品创始人、CEO，今天很高兴在这里和大家见面，来和大家分享，创业者怎么惨，公司怎么死的一些经验。

聚美历史上只融了1300万美元，在电商中算绝对的"穷企业"，走到今天非常不易。对于拿钱不多的创业者，我希望聚美的屌丝逻辑能给你一些启发。

乔帮主说过，stay hungry，stay foolish（保持饥饿，保持驽钝）。今天我加一条，stay doubtful，保持质疑。大家可能说，质疑，我太在行了，我每天都质疑我的对手不正当竞争。

当服务器打不开，那肯定是对手攻击；当对手融资成功了，他肯定财务造假；当有个公司上市了，铺天盖地的评论都是烂公司又去圈老美的钱了。

所以呢，中概股诚信危机，咱键盘侠也功不可没。这里我不是鼓励大家去当键盘侠。质疑，不是质疑别人，而是学会对自己质疑。

1. 质疑商业模式

创业者是自尊心最强的，要创业者否认自己的商业模式有问题，那可不是一件简单的事。

创业者一方面小心翼翼地保护自己的商业模式，生怕别人知道；另一方面觉得所有不理解自己商业模式的人都是傻子。自己的方向肯定是对的，真理永远在少数人手里，不坚持哪有希望！而且大佬都说，今天很残酷，明天很残酷，后天很美好，再坚持几天哥就把BAT（百度、阿里巴巴、腾讯的英文首字母，用于指代这3家公司）灭了。

打住！大佬们说的坚持，是对创业的坚持，对团队奋斗精神的坚持，而不是对商业模式的坚持，更不是对创始人内心的小骄傲的坚持。

马云最开始做黄页，经过数次调整，上市后阿里巴巴从B2B转型做了淘宝，成就了今天的千亿美元巨头；360也从早期的社区搜索转变成一个以安全为核心业务的百亿美元互联网巨头。聚美，最开始做的是游戏内置广告，如果没有对商业模式的重新探索，也早死了。

互联网就是一个高度变化的行业，连大佬们都是在激烈变化中寻找新机遇，我们更应该激烈地拥抱变化。创始人的使命感不是实现自己内心的小爱好，更不是维护自己的小自尊，而是实实在在找到一条正确的路带领你的团队取得成功。

互联网高速变革，所以只有对自我质疑，对商业模式持续质疑，找到大的市场、高速发展的机会，找到你的风口，顺势而为，才能找到真正的爆发点。

另外，商业模式的保密在中国没有意义，因为中国的企业永远赢在执行。在美国起诉脸书创意侵权然后拿到几十亿美元这种生意，在中国是完全不可能的。

中国的创业者是最不容易的，他需要在无数的竞争中面对最强大的对手，最后一将功成万骨枯。也正因如此，我相信随着世界全球化，中国的企业家是有能力征服世界的。

2. 质疑扩张

好，现在恭喜你找到了可行的商业模式，你很兴奋，团队很兴奋，投资者也很兴奋。你拿到了不少资金，准备开始大展宏图。最近中概股上市潮，不少土豪赚到钱了，这个时候找土豪们融资可是好时机。最近听说不少项目天使轮估值就到了1000万美元，A轮估值接近1亿美元，绝对是创业者的春天！

但为什么最近估值高了？钱多了，基金赚钱，融资也容易。土豪钱多了必然会开始投资，那创业者钱多了会怎样？那就会选择扩张！

大部分企业拿到了钱就会开始疯狂扩张，增加业务线，立几个人当事业部总经理，配几个兵，瞬间办公室就坐满了。结果呢，山头林立，办公室政治也多了，有了任命就有了权力，人多了浪费也多了。

我们曾经目睹很优秀的企业在融得大量资金后急速扩张，结果所有的融资全变成卖不掉的库存。

我们曾经面试了一个做自有品牌的高管，工资不菲，比我们公司副总裁还高。她做了什么？一年制造了一个亿的库存卖不掉，直接把供应商拖死了。我们问她，你能给聚美带来什么？她脸红微微一笑"我有烧一个亿买来的经验教训"。那你要多少工资？她羞涩地说，跳槽怎么也涨50%吧，期权总得有吧，毕竟是高管。

市场上流动最大的就是这样的人。很多企业融资后扩张，且不说方向对不对，对业务的理解和人才储备根本跟不上扩张的需求。公司里多了一堆副总裁和总经理，更不要说扔个手雷炸死一片的总监。最后除了多了一堆没创造业绩的人和烧了很多钱，什么壁垒都没有。

融资很多的企业都会因为盲目扩张死掉，更不要说在座的很多资源匮乏的创业者。这种扩张会把无数钱烧掉，白白交了很多学费，而这些交了学费的人最后都可以轻松跳槽，找到好工作。

看看你公司里面有多少人是实实在在在解决问题，真正扛业务指标，多少挂着高管职位不管业绩？聚美到现在为止，我们只有八九个副总裁，总监也就四五个，之前很长时间我们只有3个副总裁，而我们专注的就是把手里几个化妆品品牌卖好。如果我们当时没有专注，我们早死了。

早期的创业者一定要知道子弹集中在哪里能砸出一个坑来，单点突破建立壁垒才是初创企业的玩法，扩张，那是属于土豪企业的奢侈玩法。

3. 质疑用人

所有企业家都喜欢说人才是公司最重要的资产,也喜欢大侃自己的用人哲学。因为这样不但显得自己爱才,而且是能用好人才的大师。其实很多公司用人都有问题。

有段时间我们公司市场部被挖人挖得厉害,一开始我也很紧张,虽然走的不是核心,但还是知道公司的一些商业机密,而且这必然会导致公司内部的震动,很多人会质疑公司的体系,害怕内乱。当时我也纠结了很久,但最终结果呢?很快对手公司都死了。

为什么他愿意付出这么高的溢价?两个原因:第一,公司机密;第二,品牌溢价。而这些人是实实在在的核心人员吗?他过去之后能当副总裁吗?当他所有机密都卖掉之后,他还有什么?没有了。

他不具备解决问题的能力,而他实实在在会给对方公司制造一个非常大的坑,因为他建立了很高的薪酬标准,对对方公司的元老是一个极大的冲击,公司离心,才是灾难。

而今天想一下,有多少这样的人呢?我相信,绝大多数的人都是这样的,你可以想一下周围的人才有多少是所谓光环来的,但不担业务指标?而又有多少人能真正解决问题,工资却被低估?为光环付溢价,破坏了薪酬体系,伤害了元老,值吗?判断人才价值,最核心的就是解决问题的能力。

挖每一个"贵人"之前,记得反问自己,这个人真的能帮我解决问题吗?如果答案是Yes,如果这个人真能帮你解决一个核心问题,再贵都不嫌贵。但千万不要为所谓的光环埋单,而制造了一群跳槽专业户和更大的坑。

4. 质疑广告

我一直很痛苦,因为天天被骚扰,都是谁骚扰呢?大部分是广告公司。我现在唯一觉得幸运的是,他们没把我的电话号码放在征婚网站上。

我目睹了无数的公司在融资后把不入流的创意投到了不靠谱的渠道上，最后赔得一塌糊涂。很多公司拿到钱之后，希望靠广告快速砸死对手，但在没有准备好的时候就把钱花出去了。

聚美会怎么做呢？我们会假设所有广告媒体都是骗子，所有的营销都是无效的，然后全力去证明我们的观点，寻找他们作弊的蛛丝马迹。如果我们证明不了，才会考虑投放。我们到今天，也不投自己不了解的媒体。

因为这种谨慎，我们在路上绕过了无数的坑。去年"301"，一个媒体给了我们极其优惠的价格，在这样的诱惑下，我们也曾非常心动，但我仍然坚持只用自己了解的媒体，用自己有信心的创意。最后，我们创造了"301""陈欧体"的奇迹，当天百度指数破百万，效果超预期。

今年"301"，听说一个电商巨头为了"阻击"我们，花了上亿元广告费，而去年聚美品牌广告一共花了6000万元，不到销售额1%。为什么我们能做到只花1%的钱？因为我们非常清楚，把素材投在什么媒体上是最有效果的，我们知道花出去的每一分钱都是有价值的。所以，当你拿到钱的时候，千万不要头脑发热，当你建立起投放框架前，一定要学会质疑广告。

给大家分享这么多，是让大家知道聚美的价值观：保持屌丝，保持质疑！

没有对商业模式的质疑，今天的聚美不复存在；

没有对扩张的质疑，今天的聚美没法把化妆品这件事做出壁垒；

没有对用人的质疑，今天的聚美不可能做到总部只有4层楼，靠一群25岁的年轻人，仍能打赢资源数倍于自己的对手；

没有对广告的质疑，今天的聚美会跟无数的企业一样把上千万、上亿的广告烧出去。

今天把所有的经验分享给大家,希望大家stay doubtful,保持对自我的质疑。希望你们有一天能够融1亿美元,享受土豪生活,但在成为土豪之前,保持对自我质疑,你们可以走得更远,谢谢大家!

2014年《创业刊》专访:另类电商的成功之路
——聚美优品CEO 陈欧

2009年,我拉了好友戴雨森、刘辉回国创业,做游戏广告。当时照搬的是美国模式,但做了几个月,发现走不通。中国市场与海外市场的差异,让我们很快认识到,在中国做B2B,我们几个小孩是搞不定的,应该转型做B2C。

就地转型既是求生本能,也是经验使然。很多创始人都在讲坚持,大佬们也总说坚持,坚持,再坚持,但我愿意否定自己,游戏是我喜欢的东西,但喜欢的东西未必就能做成功。

我们当时就一个想法,公司不能崩盘,要不然全完了。所以转型时,我们选择了离钱近的电商,打算先把公司养活。

我对创业团队也进行了重新考量:戴雨森能做设计,刘辉可以写程序,但我们没有人脉,没有电商经验,也没有零售经验,这样的团队能够做的事情比较少。幸好,还有30万元现金,还有机会尝试。

只花了两天时间,我们就上线了团美网,开始做化妆品团购。最初的网站页面很简陋,但很快就有用户进来了,然后就有了订单。我们发现,这个商业模式是对的。

化妆品是好的标品,网上有很多数据,比如淘宝指数、百度指数等,什么好卖一目了然。当时很多社区都在用团购的方式卖化妆品,只要价格便宜又保真,服务还比别人好、专业,消费者就认可。

当时我们每天只卖一款产品，操作方法很简单：雨森负责产品编辑，他去人人网注册了几百个账号，发帖吸引用户。有了订单，我们就去专柜把货买回来，在办公室把货发出去。那时我们人手少，全公司就3个创始人加1个行政人员，招人也招不来。我记得，有个实习生要走，我说给他5%的股份，人家根本不理我。

过了两三个月，我发现特卖这块业务越来越靠谱。到2010年6月，我们就已经完全往这上面发展了，更多的数据也证明，这个事情是对的。2010年8月至2011年3月是聚美发展的甜蜜期，每个月的业绩都在增长，现金流也足够支撑公司运转。

然而，痛苦也随之而来：首先，那时我们不知道团购模式的天花板到底在哪里，业绩增长很快时，只要稍有停滞，我就开始怀疑它是不是到顶了；其次，我们的供应链太弱，远远满足不了业务发展的要求；再次，创业初期我拿了徐小平的钱，结果第一件事情没做好，自己觉得不好意思，后来我决定跟徐老师提出转型去卖化妆品时，很为难，因为我害怕辜负他。

虽然如此，我们还是给自己打气，将目标设定为中国化妆品团购老大。聚美当时要做的工作千头万绪，但看着公司每天都在成长，也是一件很快乐的事。

2011年，我们去唯品会拜访。作为南派电商的代表，他们不常在各种电商大会上抛头露面，只低调把事做好，这一点非常值得我们学习。更重要的是，唯品会的成功让我们坚定了走特卖这条路。

一个公司能赢，最根本的原因是，它更好地把握住了用户需求。在我看来，中国最好的企业家都是知人性、懂用户的。而在这一点上，我对自己有信心。

1. 背靠电视营销的逆袭

创业初期，我们的对手乐蜂网规模庞大，营收达五六千万元。

附 录
聚美优品高管精彩讲话

他们既有媒体资源,又有资本注入,后面还有大企业家背书,优势明显。

反观聚美,当我们决定融资时,风险投资人却对我们颇不信任。红杉的投资是从2010年8月谈到2011年3月才最终确认的,而这时,我们的月营收规模已从500万元增长到了2000万元。那时我们有一大堆事情要做,包括仓储物流、服务等,而竞争还没有发展到白热化的程度。

我也曾想在营销上砸一把。红杉投资后,我给了董事会一个3000万元的毛预算,他们同意了。我的直觉是,营销就应该花大钱。但到真正出手时,我又有些害怕了,思来想去,将这一预算缩减到了1000万元。

当时别的团购网站,动辄几千万、上亿元的广告投入。聚美融的钱不多,我们之前没投过广告,怕打了水漂,但不砸钱又容易被淹没掉,很纠结。不过当时聚美的现金流还不错,我估摸着1000万元应该有。

钱少怎么做创新?这是我要思考的。上《非你莫属》前,我已经有了一定的粉丝基础,觉得可以做点文章。一个同事推荐我过去,当时我也没什么事,就去了。后来发现自己还挺受欢迎的。

参与这一节目,让我了解了电视媒体,知道了说什么话观众会去传播、什么表现有可能带来较高的百度指数。借着上电视积累的经验,2011年8月,我们做了第一版"我为自己代言"的广告,学习对象是"凡客体"。

当时,我对"凡客体"的理解是,共鸣导致传播。我也曾去凡客拜访,虽然他们没有把细节说得很清楚,但我捕捉到了这两点:第一,他们的投放渠道是公交和地铁;第二,广告是被传播带起来的。

"我为自己代言"也是希望引起共鸣。这段广告抓住了当时的几个热点：80后、蜗居、奋斗、裸婚等。第一版广告，文案是我写的，后来多次修改，不停地录。有一天，在棚里看过改完的文案后，我哭了。我想，能打动自己的内容，也一定能打动别人。

后来我们请来韩庚，花了几百万元的代言费。准备投放时，我突然觉得压力好大。虽然只是1000万元，我还是很害怕。因为如果广告没有效果，哪怕投资人不炒我，也难免会被同事们骂，这样一来，我CEO的威望就没有了。

但只能硬着头皮上。1000万元的广告在一个月内全部投完了，包括地铁、公交、电视等。结果，聚美仓库爆仓，而且持续了4个月。

那段时间，我除了录《非你莫属》，其他时间就一直在仓库待着。当时聚美正准备B轮融资，投资人过来找我谈，我说没时间，对方还不信。我说，你自己到仓库看看就知道了。

就是靠这支广告，聚美的月营收从4000万元上涨到8000万元，一举超越乐蜂网，成为行业第一。

事实上，最初在董事会内部就"CEO该不该介入企业公关"这一问题，存在很大分歧。徐小平老师希望我出来，他觉得，该宣传还得宣传。一开始我也不愿意出来，后来上了电视，发现效果很好，这才做了"我为自己代言"这个广告。

时间到了2012年，聚美的规模已经是乐蜂的2倍。但那年乐蜂拿到了4000万美元的融资，且有自己的品牌，他们一方面拼命砸广告，一方面打价格战。我们紧张得不得了。因为聚美刚刚实现盈亏平衡，而我又不想再去融资，如果真的介入价格战，大肆烧钱，对聚美来说很危险。

为应对竞争，我们一方面在思考如何做出传播效果更好的广告，并在价格战上咬紧对手；另一方面开始着手创立自有品牌。我从世纪佳缘挖来了好友刘惠璞，拿出1000万元，让他去做自有品牌。刘惠璞的工作很快有了起色，为聚美带来了更多利润。

第二版"我为自己代言"广告，拍摄于2012年9月。因为是第二版，需要差异化，而且要超过第一版，难度很大，文案前后改了两个多月。广告播出后，迅速引起爆发性讨论，网友争相模仿"陈欧体"。

我们赢了。

2. 短板反思

我们一直在研究凡客，特别是研究它发展过程中出现的问题。

我们看到，凡客融了太多钱，在资本的压力下，产品大量生产，但生产后卖不掉。另外，凡客的流量有限，它需要不停地买流量、做促销，久而久之，对品牌造成了伤害。

乐蜂网正是犯了类似的错误。而聚美有一个最核心的价值观——谨慎。我们不急于求成，而且要求每分钱都要花在刀刃上。

就广告来说，各公司的线上传播手段差别不大，无非就是买个位置，但每个公司的线下玩法则完全不同。

因为我害怕公司死掉，所以每一笔支出都得想清楚。也正因如此，聚美的线下营销能力比对手强了很多。不论是我上电视参与节目，还是做"我为自己代言"的广告，我们花的钱都比对手要少得多，但每一次，我们的广告内容和传播效果，都比对方要好得多。

线下营销不是靠广告，而是靠口碑。广告在媒体上投出来之后，只有人人相传才能算成功，这取决于你的广告效果是否足够强大。

制造一个话题难度很大，唯一能做的是把内容做好，好内容不需要引导。比如，当网上有人觉得用"陈欧体"写的段子能够获得更多转发和评论时，他自然就有动力去写。反之，如果内容不好，你给他钱，他都未必愿意参与。

垂直平台的用户获取成本很高，在化妆品领域就更甚，按常规方法是很难做起来的。这是因为：第一，用户对化妆品电商存在着固有的不信任感；第二，关键词又少又贵，一般是两三块钱一个。

总结而言，聚美的做法是，通过营销拉动规模，通过规模拉动供应商，最后供应链上的品牌越来越多，再通过供应链反压成本。

不能不提的是，2013年，聚美遇到了公司发展历程中最大的两个困难：一个是"301事件"，另一个是"315事件"。

这两个事件对我们伤害很大，直接导致聚美在2013年第二、三两个季度进入了一个衰退期。公司当时没死，就已经是个奇迹了。

这是把对的人放在错的位置上导致的问题。在聚美，我们3位创始人各司其职，雨森负责产品和运营，刘辉负责技术和物流，而物流一直是我们的短板。我们一般一年做一次广告，紧接着就是一次爆仓，而且持续好几个月，已严重影响了公司业绩的增长。

公司快马加鞭前进的时候，我自然希望每个人都能做好。但实际上，并不是每个人都能跟得上公司的发展节奏，这很现实。在物流和仓储方面，我们人手、经验都不足，最可怕的是每年的爆仓。

出了事情，我特别害怕去责难谁，这对我来说很痛苦。很多CEO都遇到过类似的问题，而撤换高管存在风险，尤其是联合创始人，因为一不小心就可能连兄弟都做不了了。

聚美这一问题的解决，是以刘辉离开公司作为结尾。但至今，我们还是好朋友。

回过头来反思整个处理过程，我觉得，一个CEO，在每一阶段都应该选用最合适的人，而不应只顾及兄弟感情。出于私心，我当然希望公司核心高管都是自己最熟悉、最了解的人。但再熟悉的人，也有可能掉队，甚至会成为公司整体利益的绊脚石。

那是我压力最大也最痛苦的时候。

2014年《创业刊》专访：创造和用户间的情感联系
——聚美优品联合创始人、产品副总裁　戴雨森

2008年，我清华大学本科毕业后，到斯坦福大学读书。在入学第一天的新生聚会上认识了陈欧。

陈欧是中国留学生中最帅的。一聊，原来我们都曾在谷歌实习过，而我之前常玩的游戏平台GG就是陈欧创办的。当时我就觉得，这哥们儿挺厉害的。

在斯坦福，很多学生想创业——可能10个人中有9个会这样想。但真正创业的很少，毕业之后去创业的也很少，大部分学生毕业后，还是该找工作找工作，因为创业的风险很大。

那时我对创业和互联网很感兴趣，和陈欧一拍即合。我在斯坦福待了9个月，后面一段时间基本上都在跟陈欧讨论商业计划、想方案、出去见风险投资人、找钱。然后时机差不多成熟时，他回国了，我也休学回来了。

这是我第一次创业，在这之前没有正式工作过。

聚美这个网站，是我们当时花了两三天时间搭建起来的。所有的设计都是我自己画的，现在的商标也是我设计的。因为时间仓促，页面当然会有缺陷，比如它无法回答用户的提问等。但我们是在快速试错、尝试概念，如果花上3个月的时间去建站，就已经太晚了。

很快，我们发现，化妆品团购这个事情比游戏广告更值得去做，于是我们全力投入在这上面。

我一直负责互联网产品这块内容。那时，公司就3个人，在具体执行上，陈欧不会管太多，而我除了不写代码，其余所有事情基本都

能执行出来——整个网站产品的设计，包括文案、营销等。

当时的聚美领先同行的可能有3点：

（1）图片质量高。我们把产品拍得特别美，因为女人是视觉性动物，男人爱美女，女人爱美的东西。很多B2C网站，只是从品牌商的官网上抓下一个产品图过来，不真实，也不够清晰。当时我们搭了个很简单的小摄影棚，并将拍完上传的图片在页面上铺排得很大，是高清图。用户能够看得出，这是我们用心拍出来的。要想打动消费者，就要图文并茂，要让她们看到之后觉得，这个东西不买，简直对不起自己。

（2）商品描述精细。当时，很多公司的商品描述做得很生硬，就像产品说明书。对消费者来讲，她们既摸不到商品，又闻不到气味，唯一可接触的就是这个页面。

那时，聚美的所有商品描述，都由我亲自来做。后来，公司成立了编辑部。我要求他们只干一件事，就是把商品描述写好，比如它有怎样的前世今生、有哪些具体细节等。聚美的风格就是从那时候奠定的。

（3）专注。那时我们每天只推荐一款产品。因为我们认为，如果什么都推荐，等于什么都没推荐。随着营收规模的增长，聚美每天推荐的商品数量也在增加，但我们始终坚持只推少量精品。现在，我们每天更新50个单品，通过这50个单品，带动每天上千万元的销售额。

为什么聚美在推荐新品上的实力这么强？为什么很多品牌愿意跟我们合作？大家上淘宝，可能是需要什么就去搜，但聚美的客户基本上都要看一遍我们的推荐列表。我们可以让几百万人同时将目光聚焦到某一款产品上来，而这种能力也只有在聚美这种商业模式下才能具备。

当时我还注册了一批马甲,在人人网上做营销。我曾注册过一个女性马甲,写了个帖子。帖子的大意是:作为一个用了好几年BB霜的资深达人,我来告诉大家,BB霜是什么、大概有多少种类、我对这些商品有什么看法等。这个文章当时在人人网上非常火,有几十万人看过,有几万个分享,而且因为我在文章里加入了聚美的链接,光这个帖子就为我们带来了几十万元的销售额。

在人人网上营销的成功让我们得出一个结论:所有的社交媒体最后都将被广告占领。一个社交媒体刚兴起时,我们就要去占领先机,那时它最具有潜在市场价值。比如新浪微博,在它刚兴起时,我们就已经用它做了很多传播。"陈欧体"也是在微博引爆的。另外,我们第一时间做了微信公众号,现在则做了连我(Line)公众号。

关于营销,我们是这样想的:对于用户来讲,用户想看的是信息而不是广告,如果她们觉得这是篇广告的话,她们就不会去关注、收藏和转发。信息本身有用,会比一般广告有说服力。

现在,我们在手机上可以更有效地做这件事。手机是最私密、最了解用户的一个工具。它知道你每天点开什么软件、浏览什么信息,而这些信息我们都会利用起来。以前我们推的是热门爆款,现在我们可以根据用户兴趣进行细分,独家推荐最适合她们的商品。

2012年,聚美移动APP上线。到现在,手机客户端为我们带来的销售额占了我们营收总额的50%以上。

最开始做移动端的时候,我们想,当用户每天要去刷一个东西的时候,肯定用手机刷更方便。因为手机购物的场景跟PC不同,PC需要用户坐在电脑前面,可能在办公室,可能在家里,而手机则可以是床上、车上、马桶上,随时随地。另外,在PC上,用户需要登录、打开、查看,而在手机上,点一个按钮就可以查看和下单了。

最近我们推出了一个叫闪购的产品,也就是限时抢购,几万名用户同时在一个场子里,每30秒抢一次。现在我们是限量进入,每天晚上8点20分发邀请码。为防止刷码,用户需要玩一个连连看的游戏,游戏过关了才能抢到邀请码。非常多的用户希望抢到邀请码而进来玩。

这在PC上做就很麻烦,因为天天对着电脑抢,大家会感觉你不是个正常人,但你在公交车上顺便玩两把就比较合适。我们永远都在寻找方法让移动端变得更加有趣、更加好玩,驱动用户自然传播。

这样做的好处是,不用打广告。给10块钱让用户去转发,相比之下,就显得没意思,因为很多东西不是完全由价格驱动的。我们的用户中有个投资人,身家上亿,他闪购抢到商品后还将信息分享到了朋友圈:我抢到了,好开心,我打败了很多人。

最近,我们还在推另外一个项目——男神闹钟。在聚美的客户端上,有个闹钟功能,用户可以让自己喜欢的一个男明星叫醒她起床,比如魏晨、陈欧、吴奇隆等。

我们希望跟用户创造一种情感上的联系,这样也能增加用户黏性。如此一来,用户打开聚美就不只是因为她要购买化妆品,而是觉得聚美是一个时尚、贴心、与用户有情感联系的终端。

现在,人人都用手机,手机是很多人的情感所在。为什么我们的手机端营收占比这么高?因为我们在这些方面做到位了,消费者愿意在这里下单,愿意和我们互动。用户安装聚美移动客户端后,我们的转化率、留存率都变好了。

2014年《创业家》专访：做自有品牌，永远要比别人快
——聚美优品高级副总裁　刘惠璞

我和陈欧是在电视节目《非你莫属》上认识的。当时，我是在那儿玩，他是带着目的来的。

节目之余我们去喝酒，他坐在我的左边。别人都在开玩笑或闲聊，他却一本正经地问我怎么做销售，刨根问底，面面俱到。我觉得他挺无趣的，然后他就问我愿不愿意去聚美工作。

我的第一反应是觉得他有点不自量力。当时我还是世纪佳缘的副总裁，且不说聚美的规模远不如世纪佳缘，他也不是拿创始人的身份挖我，只是一个高级职业经理人职位，而且我在世纪佳缘还有那么多的期权。

后面每次见面，他都说："来吧。"

直到2011年3月份，那时候聚美发展速度令人瞠目结舌。5月，世纪佳缘上市，到了9月我开始考虑加入聚美。当时世纪佳缘遇到了增长性问题，而我对自己的工作又充满了厌恶感，做了太久的销售，天天就是见客户。此时再看聚美，突然发现它已经长大了，虽然毛利率跟世纪佳缘差不多，但销售在成倍地增长。我就问自己：他们是怎么做到的？电商到底是什么？

回头想，我加入聚美，是因为我想借着陈欧去了解电商。

我和陈欧前后谈了3次，过程很简单。

第一次谈完回家，到了夜里，陈欧给我打电话，说想再谈谈，正好在唱歌，叫我过去。然后我就过去了，和一帮美女唱歌喝啤酒，喝得醉醺醺的出来。第二天又去公司谈了一次，晚上又去唱歌喝啤酒，

还是一帮美女。我心想,这公司太好了,上下其乐融融,这种公司文化太吸引我了,我想那就加入吧。第三次见面一句话就定下来了。

结果加入聚美半年多再也没去唱过歌,每天忙得昏天黑地哪有时间呀,陈欧就是个工作狂。那天晚上唱歌的女同事平时在公司也是朴素得很。后来我跟人开玩笑说,陈欧把一帮美女叫出来忽悠了本来就是大忽悠的我。可以看得出,陈欧挖人很用心。

加入聚美后,我也不知道自己该做什么,我只懂销售和人力,就去和陈欧说做人力资源吧,陈欧说你干啥都行。但我不这么想,我加入聚美,一定要有自己的一块业务,堂堂上市公司的副总裁跑到公司帮别人干活儿,哪能呢。说实话,当时公司也没啥活儿给我,各个岗位都有人,而且大都是我不会的,难道让我去做陈欧的助理?我长成这样,带出去多没面子。

1. 价格战我们打不起,抢市场先机

2011年11月,我们开始有了做自有品牌的想法,谈了几次决定让我负责。

这是新鲜事儿,之前没做过,当要做的时候,陈欧跟我谈了一个非常简单的条件:找一家大型的化妆品企业,帮我们做产品,告诉它不预付定金,到库以后45天卖完了跟它结账。

我心想:化妆品的生产周期一般是45天,加设计周期就是90天,再加45天账期,就是135天,OEM厂商都不认识我,我怎么办?只能硬着头皮上。我去找企业谈,但那段时间市场太差了,很多电商企业资金链断了。有次碰到一家企业,因为某电商公司拖欠货款,老总都下课了。

还有一次,一家OEM厂商只派一个没有权限的部门经理跟我聊,谈完条件后就把我请走了,出了门我才想起这是郊区,走了40分钟才打到黑车。那时,没有人知道我们。

那段时间，我几乎把广州、上海一带的大型化妆品企业跑遍了。也没别的办法，我是销售出身嘛，就是画饼忽悠。说未来前景有多大，明年又要做几千万，以后做到几个亿的代工单子全给你，对方听晕了也就答应了。

这个OEM厂商很谨慎，为了不占用太多资金，只同时开线做两三款产品，这个速度太慢了，我跟陈欧说，我们没什么知名度，也没人认识我，不给订金恐怕难做，他想了一下给我批了1000万元。

自有品牌在2012年3月初上线，几个月后销售额突破月千万，很多新商品拿过来一天就卖掉了。一家化妆品企业的老总不相信，亲自来公司看，回去后就唉声叹气，念叨自己做品牌没机会了，还是老老实实做OEM生产吧。

电商做自有品牌，一定比传统渠道快。比如我们2012年成为销量冠军的某个单品。其实当时大家都在开发这个产品，传统的步骤是：设计开发，生产，请代言人，做市场投放，招商，经销商上架、培训，最后投入市场。就这样，6个月过去了，一半的时间浪费在铺货、培训销售人员和渠道招商上。对于电商而言，既不需要销售也不需要渠道管理和维护，速度大大加快。曾经有一个传统品牌，开发一个防晒系列，一不留神铺货慢了就错过了旺销季节，这种情况在电商这里不会出现，一夜之间，千万用户就能看到你的新产品，这是传统渠道根本做不到的。

产品的新趋势不断产生，各个细分市场里面都有先机，我们要做的是一定要去占领这个先机。（这）就要做到以销售为导向，不断开发新产品，也就是顾客需要什么，我们就推出什么。而很多电商不是这么做的，他们一天到晚盯着别人看，只卖别人卖得好的——例如看到别人卖的产品销量不错，就立即拿来疯狂打折打到负毛利，反正我不赚钱大家都别想赚钱，靠烧投资人的钱撑着，最后发现自己坚持不住就死了。他死了也就算了，原来有毛利的好卖的品牌产品也变成了负毛利的垃圾货，无钱进行运营和市场推广，很多品牌真的是被价格战活活打死的。

电商真正有利润的东西在于新概念和新产品。新生事物面世会引起用户的兴趣，用户会因为新需求购买，而不是靠折扣。新产品打开市场靠的是产品特性、营销卖点，但成熟产品却只能靠价格战，也就是打折。

聚美有一个团队专门负责挖掘和创造用户需求，这个团队每季度关于新产品的提案有几百个，然后再不断地自我否定，最后选出大家公认有趣的新产品策划，作为垂直电商，你必须在一个领域做到比对手深入，所以如何尽可能去挖掘用户的价值很重要。

对于我们而言，销售不是工程师，不是产品经理，而是对一件事情保持着原始热爱的人。举个例子，我乐意看到男人给我介绍对象，因为男人保有对女性的原始热爱。当一个工程师在介绍一款化妆品时，他提到的都是里面的成分。我们不是卖药的，我们卖的是美丽。

销售都是这样，他们懂得有关化妆品的方方面面，但是我不希望他们扎进去，一定要站在用户的角度去想这个产品，而不是专家的角度。

2. 我们没有被高库存压死

自有品牌并非万能，它有自身的局限性：第一，自有品牌只能覆盖一部分用户；第二，大力扶持自有品牌容易失去平台的公正性。

对品牌影响力的最简单认知来自于价格。譬如可口可乐是大众消费品，依云水是高端品牌，一个品牌对用户群体的覆盖度是极为有限的，你不可能让所有的用户来买你的品牌。

比如推一个高成本面膜品牌，它的市场定位只能是中高端。但是现在卖得最好的是50元10片装的面膜，那你作为中高端品牌就要耐得住寂寞，去吸引你特定的用户群体，等待他们到来。然而，电商很多时候太着急，对发展速度有过分要求，这就意味着要让品牌无所不能，什么用户都得覆盖，什么东西都得做，从大妈到学生都是我的用户，从擀面杖到大衣柜都是我的产品，卖不出去我就吭哧打折，伤害最早原价购买的用户，此时就彻底丧失品牌力。等你想明白了想重塑一个品牌的时候，难度不亚于再造一个品牌。

　　有一次，我问品牌经理有一个产品为什么这么便宜。她说是省包装和省原料最后才做出来的。我说把这个产品立即停掉，提升内料和包装的质量，把成本加上去。她非常激动地说那样价格就高了，就卖不出去。我说，如果这个指导价格下做不出好产品，那就不做了！我不想要低质廉价的东西。这种东西，在聚美就不应该存在，它不代表聚美用户的品位。

　　总而言之，自有品牌只能覆盖一类用户群体，聚美用户有上千万，我们需要更多的渠道差异化品牌，这时候我们启动了定制和独家计划，用品牌商的品牌来覆盖、填补用户需求的空白，同时建立渠道之间的差异性。比如引入台湾心机、凡茜、高夫、佰草集、高丝等。

　　不再强调自有品牌，是胳膊肘往哪拐的问题，聚美是一个美妆电商平台，要的是中立性，就像线下的屈臣氏，他们的自有品牌保持在10%～20%的黄金比例。

　　而且，太过依赖自有品牌，订单量一定会下降，库存一定会上升，最后就是拼命打折，聚美穷惯了，怕的就是库存风险。和对手相比，我很欣慰，我们最终没有被价格战和高库存压死。

3. 把品牌商的品牌当亲儿子养

　　未来我们的重点在独家合作品牌，现如今，我们签了一系列海外优秀的品牌进驻聚美。我们甚至要求自有品牌不能上首页推荐位，这些位置都是留给合作品牌商的,我们把自有品牌当"干儿子"养,把品牌商(的品牌)当"亲儿子"养。

我们签约台湾心机面膜后用了很大力度做推广宣传,自有品牌的面膜虽然受到一些影响,但我依然很高兴,因为心机面膜本身就有很强的品牌影响力,它的销售额增长了,同时也把这个品牌的粉丝群体吸引到了聚美。而且和我们合作以后,我们把钱花在了营销上,而不是拼命打折上,品牌的新用户不是靠打折吸而是靠营销吸引来的,品牌的价值没有被破坏,所以这种合作是我们开心,品牌放心。

在与其他平台的竞争中,聚美的底气来源于供应链的优势。一般大品牌一年推十几个新产品,卖得好的就三四个,我们基本都能拿到首发。

聚美现在对渠道的话语权,比外界想象的要强。早些年我刚加入聚美,有一次我跟陈欧去拜访一家品牌商,对方只派个总监来见我们,我很伤自尊,陈欧安慰我说以后他们会知道聚美有多强大的。后来有家国际知名品牌商突然主动来找我们要求进驻,那天我们才发现聚美已经占了他们在中国市场销售额的10%。

聚美要做的是一个美妆生态系统,由一家卖货平台变成一个品牌管理平台。核心就是帮助他们在中国市场培育品牌,包括新品推出,用户调研,品牌营销,绝不是仅靠打折走销量,那真的是饮鸩止渴,只有你爱惜品牌,品牌才愿意嫁给你,一心一意地和你做生意。像屈臣氏那样,看上去是个专营店,看不见的是背后有一堆渠道人员不断跟品牌接触,并签订各种战略引进协议。屈臣氏引进的品牌介于超市品牌和专柜品牌之间,创造了很多神话,它把有些品牌培养成巨型品牌后,自己不但获得利润,还获得了新用户,这是双赢。

我们不会去绑架品牌。这是聚美的原则,我们从未因为品牌商想离开聚美而罚款,我们绝不会为一两桩生意,伤害我们与品牌合作的基础。再说,排着队想进聚美的品牌很多。

对于品牌的选择,我们有自己的一套标准。首先,品牌得有一定知名度,产品有一定优势,从销售额来讲在国外要做到多少。其次,它得是持续经营5年以上的品牌。满足以上条件,我们的买手团队(再对品牌)进行打分,标准保密。

也不仅仅是关乎质量,从外包装、市场卖点、每年的新品开发速度、毛利、配合度、供应链强度等方面都需要考核。有个英国品牌,在当地销售额500万英镑,我们引进来卖得很好,但是它的供应周期是6个月,而且拒不调整配方适应中国消费者的使用习惯,这就没法合作了。

当然,如果有些品牌商一边在聚美做生意,一边低价倾销各种打折,那是万万不行的,我们选择的是想成为品牌的品牌,而不是只看销售额的品牌。

2014年《创业家》专访:爆仓之战
——聚美优品物流副总裁　周涛

我真的是被某种情结感动才加盟聚美的。

3月1日是我的生日,去年这天我正在南极漂呢,晚上突然收到陈欧的短信:"你在哪儿?"我说:"我在南极。"他让我回去一定要找他,我答应了。(2013年3月1日,聚美第三次爆仓,陈欧第一次对周涛发出正式加盟邀约。)

回来后,他问我:"我现在遇到这个大问题,有没有什么灵丹妙药,短时间之内把产能翻上去?"我听到这个问题,只能表示同情。它不是一蹴而就的,需要一个过程,需要给一点儿时间。

我跟陈欧认识两年多，是在一个聚会上，通过一个朋友的介绍认识的，彼此简单地聊了聊。陈欧知道我在亚马逊管运营。我给他介绍整个流程，包括有些细节的东西。

我觉得他能够很直接地抓住这些关键点，比如（他会问），货位怎么管理，货物怎么码放，发货流程每个环节怎么控制？这不像是一个没有接触过行业的人第一时间能够问出来的问题。后来他邀请我去聚美在北京朝阳的黑庄户仓库，看完后我跟他说："你这就是一个金矿，内部蕴含了无穷的财富。"

说实在的，那段时间（3月1日—7月1日）我也在进行激烈的思想斗争。这个老板到底有没有魄力把聚美优品做大？如果上不到50亿，我没有贡献太多价值——我的成本和公司整个产出不成比例，没必要。陈欧说："你看我'301'活动，你是不是相信我是营销天才？年底肯定会超过50亿。"

我希望公司能做得更大，说白了，当年我在亚马逊，说能做到300亿，结果去年只有100亿，那是2012年的目标。亚马逊中国最大的问题就是前端（营销）。我们这些人太强了，后台系统支撑到2016年没有任何问题。如果我有机会见到贝佐斯（亚马逊创始人），我会建议他把亚马逊中国交给陈欧来管，肯定不会是今天这样。

其实（2013年）四五月份，我当时更多的想法是，这段时间能不能从朋友的角度帮他一下，但是我发现不可以。当你以这种身份去跟团队沟通的时候，他们是排斥的，会质疑你，为什么来管我？你说出来的那些东西人家未必听，很痛苦。到5月份，我在想，如果我不进来的话，这块很难有一个很大的提高。亚马逊也一直在挽留我，那时候我管理8个库房，有几千号人的团队，要有一个人来替代自己。

1. 流程的力量

2013年7月5日我正式加入聚美优品，8月1日完成任务。

做事情你要先找到在那个时间点它的最大的瓶颈是什么。比如拣货出现问题了。因为它的库存不准，混在一起拣不出来，干着急，10个订单，跑进去再出来，有9个订单是缺货的。找到了瓶颈，你自然会想用好的办法去解决。

以北京库房为例，7月5日之后我最主要的工作就是，在1.7万平方米的仓库旁边刚好还有1.7平方米的仓库，我们把它租下来，完全根据我的思路，重新打造一个全新的流程。然后看两边到底差异在什么地方。

结果发现，两者最主要的就是拣货方式的差异。原来那种拣货方式，更多依赖于员工，你必须是熟练的员工才能操作，但熟练员工复制起来非常困难。"301"也好，"801"也好，订单的需求一下子扩大了2倍，甚至5倍，熟练员工不可能一直这样干。这是传统物流业的一个弊病。

新的流程，人占了很少的因素。我7月份那一战靠的就是标准流程，人员大部分是临时工。新仓这边安排的正式员工都在老仓。

丰田可以把不同的车型放在一条流水线上生产，我们也可以做同样的事情。把各种各样的化妆品放在一条流水线上"生产"出来。

原先一个人拿着一条很长的拣货单，上面只有产品名称、货运号，车上的每一个小格子是一个客户的订单。他一个人，拉着这一车在库里转，负责把几十个订单拣出来。你不知道他什么时候拣出来，反正单子交给他了。

如果交给我，因为我是熟手，或者我天天拣这个东西很熟悉，知道它在哪儿，在仓库里能立刻将它找出来。但对一个新人来讲，他过去了，只能挨个找。差一个字，产品就不一样——这个是防水的，下一个可能是防晒的；这是中性的，那是干性的，你想想？熟手和生手的效率至少差一倍。

我把先前那种摘果式的拣货方式改成批量的方式，用扫描枪。原来聚美买了设备也不知道怎么用。设备其实很容易使用，只不过工人们因为一个错误的操作导致了一个错误的结论，所有人都说这东西不好用，大家就质疑了，干脆不用。如果你告诉他正确的方法，他会说，这东西原来这么好用。

"人机料法环"5个方面决定了你的流程是不是完善的。很多流程原来有，但没有利用起来。

之前一个库房最大的产能大概每天7万吨，后来这两个库加起来是25万吨，原先的仓库还是7万吨，新仓库18万吨。"801"北京仓没有爆。"701"到"801"，整个聚美仓库产能增加了3倍。

"801"以后，基本上聚美每个月开一个新库房。其实原先的库房都在，比如说"801"北京库房改造完了，紧接着就是上海、广州、成都都做了搬仓。我进来的时候聚美的库房面积大概3万平方米，现在是8万平方米。2013年聚美做到60亿，我的选择是对的。如果"301"是我干的话，应该超100亿。"301"确实对聚美影响挺大的，没有"301"爆仓导致的连锁反应，聚美应该比现在发展好很多。

聚美现在有员工3000多人，我们部门就占了1400人。全国的仓库能保证最大的产能大概50万吨，能支撑一年200多亿元的营收。做库房、做运营的人永远是配角，我是跟前端的需要一起成长，需要做到什么程度，需要开放第三方物流，我觉得都可以随时准备。

2. 通用电气基因

今年刚好是我参加工作的第二十年。

1994年，自己做背包客去深圳打工，当时的想法是，从来没离开过北京，想出去自己闯一闯。在深圳工作了3年，真正切身感受到作为打工者的心态。回到北京后，加入了飞利浦。我20年的从业生涯里，每一个企业，每一个我的领导都对我有非常大的帮助。在飞利浦，有一个非常好的机会，我被派到深圳做飞利浦在中国的第一台DVD，从建厂到投产、国产化，做了一系列工作。

然后我又有幸加入通用电气公司。在通用的10年对我是一个很好的磨炼，学有所成。我在通用最早做采购，最后是参加通用管理人培训学校。这样一个培训，会在美国培训半年、日本半年、中国一年，涉及不同的4个部门。通用大学毕业以后，我做过整个供应链，包括仓储、物流，还有后面的客服，从通用电气中国的客服做到亚太的客服，还做过很特殊的一个部门——内部流程再优化。它围绕客户的需求，不断地去改善项目。

我经历了两任伟大的CEO，杰夫·伊梅尔和杰克·韦尔奇。我是少数有两个人共同签字的荣誉证书的人。通用之所以能够拥有100多年历史，确实是在不断适应整个时代发展中总结出一套很好的流程，能够把企业真正推动起来。

我去亚马逊也是机缘巧合。我的前任通用"老板"有机会加入到亚马逊。亚马逊挺有意思的。一个IT公司，贝佐斯建立的，但它真正的管理理念基本上引用通用公司。整个运营全部都是根据通用的体系搭建起来的。它最早的创始人，是原来通用的副总裁，被贝佐斯请去亚马逊。

贝佐斯也发现，公司发展非常快，IT系统这帮人很强，但他的管理出现了很大的问题。早期，亚马逊也是不断地爆仓，经常发生客户投诉。使用通用这套理念以后，我觉得确实有了一个飞跃。

在亚马逊的4年里，我也从不成熟，慢慢成熟。开始的时候，会产生一种盲目投资的概念：是不是加大投入，厂房变大，机械设备变多，效率一定会提高上去？实际上不是。反过来想，我们只花了50万，产生的却是100万的效应，那是我们的价值。我觉得，从通用转移到亚马逊,最大的改进就是,如何让好的管理理念适应全新的互联网行业。

这期间,亚马逊的库房由3个变成了15个。一年增开三四个库房,这种事情基本上在亚马逊从来没有发生过。那时候亚马逊一半以上的库房由我在管,建了全国最大的库房——亚洲一号,单体超过18万平方米,总规划是40万平方米。我们属于那种踏踏实实做事情的人,你在平时很少见到我们,主要还是低头做事。

我经常讲一句话,改变物流行业的人,绝对不是做传统物流的人。传统物流业的人更多的还是基于人力成本来做生意,他一天只能送80趟货,你非得让他送100趟货,一辆车明明只能装100吨,你非得让他装200吨,类似这种方式。就是加人、加设备,充分透支现有的人力、设备资源等,才实现了规模化。我不认为规模化是一个问题,中国不缺做大的企业,缺少做强、做细的企业。

我经常讲一句话,目标是一个why,但不要太关注于这个why,过程怎样去关注?管理一个公式,why=AX+BX+CX等。Why是结果,X是诱因,ABC是它影响的比例大小,A值越大,说明X对(结果)的影响特别大。

2014年《芭莎男士》品位成功年度人物颁奖盛典演讲
——聚美优品CEO 陈欧

谢谢《芭莎男士》给我颁这个奖,让我有机会站在这里,谢谢刘总,谢谢苏总,今天是感恩节,谢谢你们。最近我的投资人有点着急,早晨我收到徐小平老师给我的邮件,洋洋洒洒万言书,他说:"陈欧,你已经沉寂江湖太长时间,你应该出来为自己代言了。"今年上市以后，遇到了很多风波，很多时候我夜不能寐，最后我选择了从公众视野淡出。想让自己"相忘于江湖"，可是江湖依然"有你的传说"，更可惜这些传说永远不是你怎么做企业，或者你的事业理念，而是一些莫须有的八卦绯闻。今天特别要感谢《芭莎男士》让我"回归江湖"，分享一下自己的一些心得。

聚美优品作为一家经营时尚的企业，4年时间我们就上市了。说实话，上市之前我很质疑也很担心，我不知道我们这个年轻的团队准备好了没有，不知道上市会给我们的心态带来多大变化，面对这些我变得忐忑不安，而忐忑不安的我们依然敲响了纽交所的钟声，并创造历史。上市带来很多，财富、名誉和地位，以及更好的品牌关系，也交了很多很多朋友。但是我相信凡事都有两面，就像墨菲定律所指出的那样，当你担心一件坏事会发生的时候，它永远会发生。上市之后的竞争，远远超过我们的想象，很多时候竞争不再是几个"小屁孩"做好产品，服务好用户就行了，竞争甚至是在做事上面，让你觉得做企业家都是一个非常危险的职业。而所谓的"CEO代言"也是一把双刃剑，所有的不满、责难都在我自己身上，有名气，也有包袱。而且，快速成功也让聚美优品成为大家的关注点，质疑、争议，这些所有的泄洪口都在我身上。那时候，我真的睡不着觉。重压之下，我开始反思自己到底是为了什么？这时家人告诉我："你够了，你获得很多了，为什么要让自己活得这么累？"当时我也很害怕，会不会由个人品牌的毁灭带来对公司的伤害，我选择了往后退。

在公司成功时，他们和我们一起开香槟，但是公司有天失败的时候，这公司只有一个傻瓜，那就是陈欧，这就是创业者的宿命！

这时候，在最痛苦的时候，我很羡慕早期离开的创业伙伴，在我自己只能在公司里拼命加班、吃番茄炒蛋的时候，会看到他们一起去米其林餐厅吃饭的照片；我也很羡慕我的投资人徐老师，我说："徐老师我很羡慕您,因为您的生活品质、个人地位都特别好。"最后当我要退去的时候,另一个声音跟我说:"陈欧,记住,所有背后的暗箭是只属于先行者的荣耀,你被暗箭所伤,证明说你牛!此外,当上帝给你时间、机会让你去创造自己价值的时候,如果你在最年轻最有才华的时候选择当一个有钱的废人,你对不起自己,也对不起上帝给你的使命,更对不起这个时代。"

我不是为了成为一个有钱的年轻废人,让自己未来被"江湖相忘",上市只是一个起点,我们的未来,会创造更多。

我开始反思,我创业到底是为了什么?我上市是为了什么?我不是为了成为一个有钱的年轻废人,让自己未来被"江湖相忘",而我做事情是去改变,上市只是一个起点,它只是个开始,我们的未来,会创造更多。这时候,我回头去看自己的企业,突然发现企业变得陌生。上市捆绑太多,有好处但绝对是双刃剑,团队扩张、业务扩张,招了更多高薪的员工,而他们做的事情未必那么重要,整个公司被短期的财务报表捆绑,所有部门关注的只是成交总额,只是业绩,而忽略了用户需求。突然间,这个陌生企业让我觉得很惶恐,我开始反思,到底我们给用户的价值是什么?有人问我:"你是关心股东价值还是关心用户价值?"我回答他:"我们关心用户价值,因为用户的长期价值才是股东的长期回报。"带着这些疑问,我继续思考我们该做什么呢,下一件最牛的事情是什么?如何才能让我们的用户感受到一个化妆品引领企业的价值?

下一步,我们聚美会把韩国最好的化妆品运到中国保税仓,以中国最快的速度发出去,所有税由聚美承担。

我带着团队去韩国,去当地考察,去了好几天,我们去了明洞,所有免税店,所有的化妆品市场,见了很多品牌。我突然发现,我瞎了!韩国作为一个引领亚洲潮流的国家,有非常多好的化妆品,但这些化妆品在过去都没有进入中国，可这些没有正式进入中国的化妆品，在中国的网上已成为一个个非常知名的"爆款"。而我们公司很多现在"睡在功劳簿"上的人，仍然老老实实地买着三四年前已经落伍的化妆品，没有进取。但同时我也觉得非常兴奋，因为现在是"跨境电商"的时代，很多品牌他们是非常希望和我们合作的，只要把这些产品带到中国来，我们一定可以和时尚集团一起引领时尚。所以告诉大家，我们下一步做什么，下一步聚美会做一个叫"急速免税店"的业务，我们把韩国最好的化妆品运到中国保税仓，以中国最快的速度发出去，所有的税由聚美承担，试想如果未来乐天免税店就在你手机上安装着，这就是重大价值，重大颠覆！而我们相信今天聚美重新启程之后，完全可以实现这一切！

今天是感恩节，再次感谢《芭莎男士》让我站在这里，今天是我回归江湖的日子，从此以后，拾起初心，再次出发，感谢有你，谢谢！

2014年第九届中国网上零售年会演讲
——聚美优品高级副总裁　刘惠璞

今天主题是"上市之后，垂直电商走向如何"，我想改为"成为土豪之后，垂直电商走向如何"。

首先，上市之后的聚美到底有没有变化？第一件事情，一家电商公司要时刻保持冷静。有人问我，作为一个高科技领域的管理者你有什么想法，我说什么高科技公司，就是一家卖货的公司。互联网电商公司本身不是互联网公司，本身还是零售业态的卖货公司。今天大家提了很多很新鲜的概念，最近有一个热点叫生鲜电商，上市以后，资本市场要看你的盘子有多大。我在想，生鲜市场是个丰富的大盘子，那么请问一个问题，在我们家楼下就有卖香蕉、橘子的，特别方便，我为什么要成箱子的买？你去重庆发现这个小吃特别好吃，只有重庆有，我们应该搬到互联网上，那么你能做很大的生意吗？一旦有钱以后，人就变得很蠢。一个人总是这样，当你没钱的时候，是靠天资、勤奋、聪明来吸引女孩；有钱以后，你通过买包来吸引女孩。有钱以后，很多事情会变得粗暴简单。

大家知道，上市要融资，但是我们今天各个企业的老总，不管你企业规模多大，请你认真地思考这件事情，一家公司的成功最终是由人推动的，而不是钱推动的。我们为什么会犯这么多错误？今天我是从首尔赶回来的，在首尔我观察中国人到底在买什么，我发现这些产品在国内电商上居然均无销售。比如说一个小女孩要买LG旗下的一个产品，叫润膏，一听是中国人，限购买6支。我回来搜，淘宝和聚美同类产品卖得非常多，这样来看，这个东西不怎么值钱，中国人也不该去买他的货，但是为什么事实相反呢？我们今天反思一个问题，电商代表的到底是什么？一方面，电商代表的是便宜，我们把很多原本线下的生意挪到线上做，使劲赔钱。另一方面，我们自学，我们有时尚基因，我们最懂用户，但是用户想要什么样的产品，我们不知道。

前几天我遇到一个投资人，他说他投一家公司，结果发现这家公司不懂90后他就不投了。我觉得，上市之后，反而要真正面对自己，有钱了应该做什么，我们有钱了不一定就要打价格战，如果有一笔钱能获得各种各样的产品，如果花钱只是为了把东西放在聚美上打折卖，掀起一场一场的价格战，这就没有什么意思了。话说，我告诉你刚才那个产品是在哪里买的，是在朋友圈买的你信吗？陈欧跟我说过一句话，他说我们这只猪在风口上起飞了，如果不赶紧长出翅膀来迟早会摔死。

附录
聚美优品高管精彩讲话

我认为威胁电商的是代购、朋友圈，因为电商永远不能第一时间了解用户需求，没有办法在了解需求的同时第一时间快速把货引进来。

我觉得电商第一个时代是物流配送的提高，第二个时代是什么呢？最早是大批假货，今天这个问题也解决了。12月份，一个月之内有6个世界品牌入驻聚美。第三个时代又出现了，到今天为止中国消费者可以选择的产品非常少，统计北、上、广、深，一般销售之间的差额不算太大，但是广、深就差别特别大，因为他们去一趟香港太容易了，他们一年买3次化妆品，直接去香港就可以了。如果未来海淘一旦打开，这是第二次商品革命。

我觉得做海外购有几大问题，一是快，为什么一定要快？我可以这样说，我们做海外购不是做廉价的产品，而是时尚产品。但是什么样的东西可以称为火爆？我们都希望要一个火爆的产品，火爆产品有一个先决条件就是供小于求。在任何一个国家流行什么东西的时候，你都买不到。中国电商行业有一个优点，可以一夜之间让千树万树梨花开，这个时候，电商第一要务就是要做预判。电商不能坐在那等着人家火起来，如果火起来，你永远是风刮过后风口的猪，永远无法起飞。

其实做大品牌是不会有利润的，聚美今年做的所有大品牌都是不赚钱的，我们统计过一个数据，结果发现，35岁之前的用户，容易买了A买B，35岁以后的更会依赖品牌。所以这里面我看到一个值得深思的事情，就是不要过度依赖大品牌，指望它们推出新品，这个时代已经过去了。那如何获得更多深受用户喜爱的品牌？最近有一些韩装在中国非常火，现在已经开始在广州建工厂了，很多大品牌通过海淘进入中国，经过几年的发展，这些海外品牌就变成了国产品牌，因此存在非常大的品牌迭代和商品迭代的过程。聚美做过一次统计，2013年卖得最好的BB霜的品牌各位肯定都没有听说过，今年通过保税区，我们计划销售额会翻到两倍以上，请问，这种品牌迭代的过程你关注到了吗？我觉得这是一件好事情，但是作为电商人，就要思考这个问题，对下一步的趋势进行预判。

聚美有两个体验，一个是货，一个是购买体验。如果拼货，谁拼得过淘宝？如果拼快谁拼得过京东？如果这样拼，也许这个时代就过去了，我们已经没有机会再站在统一的起跑线上了。那么最核心的问题就变成了，我们今天要做的一件事，我们坚决要做减法而不是做加法。聚美上市的时候年销售额60亿，我们总SKU不到600个，每天都在砍掉不好卖的产品，以保证SKU总量。电商的革命，突破了传统商城的限制，可以在一个平台上实现无数个品牌，为什么聚美和唯品会能够崛起，因为用户不想费心地挑产品，他想知道最好的是什么，也许今天电商看品牌，也许明天开始电商要去看单品，而不是看品牌。

此外，如果今天很多电商还在强调快的话，我认为已经过时了。还能有什么办法提升用户购买体验？我们没有办法在快上做文章，能不能在其他的地方做文章呢？除了快以外，一家电商还能给用户什么样的体验呢？

这个问题今天没有时间给大家解释，谢谢大家！

2014年首届中国电子商务跨界产业峰会演讲
——聚美优品物流副总裁　周涛

简单做一下自我介绍，我也算是跨界的典型，我在传统制造业做了15年，后来我的老板被挖到了亚马逊，我也跟随他加入了亚马逊。最早加入亚马逊时，很多朋友问我，你在传统行业做得非常好，为什么跑到卖图书的网站去了？我说，这个绝对是未来。果不其然，我在亚马逊做了4年，刚进去的时候，亚马逊在全国就3个库房，9万平方米,到我离开时,亚马逊的库房面积是80万平方米。其中,一大半库房都是我参与建设的。不过,我们这些人走了以后,亚马逊明年的主要规划是减库房面积,可能会从80万缩减到40万。因为国内京东也好,唯品会也好,包括当当,对亚马逊整个业务的影响还是蛮大的。确实,一个外企在国内最大的问题还是水土不服。

2013年我离开亚马逊,加入聚美优品。聚美优品2010年才成立,2013年销售额已经做到了62亿元人民币,今年有望突破90亿元人民币。我们不可能像阿里巴巴那样一天做500多亿元。但反过来讲,在细分品类上,比如化妆品,任何一家企业都没法跟我们比。在化妆品领域,聚美优品是中国的NO.1,我们在电商的占有率将近30%。聚美优品的成功就在于不做大而全的平台,就好好关注自己的客户。

我们的客户群的平台有些不一样。在座的大部分领导,我跟他第一次握手时,他一定会问同一个问题,聚美优品是干什么的?为什么都这样问?因为你不是我的客户群。我的客户群很简单,大多数是20多岁的年轻女性,15%来自一线城市,34%来自二线城市,41%来自三线城市,我们的注册客户有4000万,日活跃客户是1500万左右。我们移动端的收入已经占到了50%。

每一个电商,从出生的那天起就有了基因。京东是数码产品起家,客户以男性为主。当当是爱书的一些人。对聚美优品来说,我们锁定的是年轻爱美的女士。

针对现在快速发展的跨境电子商务业务,我想谈一下报关的问题。实际上一般贸易也好,行邮税也好,相关政策都是几十年前定的,政府以前把化妆品定义为奢侈品。但现在,化妆品已经是一种日常消费品。所以这种政策必须要想办法跟上。爱美之心人人有之,我们要给老百姓爱美的权利,所以这已经变成了一个民生问题而不仅仅是销售问题。

聚美也有自己的实体店，但我们的实体店跟刚才大家讲的不一样，我们的实体店叫作体验店，不卖东西。大家有机会去王府井或前门，如果逛累了，可以进去坐一坐，喝一杯免费的鲜榨果汁，让我们的顾客代表为你介绍一些美妆知识。

我们也有一些微电影，大家知道《女人公敌》《非你莫属》等节目，给我们的销售量带来了很大的增长。当然，最有名的就是我们自己的营销广告词：我为自己代言。

电商网站可能看上去都差不多，但实际上每一家都有自己的法宝。比如说我们的限时特卖，主打单品爆款；网上商城可以让客户在购买爆款的同时，顺便看看配套的其他商品；口碑中心则能够增加客户的黏性。

我在亚马逊的时候，全国一共做了15个库房，为什么要做15个库房，主要目的是要全国90%以上的客户能够3天内收到包裹。京东的策略是想办法当日达、次日达，我们算过，那样的话至少要60个分拨中心。我们觉得那样不划算，因此将目标设为3天全国送达。我的考虑是，男人嘛，占有欲望比较强，掏钱以后会想尽快拿到这个东西。女孩相对来讲比较理智，对价格方面更敏感，所以3天内将化妆品送到，她是满意的。因此，我们按照这个目标在全国建了几个3万平方米的仓库。

我们全国最大发货量是50万单，大家想想，一个大号单仓10万平方米以上，撑死10万单，我们的现代化程度没有那么高，一个单仓最大是3万平方米，所以看一下单仓运营效率相差多少倍。一个全自动化库房9亿～10亿元的投资是必须有的，大家可以算账。他的10万件也是指中小件，大家说的都是中小件，没有人敢说一天单仓发10万台冰箱、电视、洗衣机。

我们有800名客服，7×24小时服务。我们有600多个美妆品牌在进行合作。对于女性来讲，她最关心的一个是价格，另外一个是这个东西是不是真的,所以我们推动成立了中国化妆品真品防伪联盟,我也希望,如果在座的有我们的客户,希望你们买到化妆品以后,一定要到这个联盟网站上验证一下,这个商品是不是真的。

我应该是最幸运的,去年7月份加入聚美后,我用一个月的时间让它从爆仓变成了发货很顺利的状态。

刚才很多嘉宾畅谈自己公司的发展,但我们的衣食父母是谁?是我们的客户。我们的客户大促时最关心的是什么?第一个是商品的价格,是不是真的优惠价格;第二个,商家是不是真的把精品拿到网上来销售;第三个是配送是否及时,物品要完好,服务要规范。

我的总结是,在运营中心内部一样要考虑人流、物流、信息流的完美结合。人流方面,每一个操作员要有独立的二维码控制。管理者也是一样,每一个拣货员也好,包装员也好,其他的发货员也好,都要有独立的条码,和身份证是一样的,要去控制。物流方面,每一个商品都有独立的条码甚至二维码。信息流方面,我们全面覆盖Wi-Fi,用电子射频枪控制,用云的方式来存储我们的运营数据,所有商品都要有长、宽、高和重量,甚至是记录商品的图片信息。

商品本身要有分类,不可能大件、中件、小件放在一条线上,要把图书和其他小家电分类。路线要通过系统优化,自动产生这种波次分区域拣货。一个有效的区域面积不能超过6000平方米,各个分区通过分区拣货来实现高效的拣货过程。

只有实现人流、物流、信息流的完美结合,才能有一个高效的运营中心。在这个过程中,我们强调人机自动化,为什么不叫自动化?亚马逊的Kiva机器人,大家知道多少钱一台吗?30万元一台,你愿意花这个钱吗?

实时的物流解决方案,实现数据和实物之间的完美同步,从人找货,到货找人,不管是Kiva也好,还是自动拣货小车也好,目标都一样。人站立的时候效率最高，人走来走去的时候浪费的力量最大。我们测算过，90%以上的走动都是浪费，所以我们一定要想办法让人站立不动，让设备过来。比如说，可以通过电动地牛等简单实现Kiva的功能。目前，亚马逊在全球大概110多个库房，真正用Kiva的也只有10个，大多数还是使用传送带的方式来实现货到人的方式。充分地利用仓储面积，优化库位，实现一体化的仓储，最终实现一种备货或集货的模式。最重要的是我们的标准化作业、实时监控、建立异常响应机制，谢谢大家。

2014年针对聚美优品第三方售假事件的微博发文
——聚美优品CEO 陈欧

一大早家里的电话把我叫醒，说又有一家美国律所起诉我们，股价还在跌。家人真的吓坏了，他们毕竟不了解华尔街运作规律，看到起诉两个字就吓得半死。好多天都没有睡过安稳觉，每天要安抚被吓得半死的亲人、朋友们，这黑眼圈真是挡也挡不住。

黑眼圈不可怕，反正上市这半年，已经被"黑"得不成样了。一直在风口浪尖，为了避免是非，我也很少出来发声，但越沉默负面消息越多。也有很多人问，聚美这半年到底在干什么，陈欧这半年在做什么？或许，我得出来清清嗓子了。

你只看到售假传闻，却没看到聚美是最干净的电商。

前段时间爆出电商第三方平台手表售假事件，无数电商卷入其中。聚美的核心业务是自营化妆品，第三方手表完全是边缘业务，在此次事件中却伤得最深。我必须承认，我们的管理出现了漏洞，早期聚美做非化妆品即平台业务的时候，只要商家提供授权书，加上它在其他大型平台的运营规模作为凭据,我们就会允许商家进入。我们一直觉得在这方面那些大型平台会比我们审核得更好,毕竟他们第三方业务方面比我们早做好多年。出事之后,我们才发现这个审核逻辑完全是儿戏,光靠一张授权书和大平台的销售记录,完全不可能对商品质量进行管控。而且,大平台的管理也远远没有我们严格。

一旦出事了,别的平台关掉涉案这家店,罚了款,再发个声明,然后该怎么卖继续怎么卖。而聚美的选择史无前例,直接挥刀自宫,零容忍地砍掉了整个第三方奢侈品的业务线,有授权的都停掉,从根源上去解决这个问题。这个选择很多人都反对,因为这刀下去,业绩必然受损,对于一个每个季度都要交成绩单的上市公司,这个选择无比沉重。我的出发点很简单也很自私,因为我无法容忍我的名字和假货挂钩,我也没法容忍让信任我的人失望。我也希望砍掉边缘业务不要影响消费者对聚美的化妆品的信任。

但我没想到的是,因为薄弱的媒体关系,其他涉事平台都没事,而聚美就成了所谓的"涉嫌知假售假"和"承认售假"的平台,我们砍掉奢侈品业务线,波及很多无辜商家,只为完全可控的聚美,却因为薄弱的媒体关系,依然被反复说事,整整被攻击了小半年。最终结果你也猜得到,很多消费者会以为聚美是化妆品售假,我们的核心业务受到重创。

这个时候我很悲愤,整个行业,没有人比我更在乎自己的名誉。这一年来,为了摆脱假货质疑,我到处奔波,像孙子一样求人,无数次把自己喝得不省人事,就是希望品牌能够在产品上贴上防伪码。品牌也不理解聚美,成天抱怨我们给他们添麻烦,说就你们家事多。聚美作为一家品牌授权最多,唯一拥有防伪码体系的电商,却因为媒体关系薄弱,成为售假的典型。而媒体关系强的友商们,哪怕被工商总局点名售假了,也能迅速擦掉所有的负面消息,继续享受着第三方店铺假货带来的流量红利。

我只想陈述几个事实：

（1）假货风波，只是聚美的第三方手表业务，而非核心化妆品业务线。

（2）聚美是最对消费者负责的电商，不惜砍掉整个业务，却被伤得最深。

（3）聚美是获得化妆品品牌授权最多，也是唯一一家能够官网验真的电商。

而试问，还有哪家电商有这么高的标准？

你只看到聚美被起诉，却没看到背后的利益。

为什么聚美被起诉？说白了，聚美在负面冲击和砍掉奢侈品第三方业务的双重影响下，最近增速放缓，股价跌了。一堆华尔街的律所，跳出来起诉聚美，说我们上市前没有告诉他们会砍掉第三方业务线，有误导投资者的嫌疑。起诉的目标，自然是公司进行赔偿，这样律所就会赚钱。

这在美国已经形成一条产业链，也使得美国有一批律所专门盯着上市公司，在第一时间去当"第一原告"，获得最大利益。这些律所和律师又被称作"股市秃鹫"。

首先，对于近期的股价下跌，我也很难过，但我仍然觉得自己在做一件正确的事情。只有对消费者百分百负责，获得消费者信任，才会有长期的股东价值，否则有一天我们必然被负面消息淹死。另外，我砍一条业务线就算误导？这算哪门子逻辑？我只希望国内的媒体朋友们不要唯恐天下不乱，摆出标题党，弄得好像我们犯罪了一样。

那么问题来了，最近，陈欧在做什么？

最近我们在疯狂地约见品牌，请他们贴上防伪码，最近50天之内，伊丽莎白雅顿、水宝宝、安娜苏、资生堂、雪肌精这些大牌化妆品已经或者即将加入防伪码体系,再无假货之忧。

最近我们一直在欧美和韩国跑,我们深知海外购是一个非常大的需求,但消费者还是会担心真假问题,所以聚美第一批引进全球购热牌包括芭妮兰、托尼魅力、九朵云等,全部取得了品牌直接授权。

跨境电商对我们绝对是个利好,通过海外直采,我们不但能够对货品来源有百分百的信心,还能给消费者接近免税店的优惠价格。保税区的存在,也让我们的消费者不再因为跨境的糟糕物流烦恼。很快,我们就会把免税店直接搬到你的手机上,打开聚美的APP,你就可以享受最好的购物体验。

对于消费者,我想说,希望你们能够看到我们的努力,继续支持我们。多看看聚美的极速免税店,给我们提建议,我们快速改进。

对于聚美的股东,我想说,希望你们能够理解我们的选择,相信我们,给我们更多的时间,我们暂时的低调,只是在积攒力量。

而对于这些为了利益来起诉聚美和做空聚美的股市秃鹫们,你们折腾了半年了,可以了,洗洗睡吧。

2014年第四届中国电子商务与物流企业家年会演讲
——聚美优品物流副总裁 周涛

在座的各位很多都是我特别好的朋友,大家能有这样好的机会进行交流,我觉得是非常开心的一件事情。今天主要谈的就是电子商务仓储经营运营管理。真正谈到经营运营管理,只是我演讲中很小的一部分。

今年是群雄乱战的一个阶段,因为几个比较大的企业都已经去纽交所或者是纳斯达克了。你再去想办法做一个所谓的大的全品类的平台，基本上没戏了。机会在哪里？我想告诉大家，机会就像聚美优品一样。我不会做广告，只是以从业者的角度给大家讲聚美优品的一个故事。我希望用这样的一个故事，做一个引子，告诉大家，其实我们在电子商务上的机会还是很大的，不要去做大的平台，把某一个品类做深做好，可能机会更大。

聚美优品目前是中国化妆品电子商务第一品牌，在化妆品品类上的销售额占线上25%以上，是化妆品品类里面第一位的。

聚美优品是2010年成立的，2013年做到62亿元的销售额。这个数字代表2014年我们将完成90亿元。这个规模相当于3X的3倍，跟屈臣氏差不多。

电商有几个很重要的参数，就是访问量，我们每天的访问量在PC端是每天250万UV。谁知道什么是UV吗？

一个IP地址是一个UV。

可以这么理解，也可以理解成点击量，每一个单独访问的客户，每一家都在拼这个。你能不能拿到风投的钱，人家就看你每天的访问量是多少，有多少独立的客户。我们每天在PC端是250万，手机端在目前来讲，跟友商比，我们在移动端的百分比在50%以上。

这些客户到底从哪里来？为什么我们要用粉色，要做最美的电商，这决定了我们的表性。15%是来自一线城市，34%是来自二线城市。现在随着消费能力的提高，越来越多的三线城成为我们是主要的客户群体，占41%。只有10%是在其他的地方。

大家看到了女性，我们主要的客户群很有可能是我老板的粉丝。这个客户群涵盖了18岁到40岁这样的范围，我们很清楚自己的客户是谁，不跟其他的电商比。每一家电商我们要想他的表性是什么，有一些人专门做数码产品，有一些是专门做服装，只是在这个过程中增加了其他的品类，最核心的还是你的客户是谁。

聚美优品现在的注册用户一共4000万，活跃的用户将近1400万，每天有1400万20多岁的年轻女性在聚美优品网站上浏览我们的商品。

具体客单价大家可以推算一下，如果有电商跟你吹嘘说一年做多少，你可以问他客单价是多少，拿他一年的销售额除客单价，就可以算他的包裹数。

聚美优品4年就成长为有百亿销售额的公司，它的特点到底是什么？我绝对不会把自己当作一个物流人，我一定会关心公司为什么发展好，核心竞争力在什么地方？陈欧算是全球上市公司里面最年轻的CEO，我是聚美优品最老的。我们获得的最佳创意营销奖，是在北京的地铁柱子上包出来的营销广告。我们在前门有实体店，如果大家有机会去前门，可以带着你的朋友去逛逛，虽然你不是我的客户，但希望你在里面坐一下，里面有免费的果汁可以享用。

有些广告也是我们聚美优品创作的。我们真正最早做起来的就是河马（即刘惠璞）的团队，他搞了一个微电影。包括陈欧自己创造的"陈欧体"，董明珠也去学了，这套东西都是从聚美优品复制过来的。

有了这样好的营销手段，才能成功地把你的产品做出来。一个小小的微电影，它创造的奇迹就是4倍的销售额。一个单品，我们的自有品牌，能创造1000万元的季度销售额，是非常了不起的。这个微电影的成本实际上非常少。

我们虽然是拥有百亿销售额的公司，但还只是小企业。你的机会点在于不断地去创新，不断地去改变。大家可以看到我们网页本身的特点，还是要针对女性喜好，有打折爆款的方式，也有满足女性浏览习惯的全品的商场，同时还有粉丝的经营方式。

谈一下我的本职工作。我来聚美优品时间不长，我来的时候聚美是3个运营中心，现在变成了6个，总的面积是9万平方米。面积不是很大，一天最大的发货量是50万订单，大家可以跟其他的友商比较，看我们在发货的效率和数量上是不是能有一席之地。

郑州不是覆盖性的，是支持全球，我们在做跨境电商，郑州是一个保税库，通过这个点，之前我参加了郑州举办的很多活动，新的丝绸之路，我们也希望买全球、卖全球。目前来讲只有聚美优品在郑州真正把单量做到一定的数量，我们在这方面有非常好的新的起点。未来我们不排除在其他的口岸寻找更好的发展点。现在来看增长量是飞速的。

好的企业，肯定离不开客户的关怀。聚美目前有成都和北京两个客服中心，给客户提供24小时服务。跟我们合作的品牌有600家。大家可能更关心的是产品真假问题，网上有很多聚美优品的负面消息，没有办法，这么年轻就成功，肯定要经历一些考验。没关系的，你说的那些东西，我们用真凭实据回答。你说我的东西有问题，我们看真品联盟。你把真品联盟的密码刮开以后，到网上去查验，就可以知道这个产品是不是真品，通过这种方式，提升客户对产品的认同度。

有了这样的努力，我们才能有机会，在2014年5月16日，来到纽交所，而且成为目前来讲纽交所最年轻的上市公司。

谈一下我们的精益管理，我的客户关心的第一是价格，第二是这个产品是不是真的好，第三就是我要做的工作，配送及时、准确。物流要完好，服务要规范，怎么做到这些呢？通过精益管理、标准化作业，只有通过这一途径才能达到。我会跟大家分享我在管理中的小小的经验。

挑战是什么？每个人都会说，大促的时候怎么牛，那是没有用的。几十倍，甚至是更高的订单在同一时间涌入，怎么更好地生产出来，而且还能够达到客户预期时间的要求，这是永远要考虑的事情。所以精准化的生产，这是将用在制造业的最基本方法，灵活地用到现代电子商务物流行业，并取得了很好的成果。

对我来讲，我在这样一个电子商务的运营中心里面，第一个关心的是人流，人流代表操作员和管理者。刚才有朋友介绍了二维码，还有一些设备和软件，这些东西真正整合的人是战略者，是管理者。这么多的好东西，像一个儿童走进糖果店一样，琳琅满目。你到底想要什么？作为管理者你要想清楚。我们想清楚以后，保证每一个员工都是独立的，每一个员工都要有自己独立的条码和二维码，都有很清晰的职能分配。要做拣货、配货，你必须先扫描自己的条码，系统才能把你记录下来，否则再强大的系统都没有用。

所以，每一个人，包括我自己，包括我的每一个主管、经理，每一个员工，都要知道他哪个时间在系统里出现。最基本的是5S和标准化的作业管理，我的库房一定是干干净净的。动态的盘点，代表着我不能为了保证库存的质量，影响到给客户拣货的流程。

第二是物流，商品本身要有独立的条码和二维码，要有标准的货架类型。友商会提供各种各样的货架给你做选择，你要选择对商品最合适的货架类型，要么是平面的，要么是立体的，或者是传送带，或者是自动的分拣台。这些都有标配的产品让你选择。商品是一种随机的方式，不能像传统的超市一样，你做牙膏的，不能放牛奶，这种方式不对。电商是一个随机上架的方式。

从人流、物流结合起来的点在哪里？在于我们的信息流，或者是我们的软件物流商。我要控制什么呢？商品信息和操作信息，是不是完整、有效、真实。你可以通过无线，或者是通过云（去管理这个信息系统）。（这个系统至少要包含以下信息：）商品本身的长、宽、高、重量，商品的图片都要有完整的记录，商品要有分类的信息，大件、小件一定要分开，分属什么品类，它能否自动推荐一些货物。流程和物件的优化，也是这个软件必备的。走动带来浪费，员工90%都在走动，（所以要）通过优化路径、自动波次、区域分拣等功能的配置,尽量地减少员工走动,甚至不让员工走动。

质量管理水分,你做100万次事情的时候,一定会出错3~4次。大部分的企业在两次以下,差一些的企业可能在4次以上。你要看看你这个企业是处于什么水平。

当人流、物流、信息流真正完美融合的时候,你才会觉得这是一家相对不错的电子商务物流企业。

我们通过软件平台,把客户和供应商完美地结合在一起。在库内通过有效计划真正实现下达、收货、上架、拣货、包装、分拣、配送一体化。每一个交付的时间点,都是根据节拍确定的时间,就像我们唱一首歌一样,一定要有节拍时间。根据自然的节拍时间,控制好你的收货、发货。每一个人都可以是消费者,也可以是销售。我们可以把一个二维码卖给别人,也可以在二维码转移的过程中有收获,这是一样的道理。你一定要把自己的流程想清楚。我拿了很多名片,大部分都是供应商的信息,这些人才能知道把什么东西卖给你,否则一定会被别人干掉。这个行业里面烧钱的人太多了。我们可以通过流程的分析,真正满足客户的需求,这就足够了。

未来会怎样呢?完善订单和库存管理系统的使用,应用和普及人机自动化技术,如自动分拣、自动传送等,实时的物流解决方案,物流、人流和信息流一定是实时的,这样才能保证各种数据之间传输的完整。从人找货到货找人的方案逐步地推广,充分利用自己已有的仓库的面积,实现立体化的仓储。推行备货、给货等模式。标准化作业管理流程,实时监控异常情况的预警响应机制,都会帮助你成为一家非常成功的21世纪电子商务物流企业。谢谢大家。

2015年针对"聚美前员工"爆料事件的微博发文
——聚美优品CEO　陈欧

前几年被一个所谓的"前员工"造谣到死,今天又冒出一个神通广大的"前员工",但谣言在事实面前,永远不攻自破,欢迎大家看下文:

(1)这个所谓的"聚美前员工",我不知道你现在为谁工作,居然有如此专业的公关能力,一夜之间把不同版本的"爆料"精准发送到上百位专业媒体记者的邮箱里。如果你真是"聚美前员工",我只能惋惜没有发现和重用这样的人才。

(2)聚美副总裁叶飞今天就在公司办公,他自己都不知道自己曾经"跑路"。叶飞一向是个"安静美男子",今天也被逼得发大头照澄清。要说"跑",他去的不是什么"东南亚",也不是"美国",而是最近两个月都在跑韩国、日本,为聚美海淘业务见品牌商,建供应链。

(3)聚美目前有天津、上海、广州、成都、沈阳、郑州六大仓库,恰好就没有爆料里所说的"北京仓"。早在2014年4月份,在天津政府的邀请下,聚美原有北京仓就已迁移至天津武清物流园区,当时的公开报道尽可搜索,怎么可能到了9月份北京仓还被"查封"?聚美六大仓从来没有被查也没有被封,一直在正常运转。就在上个月,因为仓储升级和合作自建物流,我们还邀请投资人和媒体朋友去参观过上海仓。

(4)极速海外购业务是公司重点扶持方向,发力势头很猛,也自然会得罪些人。还是那句话,我希望所有的竞争都在阳光下进行。

2015年"聚美前员工"事件后稳定军心的内部邮件
——聚美优品CEO 陈欧

聚美的同事们：

昨天，在漫天谣言中，我们的极速免税店业务再次刷新纪录。

有一位"老"同事在群里说，看到用户对极速免税店业务的好评，感觉又回到创业初期聚美发展最快的时候。"回到创业"这4个字说得非常好，极速免税店业务就是聚美上市后的再创业。再创业绝不仅仅体现在业绩增长上，也体现在创业精神能深入每个聚美员工的灵魂。

伟大的公司之所以稀少，就是因为绝大多数公司在远未做大之前就得了大公司病。大家这一个月的状态非常好。我看到无数的人，都是以小时为单位去解决问题。在短短一个月的时间里，我们快速超越所有对手成为中国单量第一、速度最快的海外购电商，连我自己都觉得惊讶。

海明威说，一个人可能被击倒，但绝不能被打败。只要专注于我们认定的事业，每个人都关注用户价值，并保持一颗追求卓越的心，诽谤谣言也好，明枪暗箭也好，都不足以成为我们前进道路上的障碍。

谣言之所以出现，根本上是因为制造谣言的人无法在阳光下与我们竞争。聚美的海外购业务正式上线一个月以来的表现，就是我的信心的来源。再次，我得感谢每一位同事，因为你们，我们才能有目前的成绩。

感谢你们，正是你们打通海外运营中心与国内保税区仓库的物流流程，建立中国最领先的海外购物流体系，我们才能在今天做到订单

100%当日发货，3日之内到货，成为国内发货速度最快的跨境电商！

"极速海外购"是聚美跨境业务的第一块招牌，只要咱们足够快，海外购就能实现两天到货，这就是对电商行业甚至零售行业的一次大颠覆！

感谢你们，经过这大半年的拼搏，终于把韩国、日本目前最火美妆新品引进。拿下无数品牌授权，也能给用户更多信心。记住，我们的目标是不但有授权，给消费者信心，还得价格比韩国免税店便宜，这才是我们极速免税店存在的意义！

好货、极速、免税，这就是我们存在的价值。今年公司（即便）在物流和税收上补贴10亿元，也要称霸海外购市场。所以大家放手去做，一切以规模为目标！聚美有钱，就是任性，大家共同努力，2015就是我们的爆发年！